浙江省社科规划课题成果（绩效考评者构成对中小学教师绩效薪酬偏好影响机制研究，项目批准号：16NDJC117YB）

中小学教师绩效考评团队结构及影响研究

畅铁民 ◎ 著

中国财经出版传媒集团
经济科学出版社
Economic Science Press

图书在版编目（CIP）数据

中小学教师绩效考评团队结构及影响研究/畅铁民著.
—北京：经济科学出版社，2018.5
ISBN 978-7-5141-9431-9

Ⅰ.①中… Ⅱ.①畅… Ⅲ.①中小学－教师评价－研究 Ⅳ.①G635.11

中国版本图书馆 CIP 数据核字（2018）第 127538 号

责任编辑：李　雪
责任校对：杨晓莹
责任印制：邱　天

中小学教师绩效考评团队结构及影响研究
畅铁民　著
经济科学出版社出版、发行　新华书店经销
社址：北京市海淀区阜成路甲 28 号　邮编：100142
总编部电话：010-88191217　发行部电话：010-88191522
网址：www.esp.com.cn
电子邮件：esp@esp.com.cn
天猫网店：经济科学出版社旗舰店
网址：http://jjkxcbs.tmall.com
固安华明印业有限公司印装
710×1000　16 开　17 印张　250000 字
2018 年 5 月第 1 版　2018 年 5 月第 1 次印刷
ISBN 978-7-5141-9431-9　定价：60.00 元
（图书出现印装问题，本社负责调换。电话：010-88191510）
（版权所有　侵权必究　举报电话：010-88191586
电子邮箱：dbts@esp.com.cn）

摘　　要

　　本专著针对中小学教师绩效考评团队结构与绩效工资制度效果存在的问题，通过文献综述、理论分析，建构了文化视角下的整合分析框架，揭示了中小学教师绩效考评团队结构的现实影响和潜在影响顺序，构建并验证了教师绩效考评团队结构—绩效考评系统认同—考评者信任—教师绩效薪酬偏好模型。本专著的实证研究发现：绩效考评团队中，一线教师实际占比 19.95%，一线教师人数应该占比 49.6%；校长考核、主管考核、同事考核和自我考核的实际影响力之比为 10∶3∶1∶1，同事考核、自我考核、校长考核和主管考核的潜在影响力比例为 5∶4∶3∶1；按照从高到低的影响排序，各类考评者对绩效考核结果实际影响排序依次为校长考核、主管考核、同事考核、自我考核，各类考评者对绩效考核结果的潜在影响排序依次为同事考核、校长考核、自我考核、主管考核；考评团队中，教师对同事的信任度最高，其次分别为对校长的信任、对主管的信任；考评团队结构通过考核系统认同显著影响教师对绩效考核的满意度；教师考评团队结构影响教师绩效考核系统认同，在考核系统认同中介下影响考评者信任，并且考评者之间的信任相互有影响；教师考评团队结构显著影响教师对考核系统认同，并且通过考核系统准确性、关联性影响到主管信任和同事信任；主管信任、同事信任显著影响到教师绩效薪酬偏好，其中同事信任直接影响绩效薪酬偏好，主管信任则通过同事信任间接影响绩效薪酬偏好。

前　　言

我国教育质量和人才评价讨论引起全社会的高度关注。党的十九大报告提出，优先发展教育事业，建设教育强国是中华民族伟大复兴的基础工程，必须把教育事业放在优先位置，加快教育现代化，办好人民满意的教育。目前，中小学教师队伍绩效管理和薪酬制度改革进入了新阶段，如何立足我国文化背景、借鉴绩效考评系统效能与绩效薪酬效果理论成果，积极开展教师专业化发展活动，促进教师绩效考评团队结构优化与效能提升已经成为各级教育主管部门、各类中小学学校建设的当务之急，一定程度上具有鲜明的教育改革新时代特色。

从历史看，自从2009年我国义务教育学校实施绩效工资制度以来，绩效工资制度效果就持续吸引了各个利益相关者的注意力。人们带着各自不同的关注点来思考该制度。从国家和社会大众的视角来看，人们更关注的是：义务教育学校绩效工资制度是否促进了教师队伍质量的提高。这一关注，在薪酬管理理论领域，反映的是绩效薪酬制度的分选效应效果，即绩效薪酬制度能够吸引以及保留高素质的劳动力队伍。应用心理学研究者对分选效应理论的研究，主体模式采用了个体的绩效薪酬偏好模型。因此，义务教育学校绩效薪酬制度分选效应研究，在心理学研究范式上，主要就是构建、验证教师绩效薪酬偏好模型，即教师是否拥护绩效薪酬理念？教师对各类绩效薪酬项目的偏好程度如何？哪些因素影响教师绩效薪酬偏好？这些理论问题的检验，将为义务教育学校绩效薪酬制度政策实践活动提供比较精准的完善路径。因此，围绕基础教育体制教师队伍建设模式，国内外相关领域学者一直进行着教师绩效薪酬制度效果理论研究。

从我国现实来看，教育、人力资源和社会保障等部门一直关注着该制度的效果研究。因为教育强国战略是实现中国梦的关键环节。十九大报告更明确地强调要优先发展教育事业，培养高素质教师队伍。

本专著正是在这样的时代背景下，运用实证研究方法，就我国基础教育一线教师绩效薪酬态度进行实证研究，从绩效薪酬偏好视角开展基础理论研究。

在探索中小学教师绩效评价与绩效薪酬效果关系方面，近年来国内外学者给予了比较多的关注。但是绩效考评团队结构如何影响考评系统的认同、影响考评团队的可信度，最终如何影响教师的绩效薪酬偏好，仍然有巨大的研究空间。

近年来学者更多地关注文化变量对考评团队结构设计与运行效果、个体绩效薪酬偏好的影响机理上。这里，文化变量既有广义的民族文化变量，也包括了组织文化变量。教师绩效评价团队对绩效薪酬偏好影响机制的文化调节效应框架分析，也就成为本专著研究的主要特征。具体体现在以下几个方面：

首先，本专著的文献综述中，将分析不同文化背景下的教师考评团队结构、教师考评系统效能和绩效薪酬偏好研究成果。

其次，在考评团队结构分析中，文化视角下的考评团队结构及其多重影响分析框架将是本研究的基本理念，无论在考评团队结构自身构成、考评团队结构对考评效能影响机制分析、考评团队结构与考评成员可信度、考评系统认同及满意度方面，还是在考评团队结构与教师绩效薪酬偏好关系整合分析中，都会展示文化变量的调节效应。

本著作研究者延续着10余年来对教师绩效薪酬偏好的实证研究理论范式，分别开展了个体特征、组织信任、绩效考核系统认同等因素对教师绩效薪酬偏好的影响研究，取得了系列实证研究结论，这些结论和国内外同行研究成果具有高度一致性，并体现出我国政策、国情和教师个体的显著影响特征，丰富了义务教育学校绩效薪酬制度效果理论研究成果文献。

本专著是浙江省社科规划课题成果（浙江省哲学社会科学规划一般课题：绩效考评者构成对中小学教师绩效薪酬偏好影响机制研究，项目批准号：16NDJC117YB）。本专著的出版得到经济科学出版社及责任编辑李雪老师的大力支持和帮助，在此作者一并表示真诚的谢意。

鉴于个人能力有限，本专著一定存在不少缺点和错误，诚恳邀请同行和读者提出宝贵意见。作者联系方式：ctm6509@sina.com。

目录

第一篇 研究背景与理论回顾

第一章 绪论 / 3
第一节 研究背景 / 3
第二节 研究意图与研究任务 / 7
第三节 研究框架 / 9
第四节 研究路线和创新 / 13
本章小结 / 14

第二章 教师绩效考评团队结构研究进展 / 15
第一节 管理权限视角下的教师绩效考评团队结构 / 15
第二节 效能视角下的教师绩效考评团队结构研究 / 32
第三节 教师绩效考评团队结构综合影响研究 / 60
本章小结 / 69

第三章　教师绩效薪酬偏好研究进展 / 70

第一节　教师绩效薪酬偏好研究概况 / 70

第二节　教师绩效薪酬偏好成因研究新进展 / 72

本章小结 / 81

第二篇　研究框架设计

第四章　教师绩效考评团队结构的理念与制度分析 / 85

第一节　尊师重教理念与教师考评团队结构 / 85

第二节　教育"管办评"分离理念与教师绩效考评团队
　　　　结构治理 / 88

第三节　教师绩效考评团队结构制度与政策分析
　　　　——以浙江省为例 / 100

本章小结 / 110

第五章　教师绩效考评团队结构及影响框架分析 / 111

第一节　教师绩效考评者权重结构特征与影响因素 / 111

第二节　教师绩效考评团队结构模型 / 123

第三节　绩效考评文化与教师绩效考评团队结构 / 136

第四节　考评对象与教师绩效考评团队结构 / 142

第五节　教师绩效考评团队结构与考评者可信度 / 144

第六节　绩效考评团队结构与教师绩效薪酬偏好
　　　　协同模型 / 150

本章小结 / 154

第三篇　实证与应用研究

第六章　绩效考评团队结构对教师绩效薪酬偏好影响实证研究 / 159

第一节　引言 / 159

第二节　理论回顾与假设 / 160

第三节　数据来源和研究方法 / 164

第四节　统计结果 / 167

第五节　结果讨论 / 175

本章小结 / 177

第七章　教师绩效考评团队结构影响案例研究 / 179

第一节　教师绩效考评团队结构多元化案例 / 179

第二节　美国中小学教师同行评价PAR小组及其效果案例 / 187

本章小结 / 192

第八章　教师绩效考评团队结构优化与建设模式 / 193

第一节　学校绩效文化与考评团队构建 / 193

第二节　教师绩效考评团队效能提升路径 / 200

第三节　与教师绩效薪酬偏好匹配的考评团队结构策略 / 205

本章小结 / 211

第九章　研究结论与展望 / 212

第一节　研究结论 / 212

第二节　对策建议 / 213
第三节　研究不足与未来研究方向 / 221

附录 / 224
参考文献 / 232
后记 / 260

第一篇 研究背景与理论回顾

第一章

绪　　论

第一节　研究背景

习近平在中共十九大报告中提出要优先发展教育事业。建设教育强国是中华民族伟大复兴的基础工程，必须把教育事业放在优先位置，加快教育现代化，办好人民满意的教育；发展素质教育，推进教育公平，培养德智体美全面发展的社会主义建设者和接班人；加强师德师风建设，培养高素质教师队伍，倡导全社会尊师重教。

在深化供给侧结构性改革中，习近平强调，加快建设制造强国，加快发展先进制造业，推动互联网、大数据、人工智能和实体经济深度融合，在中高端消费、创新引领、绿色低碳、共享经济、现代供应链、人力资本服务等领域培育新增长点，形成新动能。因为教育是提升人力资本的重要途径，人力资本服务领域要成为新增长点，教育就需要进一步改革。

2017年9月中共中央办公厅、国务院办公厅印发《关于深化教育体制机制改革的意见》（以下简称《意见》），提出要完善中小学教师绩效工资制度，改进绩效考核办法，使绩效工资充分体现教师的工作量和实际业绩，确保教师平均工资水平不低于或高于当地公务员平均工资水平。

《意见》明确，要建立健全教育评价制度，建立贯通大中小幼的教育质量监测评估制度，建立标准健全、目标分层、多级评价、多元参与、学段完整的教育质量监测评估体系，健全第三方评价机制，增强评价的专业性、独立性和客观性；要完善教育督导体制，促进教育督导机构独立行使职能，落实督导评估、检查验收、质量监测的法定职责，完善督学管理制度，提高督学履职水平，依法加强对地方各级政府的督导，依法加强对学校规范办学的督导，强化督导结果运用；要完善教育立法和实施机制，提升教育法治化水平；要提高管理部门服务效能，建立和规范信息公开制度。

2015年5月教育部《关于深入推进教育管办评分离促进政府职能转变的若干意见》强调，要以推进科学、规范的教育评价为突破口，建立健全政府、学校、专业机构和社会组织等多元参与的教育评价体系，形成政府依法管理、学校依法自主办学、社会各界依法参与和监督的教育公共治理新格局，为基本实现教育现代化提供重要制度保障。该政策明确了专业机构（专业人员）参与教育评价的合规性地位，为合法从事教育评价产业与专业服务职能提供了政策制度基础，教师评价、教育评价的社会组织开始进入政府许可与保护模式，教育、学校、教师评价与考核进入了多元化时代。

2008年12月教育部《关于做好义务教育学校教师绩效考核工作的指导意见》要求健全教师考核组织，增强考核结果的公信力，绩效考评团队成员应具有广泛的代表性。但在目前实践中，国内部分学校在绩效考评者的选择实践中仍存在着考评者单一、基层教师代表过少的不足（范先佐，2011），大多数学校仍采用自上而下的单向评价方式，导致教师对于绩效考评结果认可度较低（刘万海，2013），而绩效考评者的专业性不强，能力不足，也导致教师不信服评价考核结果（宁本涛，2014）。

高质量的教师队伍建设发展离不开高效能的绩效管理，高效的绩效管理离不开高效的绩效考核系统，高效的绩效考核系统离不开高质量的、结构合理的教师绩效考评团队。

1. 教师绩效考评者

中小学教师绩效考评者（下称考评者）控制着绩效考评活动方向与进程，对确定评价问题、选择评价方法、运用评价结果起决定性作用（顾明远，1990）。单一化考评者观点主张，由学校领导或校外专家担任考评者，评价对象只能被动接受评价（王斌华，2005）；多元化考评者观点主张，对于教师的绩效考核活动，应由专家、领导、同事、评价对象、学生和学生家长共同担任考评者，并且合理分配考评者的权重（王斌华，2005；陈玉琨，1999），以重视教师的参与权、知情权和监督权（靳玉乐，2014）。区分性评价理论强调，对于不同的教师，应该安排不同的考评者，以便从不同角度评价教师绩效（Danielson，2005），为此教师代表应占绩效考核系统的半数以上（张德锐，1996）。《意见》要求教师自评与学科组评议、年级组评议、考核组评议相结合，充分发挥教师、校长和学校在绩效考核中的作用。尽管教师考评团队结构理论研究已经取得丰富的成果，但从考评者信任的构建及其对教师考核系统效果、绩效薪酬制度效果的影响视角来看，仍有进一步探索的价值。

2. 教师绩效考评团队结构与教师绩效考核系统认同关系研究

教师绩效考评团队结构（下称考评团队结构）不仅反映出绩效考核系统的内在属性，而且对教师绩效考核系统的认同影响更重要。教师绩效考核系统认同是指教师接受、认可绩效考核系统的程度，反映着绩效考核系统的效能（Danielson，2005）。绩效考核系统认同主要包括准确性和关联性两个因素，其中，准确性是指人们感觉到绩效考核系统能够准确衡量个体对组织的贡献程度，关联性是指个体所得与其绩效之间所存在的密切关系（Mayer，1999）。从代理理论看，义务教育学校是多任务、多委托人且几乎垄断的组织（Dixit Avinash，2002），教学对象的特殊性、教学过程的复杂性以及教学行为的规范性导致教师考核要比其他职业更困难。尤其是，传统单一的校长评价准确性差，教师对绩效考核冷漠更增加了教师考核的难度（Murnane，1986；Peterson，2000；Milanowski, 2001；Heneman, 2000）。相对而言，标准化绩效评价则较公平、准确，教师对标准化评价的认同度和考评者信任度也较高（Milanowski, 2003）。国内研究表明，多元化考核是提高教师绩效考核系统效能的主要因素（刘万海，2013），包括考评者在内的绩效考核环境对考核方案、绩效工资政策的执行方式有着重要影响（李孔珍，2013）。

这些研究结果显示了考评者与教师绩效考核系统效能之间的关系，但还需进一步明确考评团队结构对教师绩效考核系统认同的影响机理，才能厘清各类考评者在教师绩效考核系统认同中的不同影响。

3. 教师绩效考核系统认同与各类考评者信任关系研究

绩效考核系统认同可能会影响教师对各类考评者的信任。组织信任理论强调，信任是一方愿意接受另一方当事人行为带来的伤害（Mayer，1995）。教师如果认同绩效考核系统的话，将接受考核结果，信任和尊重考评者。相反，如果教师对绩效考核系统反应消极的话，他们将很少关注考核，对考核应付了事，不认同绩效考核系统，拒绝考核结果，反对把考核结果和教师发展的人事决策挂钩，不信任管理层，士气下降，希望离开所在学校（Danielson, 2005；Milanowski, 2001）。研究证实，在较大规模的学校内，教师之间人情关系不强，更强调个人绩效考核业绩划分，更偏好个人绩效薪酬（李孔珍，2013）。可见，绩效考核系统认同对各类考评者信任的影响仍然需要更多的实证研究依据。

4. 考评团队结构、对考评者的信任与教师绩效薪酬偏好关系研究

（1）教师绩效薪酬偏好。

薪酬偏好反映个体对薪酬的需求、期望与偏爱，其中绩效薪酬偏好反映着个体对组织的绩效薪酬观念、绩效薪酬项目的偏好，属于绩效薪酬分选效应理论的应用心理学研究范式。

（2）考评者可信度影响教师绩效薪酬偏好。

教师绩效薪酬偏好构成可能与教师对考评者的信任有关。组织信任影响个体态度、行为及工作结果（Costigan, 1998；Mayer, 1995；李宁，2006）。绩效考核客观性越低，越需要信任来保障绩效薪酬的作用

(Lawer，1976)。研究显示考评者信任与教师绩效薪酬偏好正相关（St-Onge，2000；Siegal，2001）。教师认可标准化评价，乐意把标准化评价作为绩效薪酬制度基础（Heneman，2007；Milanowski，2003；Kellor，2005），反映出绩效考核系统对教师绩效薪酬制度效果所具有的信任保障机理。

教师考评团队结构可能影响绩效考核系统认同，而绩效考核系统认同以及相关的考评者信任，会综合性地影响教师绩效薪酬偏好。有理由推测，合理的教师考评团队结构有利于形成高效能的绩效考核系统，并且在绩效考核系统认同和组织信任中介下，激发教师对绩效薪酬项目的偏好。

理论上，本书从微观机制角度，整合研究考评团队结构、绩效考核系统认同、绩效薪酬偏好三者之间的关系，有利于测量教师绩效考核的效能和考评者的信任关系，揭示考评者结构对教师绩效薪酬偏好的影响差异，检验教师绩效考核系统效能和绩效薪酬制度效果之间的匹配性。

实践上，绩效考核结果是绩效工资分配的主要依据，因此做好教师绩效考核工作是义务教育学校实施绩效工资制度的必然要求。本研究成果将有利于健全义务教育学校教师绩效考核组织，提升教师绩效薪酬制度效果。

第二节　研究意图与研究任务

教师考评团队结构不仅关系到教师绩效管理问题，更是教师人力资源管理的关键要素。

一、研究目的

首先，本专著要验证教师绩效薪酬偏好，即教师对于绩效薪酬制度理念、项目存在什么样的偏好态度；其次，通过检验教师对考核系统认同、考核者的组织信任的中介效应,探索教师考评团队结构对教师绩效薪酬偏好的影响机制。

之所以确定这一研究目的,是因为新时代教师队伍发展已经成为我国教育强国建设的主要任务。而建设高素质的教师队伍,必然涉及到教师绩效管理系统效能与薪酬管理制度效果的匹配性。此外,在两个系统效果提升机制研究中,还需研究两个系统之间的作用机制。本研究也正是出于这样的考虑。

二、研究任务

本专著立足我国义务教育教师队伍建设实际状况,结合绩效薪酬偏好理论假设的验证,围绕以下多项研究任务,通过开展一系列的量化与定性研究任务,探求绩效薪酬制度、绩效考核系统对教师队伍发展的影响机制,厘清考核系统效能与绩效薪酬制度效果之间的关系。本专著主要包括以下具体研究任务。

(1) 教师考评团队结构、绩效薪酬偏好理论研究的进展与现状。主要方法是进行文献综述、现场走访调研。为了深入理解国内外学者开展的教师绩效考核理论研究分析,本部分拓展了学校效能、教师效能的理论综述,以便从更宽广的视角深刻把握教师绩效内涵与外延;从尊师重教、教育"管办评分离"政策视野进行教师考评团队结构与影响综述;对亚洲、欧洲、美洲学者绩效薪酬偏好理论研究进展进行分析,拓宽绩效薪酬偏好理论的研究视角。

(2) 建立多视角下教师考评团队结构及影响研究框架,尝试探索不同治理机制、不同考核内容、不同考核对象、不同考核目的的教师考评团队结构模型,明确本专著的研究核心内容与方法,为后续实证研究提供理论基本框架和规范,形成本专著的研究特征和创新点。

(3) 开展系列实证研究。具体研究活动包括:教师考评团队结构测量、教师考评团队结构与绩效考核系统效能关系测量、考核系统效能中介下的教师考评团队结构与考核者信任关系检验、教师绩效薪酬偏好测量、考核系统效能及考核者信任中介下考评团队结构与教师绩效薪酬偏好关系验证、国内外多案例研究等。

（4）理论实现路径。基于上述理论研究成果，本书将提出考评团队结构、教师绩效考核系统的优化路径、绩效薪酬制度完善对策。

三、研究优势与挑战

本专著的研究正值中共十九大闭幕之际，义务教育体制尤其是教师队伍建设正面临新的发展机遇和挑战，教师绩效薪酬制度改革也处于关键时期，因此本研究恰逢良机。

从教师绩效薪酬制度改革、绩效考核与管理的实践活动来看，目前国内外教师绩效薪酬制度效果研究已经同步进入了"快车道"。不断涌现的国内外研究成果为本研究提供了新思想源泉，尤其是国内教师队伍发展的政策、学校改革活动效能资料日益丰富，也为我们提供了良好的研究条件。

从本书的研究内容来看，承接着笔者十余年绩效薪酬效果研究思想，是进一步探索教师绩效薪酬效果研究领域的结果。在研究积累、研究内容方面，都密切地与前期研究成果对接，力争为绩效薪酬偏好理论研究领域提供更多的实证研究文献。

从研究挑战看，目前教师考评团队结构模型测量、教师考评团队结构模型对考核系统效能以及教师绩效薪酬效果影响的实证研究成果尚不充足，可参考的研究结果相对缺乏，教师绩效薪酬实际统计资料匮乏等，都是本研究的主要挑战。

第三节　研究框架

本书主要包括研究背景、研究核心、研究拓展三部分。

研究背景：主要进行教师绩效考评团队结构、绩效薪酬偏好理论的中外文献整理与综述，开展现状调研等基础研究活动。

研究核心：首先要确定教师考评团队结构模型；其次检验教师对绩效考核系统的认同机制、考核系统认同对教师考评者信任影响机制；最后，证实在绩效考核系统认同和考评者信任中介下，教师考评团队结构对教师绩效薪酬偏好的影响机制。

研究拓展：主要包括教师绩效考评团队结构演化路径选择策略、绩效薪酬制度完善对策研究等。

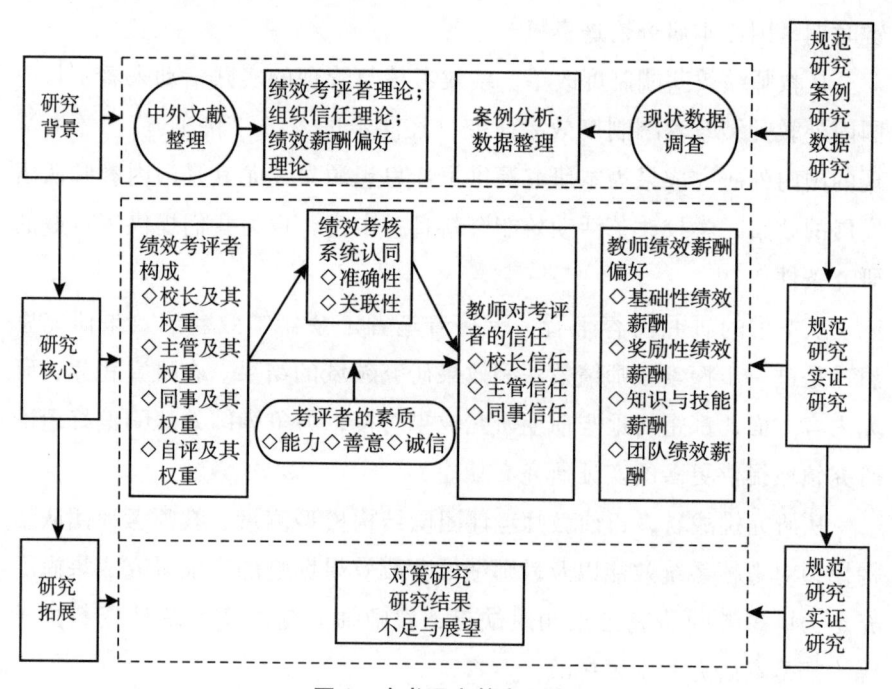

具体参照图 1 本书研究基本思路。

图 1 本书研究基本思路

一、本书总体结构

本书总体结构分为三篇，第一篇是研究背景与理论回顾，包括绪论、研究背景、理论回顾等；第二篇是教师考评团队结构框架研究，主要包括尊师重教与教师绩效考核者关系研究、教师考评团队结构设计模式研究；第三篇是教师考评团队结构实证与应用研究，主要包括考评团队结构—考核系统认同—考核者信任关系实证研究、员工绩效薪酬偏好案例研究、考评团队结构优化路径与模式研究以及研究结论与展望。

二、各部分研究重点

（一）第一篇是研究背景与理论回顾

对教师考评者的理论研究和现状进行梳理，开展中小学教师考评者的演进历史分析、教师考评团队结构现状与影响比较研究，以及对教师绩效薪酬偏好理论研究进行综述。

（二）第二篇是教师考评团队结构框架研究

本部分将依据我国义务教育改革发展目标、政府主管部门政策对教师队伍发展和绩效考核的要求，结合教师绩效管理理论、教育评价理论，在比较分析国内外同行研究成果的基础上，提出不同视角下的教师考评团队结构框架，建构教师绩效考评团队结构模型。本部分研究任务包括：教师考评团队结构演进特征和影响因素分析；教师考评团队结构影响因素分析；教师考评者权重比较分析；构建考评团队结构模型；考评团队结构模型应用条件分析。

（三）第三篇是教师考评团队结构实证与应用研究

1. 考评团队结构与绩效考核系统认同关系研究

考评团队结构模型是否合理，是否有利于提升教师绩效考核系统效能，是本书的研究基础。为了检验教师考评团队结构模型是否有利于促进教师对绩效考核系统的认同，本部分主要研究以下内容：第一，检验教师绩效考核系统认同及其组成要素。依据相关研究成果，本书提出教师绩效考核系统认同要素主要包括考核系统的准确性和关联性。第二，各考评者对绩效考核系统认同的影响研究。主要开展各类考评者对教师绩效考核系统认同要素的影响研究，重点分析各考评者的影响差异，并与国内外同类研究成果进行比较。第三，比较各个考评者的影响效果，对考评团队结构模型进行检验。

2. 教师对考评者的信任建构机制研究

考评团队结构不仅要有利于提高绩效考核系统效能，还要有利于提高教师对考评者的信任。考评团队结构模型合理与否，还需要检验其是否有利于教师对考评者的信任构建，因此本部分重点开展以下研究任务：（1）考评者信任研究。为了验证各个考评者信任维度，辨析考评者信任的中介作用，依据绩效管理理论和组织信任理论，检验各类考评者组织信任结构模型，辨析教师对各考评者的信任差异。（2）绩效考核系统认同对考评者信任的影响研究。为了更准确分析考评者信任构建机制，还需要检验绩效考核系统认同各个要素对考评者信任的影响，也可辨析绩效考核系统的准确性、关联性的影响差异和影响方式。（3）个体素质对考评者信任的调节效应。开展个体素质（能力、善意、诚信）调节下考评团队结构对考评者信任的影响研究，是揭示考评者信任构建机制的关键，也是验证考评团队结构模型合理性的重要环节。

3. 考评团队结构对教师绩效薪酬偏好的影响机制研究

在检验考评团队结构模型、绩效考核系统认同模型、考评者信任机制的研究基础上，建立并验证绩效考核系统认同与信任中介下的考评团队结构对教师绩效薪酬偏好影响模型，以便整合分析考评团队结构、考核系统认同、考评者信任与教师绩效薪酬偏好之间的关系，揭示教师绩效管理系统和绩效薪酬体系之间的内在微观机制，厘清各个不同考评者对教师绩效薪酬偏好的影响差异，进而为完善考评团队结构、创新考核组织体系提供依据。

4. 考评者信任构建路径与对策研究

依据上述研究结果，本书立足中小学教师绩效考核工作实践和绩效薪酬制度实际，从以下方面提出相应的对策。

（1）教师绩效考评者的定位、演进路径对策。

(2）促进教师绩效考核系统认同的对策。
(3）提升教师绩效考评者信任度的对策。
(4）完善教师考评团队结构与绩效薪酬制度的对策。

第四节　研究路线和创新

一、本书研究路线

(1）在部分义务教育学校开展问卷调研和现场访谈，建立教师绩效薪酬偏好数据库；
(2）运用描述性统计分析方法检验变量数据特征；
(3）运用相关分析方法检验各个模型中的变量关系；
(4）运用回归分析方法，验证考评者权重对绩效考核系统认同要素影响机制、检验绩效考核系统认同要素对考评者信任影响机制，检验个体素质对考评者信任的调节效应以及考评者组织信任的中介效应，验证考评者的组织信任对教师绩效薪酬观念偏好、绩效薪酬项目偏好的影响机制；
(5）运用潜变量结构方程模型方法，检验考评者权重—绩效考核系统认同—考评者信任—教师绩效薪酬偏好模型；
(6）运用统计分析方法，检验绩效考核系统认同的中介与调节效应。

二、本书理论创新程度或实际价值

通过验证考评团队结构的直接影响途径和绩效考核系统间接影响途径，揭示考评团队信任构建机制；通过证实考评者信任对绩效薪酬偏好的影响机制，丰富组织信任影响下的教师绩效薪酬分选效应理论研究成果。

通过验证教师绩效考评团队信任对教师绩效薪酬偏好的影响机制，从微观协同层面上，展现教师绩效考核系统效能与绩效薪酬制度效果之间的多重影响，为教师绩效薪酬分选效应理论提供绩效考核组织的影响证据，从而为教师绩效薪酬偏好构成及差异提供新的证据。

本 章 小 结

本章主要讨论了本书的研究背景、研究目的、基本研究思路、研究内容、框架安排，并提出本书的理论创新与实际价值。

第二章

教师绩效考评团队结构研究进展

教师考评团队结构理论已经有多个模式,从早期的单元化评价到多元化评价,从利益相关者模式到标准化模式,到近年来又出现了区分性教师评价模式,逐渐形成了较丰富的研究体系。这些理论研究对象都直接关系到教师绩效考评团队结构(下称考评团队结构)。为了更准确地界定考评团队结构,本章对相关研究的理论内涵、性质、演化、特征,从不同视角进行梳理述评。

第一节 管理权限视角下的教师绩效考评团队结构

考评团队结构其实涉及到教师考核管理权转移问题(梁红京,2007)。根据《中华人民共和国教育法》《教育部关于做好义务教育学校教师绩效考核工作的指导意见》等法规、政策要求,要健全考核组织,采取定性与定量相结合,教师自评与学科组评议、年级组评议、考核组评议相结合,形成性评价和阶段性评价相结合等方法,同时适当听取学生、家长及社区的意见。要充分发挥校长、教师和学校在绩效考核中的作用。因此对教师绩效考核管理组织和权限有了明确的要求，要求避免单一化考核模式，重视教师主体的比重。这些已经是考评团队建设的基本要求。那么为什么教师考核管理权从单纯的行政管理者转移到多元化的考核者？考核管理权限转移的本质意味着什么？国内外现代教育评价理论演化如何？这些问题是教师考评团队结构理论的研究重点和难点。

一、考评管理权限

绩效管理是一系列以员工为中心的干预活动过程，主要包括四个环节，分别是目标设计、过程指导、考核反馈和激励发展。西方学者认为，绩效管理包括了指导、激励、控制和奖励四个环节。

现行教师评价强调自上而下的考核，忽视自我评价。在这种被动接受评价的过程中，评价者与被评价者扮演的基本上是管理者与被管理者的角色。被评价的教师对评价项目指标的制定、评价的具体操作步骤、评价结果的解释等没有太多的发言权，往往处于被动、消极的地位。评价主要考虑组织的目标，较少考虑教师个人的需求和生活状况，因而，教师大都持冷漠、应付、对立、讨厌、拒绝或者害怕、恐惧、逃避的态度，难以引起教师的兴趣和激发教师的主动积极性，甚至出现弄虚作假的行为。

二、考评团队结构的决定因素

在被考核者明确的条件下，考核者的选择主要取决于三个要素：被考核者类型、考评的目的、考评指标和标准。

1. 被考核者类型

组织成员中，不同个体承担不同的岗位职责，发挥不同的作用，具有不同的权利和义务。比如管理者的各种角色与职责就限制了考核者来源和评价权重。在典型的企业员工类型中，营销员工、生产员工、研发人员、后勤服务员工的考评者往往都不同，因为他们的工作目标、任务和服务对象往往不同，比如营销员工的服务对象主要是顾客、生产一线员工主要服务于营销部门、研发人员的服务对象主要是生产部门、后勤服务员工更服务企业各部门，于是各个部门员工的考评团队结构就存在很大差异。

教师类型差异也很大，资深教师、新手教师的考评成员就有差别；主科、副科教师的评价者差异也很大。

2. 考评目的

仇勇等（2014）认为，不同考核的目的同样会影响考核主体的选择。奖惩为导向的考核结果主要应用于"一次性奖金的发放""绩效加薪幅度的确定"等环节，通常是以评价过去工作为着眼点，短期导向的考核。在奖惩导向的考评中，首先排除的考评主体是"自我评价"，适用主体为在坚持上级考核为主的同时，兼顾360度绩效反馈中的其他维度。以发展为导向的考核结果主要应用于"工作职位的升降""职业生涯规划"等环节，通常是以考虑未来发展为着眼点，长期导向的考核，"工作职位的升降""职业生涯规划"等不同考核目的在选取考核指标时候权重上有所差异。"工作职位的升降"主要侧重于业绩考核，兼顾"态度"和"行为"，因而在选取主体权重的设计过程当中，上级所占权重应该较大。而"职业生涯规划"主要侧重于"态度（特质）"考核，兼顾"业绩"和"行为"，因而在选取主体权重的设计过程当中，自我评价所占的权重应该有所提升，外部利益相关者的评价权重应当较低。

3. 考评指标和标准

考评指标和标准往往决定着评价团队结构。

对于工作态度、工作努力程度类的考核，这些指标通常采用定性评价为主，因而，评价的主体选择应该以"上级+同级+自我"模式。

行为类指标主要评价的是员工的工作过程，考核的初衷是引导员工

"过程与结果"并重的行为取向，如顾客服务、团队合作等能力的考核。这些指标通常采用的是定性评价，由有机会观察到员工具体工作行为的人来进行评价，可以适当采用360度绩效反馈，不同评价主体在行为类的多种指标中占有不同的评价权重。

业绩类指标主要评价的是员工的工作结果，考核的初衷在于比较预期绩效目标和实际绩效产出之间的差距，如销售额、应收账款回款率等方面的考核。这些指标通常应用的是定量评价，使用客观数据进行"理想状态"（目标）与"现实状态"（实际）的比较，这二者的具体情况通常都是被考核对象的直接领导最为清楚，因而在考核主体的选择上应该以"上级评价"为主（仇勇，2014）。

三、教师考核管理权限演化及其特征

（一）欧美学校教师考核管理权限及其演化特征

1. 西方国家教师评价的两种不同理论假设

教学效能考核导向的假设是：教育的质量主要是摈弃不称职的教师来保障；不称职的教师难以自己提升；外部压力能够激发教师，教学考核可以作为主要措施刺激教师改进绩效。

与上述导向相对的是，专业发展导向的教师评价考核假设如下：对于教师来说，内部动机比外部压力具有更大的激励作用，只要获得足够的信息与有用的建议后，教师能够达到应有水平；教师作为专业工作者，对专业的高度热情激发得当就会爆发极大的创造力，提高绩效。

2. 西方国家教训

英国、美国对教师的评价主要是社会对教学效能的核定而推动的，教育行政部门只关心教育的效益，而把教师专业发展的需要就置于脑后了。因此对教师的评价主要就以总结性评价为主了，不注重教师专业发展的评价，又注定是得不到教师的欢迎的，实践中也受到教师的质疑和反对，这些教训提醒人们，忽视专业发展评价、以行政主管为主要考核者的考核组织要进行调整。

（二）教师考核管理权限及其演化特征

通常教师评价设计用来解决两个问题：第一，总结性评价，是用来进行有关教师聘任、提升或增薪等人力资源管理决策的，实质上，是教学效能的评价，特点是以管理人员为主；第二，形成性评价，主要目的是促使教师的职业发展，提供教师的优缺点信息，学校能够采取适当的措施帮助他们发展，这样的评价是以教师的发展为导向的。

陈玉琨（1999）认为，教学效能核定导向的评价，只对少部分不称职教师产生影响。在特定时期，把教师评价当作发现不称职教师的工具是合理的，随着结构工资制度的推行以及学校内部管理制度的改革，人们对总结性教师评价兴趣更大。这种情况下，适当地开展教学效能核定导向的评价是有用的，但是评价目的如果是改进学校教育教学质量，这样的评价作用就不大。大多数教师有强烈的事业心，希望自己的工作能够做得更好。因此帮助教师获得发展，在大多数情况下，比判定他们工作的等级报告更有意义。

20世纪80年代末英国逐步摒弃传统的教师评价制度，推广和使用发展性教师评价。英国于1985年发表了《学校质量：评价与评估》的报告，标志着新的教师评价制度——发展性教师评价制度的建立。美国和日本也相继在90年代中期开始逐渐改变过去的那种终结性的教师评价，教师评价从以目标为中心、以决策为中心向以人的发展为中心转变，发展性评价成为评价主流并逐步完善。其间虽然对发展性教师评价存在的问题有过争论和反思，但坚持以发展性评价为主体，兼顾绩效评价的考核模式逐步成为被广泛认同、广泛采用的考核方式，也为我国开展教师考核评价机制研究提供了借鉴。

王斌华（2005）研究了发展性教师评价制度，系统讨论英国发展性教师评价制度的历史背景、原则、环节、理论基础等，系统性地引入了"发展性教师评价"的概念。

发展性评价应该成为今后我国教师考核评价的主要形式。但是目前还有相当数量的学校在教师考核评价工作中还存在一定偏差，教师考核评价工作存在着缺乏整体设计，主体、手段较为单一，标准体系不完善，与绩效、利益挂钩过于紧密，发展性功能没有得到充分体现等问题，教师考核评价机制亟待改进和完善。

针对存在的考评团队问题，要从以下几个方面开展工作：一是做好顶层设计，加强教师考核评价政策指导；二是确立发展性评价理念，重塑教师考核评价目标定位；三是实行以发展性评价为主、奖惩性考核为辅的考核评价模式；四是将发展性评价贯穿于教师管理的始终；五是结合聘用制改革，完善考核反馈机制，建立健全教师退出机制。要将教师考核评价的结果及时反馈给每个教师，掌握和解决教师在教学科研工作中遇到的问题和困难，促进教师教学科研水平的提高（焦师文，2014）。

有学者认为，绩效制度的核心是绩效考核体系，对广大教职工来讲感受最直接的是绩效工资。目前基础教育在实施绩效考评和绩效工资发放过程中存在不少问题，诸如奖励性绩效工资比例过低难以起到调动教师工作积极性的作用、绩效工资考评体系不够完善、教师绩效工资地区间差距大等（袁敏敏，2016）。也有学者认为，现行中小学教师绩效考核存在以下问题：过分注重绩效考核的管理性功能，发展性功能尚未得到足够重视；考核指标过于全面、注重结果，缺乏科学性和合理性；考核主体独立参与，各主体之间缺乏协商对话；数据收集方法具有一定的主观性和片面性，方法的科学性和有效性亟须提升，因此要改变中小学教师绩效考核的不足，有必要将绩效考核向绩效管理转变，将全面评价向突出关键绩效指标的高效评价转变，将管理性评价向发展性评价转变（宋洪鹏，2015）。

为了检验教师知觉是否反映和预测绩效评估工作的效果，研究人员以中小学教师为研究对象，采用问卷法探讨绩效工资改革背景下教师绩效评估知觉的构成与特点，并通过回归分析来探讨教师知觉对其职业承诺的预测作用。结果发现：（1）教师绩效评估知觉由"促进发展""民主沟通""准确可靠""尊重差异""公平合理"等5个维度构成。

(2）当前教师对绩效评估的知觉总体上较好，但需要对公平性、初中学校和一贯制学校的绩效评估实践，以及普通教师与行政干部知觉上的差异等问题予以深入关注。（3）教师绩效评估知觉在多个维度上对其职业承诺具有显著的预测效应（赵德成，2014）。

米锦平（2011）认为，实施义务教育学校绩效工资改革旨在提升我国基础教育质量和促进教师队伍的专业发展。教师绩效评价是绩效工资分配的主要依据，绩效评价中存在的问题导致绩效工资改革过程中不合理现象的产生。依据2009年中国教育调查网等媒体的统计数据，应从评价取向、评价过程和评价结果三个方面审视和反思我国中小学教师绩效评价的问题。

长期以来教育评价体制演化中的教师主体作用被低估。我国对于教育评价的研究始于20世纪70年代末，作为教育评价的重要内容，教师评价是对教师工作表现做出价值判断的活动。教师评价对教师专业发展具有促进作用，然而，现行的教师评价与奖惩挂钩，采用统一的评价标准、量化的评价方法、失衡的评价主体，忽视了教师的主动性和个体差异性，早已与最初制定的目标（促进教师专业发展）渐行渐远，其消极影响越来越突出。为了减少教师评价的消极影响，发挥教师评价的促进作用，需从教师专业发展的角度对教师评价机制进行研究。基于教师专业发展的教师评价机制是一种促进机制，教师、教师发展中心、学校、社会评价机构、政府之间相互协调保证评价机制的顺利运行，最终达到促进教师专业发展的目的（刘莹，2016）。

进一步的研究发现，评价不公、评价缺失、评价文化偏差、评价矮化导致教师发展受挫，教师评价需要评价内容多样化、评价主体多元化，还应关注日常评价与正式评价的不同功能及相互影响，优化学校文化，注重层次性评价，让教师梯次递进性发展，催生专家型教师。其中，单一的评价主体常常受价值取向的影响，很难做到评价的公平与正义。所以，评价主体的多元化就十分必要：教师民主评价依然是评价教师的有效手段，因为一位教师只有置于同行的评价中，才会在意大家的感受，才会尽力消除躲避责任、迎合领导的侥幸心理，使考评者在工作中对每一位教师负责，对每一位学生负责，这样才会让教师保持一颗平常心，尽职尽责地履行职责。同时，教师在意同行的认同，即注重与同行彼此信任、相互协作的人际关系，而且只有获得同行的认同，这样的教师才经得起人们的考评与检验。但是，要规避同行民主评价的漏洞与偏见，还需要学术评价与学校领导评价。教师工作理应以学生为本，教师工作应该得到学生及其家长的认同，所以教师评价应适当参考学生与家长的意见，学校应坚持学生评教活动（包括师德满意率），也应积极利用家长资源评价教师。这样让教师的每一个行为都尽可能得到学生的首肯，有利于教师进一步端正教育理念。

因此，教师评价应在评价主体上坚持四方评价，即教师民主评价与学术评价、学校领导评价、学生评价、家长评价（甚至是社会评价）。这样的评价才会综合反映教师的发展状况，教师评价才会更公平（郭子其，2017）。

南纪稳（2016）的调查表明，教师评价素养存在的主要问题是：评价理念方面存在困惑与冲突；评价知识水平较低，评价方法运用不平衡。基于此，他认为有关各方应当对教师的评价素养和评价活动进行元评价；加强新评价理论的研究、宣传和教育；在教师职前教育、职后培训和校本教研中，把教育评价或教学评价作为独立课程和研究课题；对发展性评价的质性评价方法要强化示范引领。教师的评价素养有所提高，新课程改革提倡的发展性评价理念正逐渐被教师所认同。但教师的评价素养整体来说还很不理想，水平较低，从教师专业发展和新课程的要求的角度来看，还亟待提高。

我国历史上正式的教师评价制度，直到20世纪50年代才产生。这其中的原因可能有两个：一是教学本身过于复杂，即使在非常具体的课堂背景下，也没有人确切地知道，在影响优秀学生的学习上，教师应扮演什么样的理想的角色；二是在传统观念上，教师只是传道、授业、解惑，而学生则应该对自己的学习好坏负责。在很长时间以来，教师一直被置于一个专业工作者的地位上,虽然教师的专业性不像律师、医生那样强,教师也不像律师、医生那样有社会地位,但它仍然是一种相对自治的专业性职业。长期以来教育领域的这种专业自治基本上没有受到冲击,教师也没有面临严峻的挑战。但从20世纪中叶以来,正式的教师评价开始在西方发达国家产生,我国的教师评价开始于60年代,但直到80年代以后才有比较正式的评价。

教师评价研究作为教师管理制度建设的首要环节,其发展经历了一个长期的过程。目前,这一领域的研究表现出的主要问题有:不同功能类型的评价常常被混用;教学效能评价仍然占主导地位;评价内容结构不明确;评价内容的理论依据不足;过度注重学生学习结果等。

蔡永红(2003)提出,教师胜任力评价(teacher competence evaluation)要评估教师所需要的素质或胜任力,即教师知道些什么,通常是用纸笔测验的形式进行,其结果常常作为教师资格证书或执照授予的依据。它主要用于监控教师职前教育的进程和评估为提高教师胜任力所进行的培训的效果。教师绩效评价(teacher performance evaluation)是对教师在工作中的表现,也就是教师的行为进行评定,以了解教师工作的质量。通常是在工作中通过课堂观察,由领导、同事和学生等作出主观性评定。教师有效性评价(teacher effectiveness evaluation),或教师效能评价,是对教师施加给学生的影响进行评价,也就是对学生在教师的影响下在重要的教育目标上进步的情况作出评价,通常是通过同一测量工具的前测与后测之间的差异,同时考虑学校、班级的原有情况,通过回归方程来预测学生应该取得的进步,并将之与学生实际取得的进步进行比较来得出结论。多数的教师有效性评价需要用标准化测验工具来收集信息,而不同班级由于不能使用相同的工具,其结果往往不能相互比较。此外,由于标准化测验本身在测量范围上的局限,许多重要的教育目标的发展情况也不能完全依赖它来采集。因此,教师有效性的评价常常难以实现。

这三种类型的评价应在教师职业发展的不同阶段使用,并且它们在功能上也不同。三种类型的评价相互间有着密切的联系，教师绩效评价是教师胜任力评价的效标，而教师有效性评价又是教师绩效评价的效标。也就是说教师有效性评价是教师研究的终极效标，而教师绩效评价则是中间效标。但在实际应用中，这三种类型的评价常常被搅在一起，并冠以教师评价或教师有效性评价的名称，其内容既有对教师胜任力的评价，也有对教师绩效的评价，以及对教师有效性的评价。对教师胜任力和教师绩效的评价通常采取主观评定的方式，由领导、同事及学生进行评定，而对教师有效性的评价则直接以学生的学习成绩为指标。以这种结构混乱的工具为效标所进行的教师有效性研究可想而知，是不可能得出明确一致的结论的（蔡永红，2003）。

四、绩效管理制度与教师考评团队结构关系的理论研究

（一）我国教师考评团队结构特征研究

吴振利（2001）调查发现，中小学教师评价权利行使的实际情况中，从高到低顺序依次为：领导评价教师（权重33%）、教师互评（30%）、学生评价教师（22%）、教师自己评价（15%）。他认为，理想的教师评价权利的大致分配应该是：教师自评占40%，学生评价占25%，领导评价占20%，教师互评占15%。

靳玉乐（2014）则提出，就中小学综合素质评价而言，所有与学生综合素质发展有利害关系的是利益相关者，不同的群体和个人拥有自身独特的优势和局限，在评价中地位不同，发挥的作用也不同。根据米切尔（Mitchell，1997）提出的利益相关者应该满足的影响力、合法性、迫切性三个属性，对中小学综合素质评价的主体进行构设，主要包括三类别七主体：第三方评价机构、社区人士、学生（本人、同伴）、教育行政人员、学校管理者、家长、教师。具体分类如下：（1）第三方评价机构、同伴、社区人士属于潜在利益相关者。根据拥有属性的不同，分别为蛰伏利益相关者、要求利益相关者、或有利益相关者。①第三方评

价机构由经验丰富、责任感较高的学者、专家组成，因此专业性较强，拥有作用于组织的影响力。但如果不受学校委托，影响力尚未得到发挥，属于蛰伏利益相关者。②同伴希望通过评价他人来凸显自我价值，迫切要求实施综合素质评价，要求参与到综合素质评价中，且往往比较迫切，容易引起组织者的注意。但很难被赋予合法性，属于要求利益相关者。③社区人士拥有参与评价的合法性，但由于参与方式多为间接提议或评价，社区人士参与综合素质评价的欲望不是特别强烈，缺乏一定的影响力和迫切性，属于或有利益相关者。（2）教育行政部门和学校管理者、家长、学生本人是预期型利益相关者，具有三种属性中的任意两种。根据拥有属性的不同，分别为关键利益相关者、从属利益相关者和危险利益相关者。①教育行政部门和学校管理者作为综合素质评价不同层面的领导者，负责相关政策的制定和实施，因此合法性和影响力得到保障，属于关键利益相关者。②学生本人拥有合法的迫切性要求，要求改变被评价者的地位，要求改变单一的评价方式，要求外界注重自身全面的发展，要求拥有自我成长的发言权。但是学生的呼声得不到应有的回应，往往需要借由其他主体的引导和支持，影响力才得以发挥，属于从属利益相关者。③家长作为学生教育的参与者和受益人，希望通过教育促进学生各项基础能力的发展，并且提高家庭经济和社会地位向上层流动的可能性。但因缺乏合适的参与途径，容易与学校（老师）产生矛盾，属于危险利益相关者。（3）教师是权威利益相关者，同时具有三种属性。面对提高基础教育质量的要求和压力，教师通过反思标准化测验的局限性，迫切要求改变陈旧的评价方式，呼吁综合素质评价。另外，作为一线教育工作者，教师是唯一可以深入课堂的专业人员，主导教学活动，并与学生保持着密切的交流，合法性和影响力得到保障。

袁媛（2012）发现，我国义务教育质量评价主体选择存在的主要问题包括：评价主体单一；社会评价力量薄弱；学校自我评价的功能难以发挥等问题。义务教育质量评价主体的选择需要根据评价结果的客观性、效用性、评价成本、评价主体与评价客体的适宜度等几个方面来确定。根据教育质量的构成和教育主体之间的各种委托代理关系，不同类型教育质量的评价主体也是不一样的。具体来讲，在教师考核主体方面，从实践来看，义务教育的绝大多数评价活动都是政府的一项行政工作，是一种典型的行政性评价。政府既是评价活动的发起者，又是评价活动的直接参与者。社会评价没有相应地发展起来，而且缺乏建立社会评价体系有关的政策、法律依据，社会评价的法律地位得不到保障，缺乏完善、独立、真正意义上的社会评价中介机构。在政府的评价体系中，也要求学校展开自我评价。但是，这种自我评价很难发挥它应有的作用，因为评价的目的、内容、标准都由政府部门提出，而并非基于学校自身的办学特色和发展需要提出的。一般来说，影响义务教育质量评价主体选择与建构的因素主要有评价结果的客观性、效用性、评价结果的评价成本、评价主体与评价客体的适宜度等几个方面。

张光进（2013）的研究结果表明，在实际工作中直接上级仍然是最主要的考核者，其次是自己和同事，比例分别是90%、54%和36%。直接上级作为唯一的评价者占到40%，近60%的被调查者称有两种（含）以上身份的考核者对自己进行评价。实际工作中的考核者是否是知识员工期望的考核者呢？调查表明，员工心目中的考核主体依次是直接上级、同事、自己、下属和客户，比例分别是83%、58%、34%、25%、21%。这与现实中的顺序有些不同，现实中自我是第二个主要的考核者，但在被调查者心目中却是第三个。值得注意的是，除了直接上级和自己外，其他评价主体被认可的比例比现实明显要高。对于直接上级作为唯一考核者的做法，被认可比例只有12%。中小学教师对不同身份的人参加对自己考核的认可程度为，最认可主管（91%），其次同事（48%），最后是自我（14%）。理论研究人员、高校教师、高层管理人员认为直接上级应该参加考核的比例最低；其次是中层管理人员和技术开发人员；而其他岗位对直接上级参与考核的认可比例相对较高。值得注意的是，上述岗位对于自己是否应该参加考核的看法上，认可比例基本上是从高到低排序。这可能是因为工作越复杂上级越不了解下属的工作，而自己在考核中的发言权应越大。对于同事作为考核者，中层、基层管理人员、理论研究人员、技术开发人员和高校教师的认可比例最高；高层管理人员认可的比例最低；其他人员的认可比例没有明显区别。这可能是因为中层、基层管理者横向协作较多，同事评价有利于提供更加优质的内部服务；理论研究、技术开发人员和高校教师的劳动成果含有较高的专业知识，"隔行如隔山"使得同事的评价显得较为必要。有趣的是，几乎所有类型的岗位，相对于实际实行自我考核的比例而言，他们对自我考核的认可程度都明显低出许多。

该学者的研究发现，对于考核单元是个体还是团队，对完全个人考核的认可比例从高到低依次为：中小学教师、高校教师、市场销售人员、理论研究人员、高层管理人员、普通管理人员、中层管理人员、其他专业人员、基层管理人员以及技术开发人员。从任务结构来看，上述岗位的工作互依性，基本是从低到高变化。因此，对考核单元仅仅为个人的认可比例也就从高到低，这对任务依赖性与成果依赖性的匹配理论提供了实证支持。

超过60%的知识员工认为绩效考核结果基本公平，绩效考核对于改进工作、调动工作积极性起到了一定的作用，绩效考核利大于弊；但对考核过程感到公平以及对考核满意的比例明显有所降低。

绩效反馈、针对性培训到位的员工，其工作改进更为明显；绩效与奖金、晋升挂钩更紧的员工，其工作积极性明显更高；绩效指标协商、绩效反馈、考核结果申诉高分组的员工，其绩效评价过程公平感明显高于低分组。

从绩效评价者的身份来看，尽管直接上级几乎是不可或缺的考核主体，但只有12%的知识员工接受将其作为唯一考核者。值得注意的是，知识员工对直接上级和自己参加考核的认可比例比现实要低，而期望同事和客户参与考核的比例比现实明显要高。调查也发现，不同类型岗位的知识员工对不同身份的考核者的认可程度是不一样的。

宋洪鹏（2015）提出，重视与加强教师绩效考核已成为当前世界各国教育改革的普遍趋势,尤其是进入21世纪以来,随着欧美各国绩效问责制度的完善以及教学质量的国际比较研究的推进,教师绩效考核受到各国政策制定者、研究者和实践管理者的广泛关注。随着《国务院办公厅转发人力资源社会保障部、财政部、教育部关于义务教育学校实施绩效工资指导意见的通知》和《教育部关于做好义务教育学校教师绩效考核工作的指导意见》的出台,我国各中小学于2009年开始实施教师绩效考核,并取得了一些积极进展,但在实施过程中遇到的不少问题有待深入讨论和解决。目前国内学者对中小学教师绩效考核的研究多集中于思辨式探讨或经验性分析。对作为绩效考核实践蓝本的绩效考核方案进行实证分析更有价值。考核主体独立参与,各主体之间缺乏协商对话。考核主体涉及由谁来考核或者说由谁来提供绩效信息的问题,直接影响着教师绩效考核的准确性、客观性和全面性。考核主体应是多元的。工作往往具有多面性,不同的利益相关群体作为评估者站在不同的角度,从不同的立场出发,会形成不同的评估观点,因此绩效考核需要多方的民主参与。多个利益相关者并不是简单地参与,而是协商对话。按照以顾巴和林肯(Egon G. Guba, Yvonna S. Lincoln, 1989)为代表的第四代评价的观点,评价在本质上是一种通过协商而形成"心理建构"的过程。通过多主体的沟通与协商,既可以相互补充信息,又可以多角互证,使绩效考核更加全面、客观、公正,也更容易获得被考核教师本人的认同,从而促进其自我反思与发展。学者强调,有的学校在方案中提出要"自评和他评相结合",并提到了教师本人、同事、学生、上级领导等考核主体,基本实现了考核主体多元化。但必须指出的是,考核主体独立参与,各主体之间没有协商对话。比如在一所学校方案中,规定了具体的考核程序如下:(1)个人自评。教师个人进行总结和自评,填写考核的相关表册。(2)民主测评。在全校教职工范围和所教学科学生中进行民主测评,并听取家长代表的意见。(3)综合评定。在民主测评的基础上,学校考核小组按照考核标准,结合教师自评、教研组或年级组评议,充分讨论,综合评价,提出考核等次建议意见。经学校考核领导小组审核，综合评定考核等次。这样的程序看似体现了建构主义思想，实则不然。因为教师个人自评、民主测评和学生家长的评价都是在不同时间、不同场合进行的，各利益相关群体分别参与，没有协商对话，无法保证绩效考核的客观性、公正性和全面性。

学者（毛利丹，2016）调查发现，有极少部分教师对其所在学校的教师评价表示满意，相比之下，大部分教师反映的主要是目前教师评价潜在的问题，包括：（1）教师在评价中缺乏基本权利，例如教师的知情权和话语权等。部分教师虽享有参与权，但更多是流于形式。（2）教师对评价的认知不受重视，主要指教师对评价的反馈意见等方面。（3）教师评价难以满足教师的合理需求，包括基本的物质需求、被尊重与关爱的需求。（4）教师评价抑制教师的专业发展。（5）教师评价难以激发教师自我提升的主动性等。调查还发现，影响中小学教师评价的因素包括学校所在地、学校文化、校长以及教师自身等。其中，学校文化与校长是影响学校教师评价的两个关键因素。该文调查结论是：（1）中小学教师在评价中的基本权利缺乏制度保障；（2）教师评价制度本身缺乏对教师的人文关怀；（3）教师自身欠缺自我意识与寻求发展的自主性。

刘莹（2016）提出，基于教师专业发展的教师评价机制是一种促进机制，教师、教师发展中心、学校、社会评价机构、政府之间相互协调保证评价机制的顺利运行，最终达到促进教师专业发展的目的。失衡的评价主体不利于调动教师积极性。现行评价机制很大程度上受泰勒（Tyler，1949）"目标中心"的影响，对教师的评价主要看教师完成的目标。因此，评价的管理主义倾向明显，在评价中占主体地位的主要是校领导、职能部门，而教师在整个评价体系中参与度很低，处于被动不利的地位。顾巴和林肯（Egon G. Guba，Yvonna S. Lincoln，1989）指出了这种评价的不足：一是"管理主义倾向"明显，评价者和被评价者的地位不平等；二是"忽视价值多元化"，在评价中受重视的是评价者（管理者）的价值观，而忽视被评价者的价值观，因此受到伤害的被评价者就会采取不合作的态度；三是"过分依赖科学范式"，评价过于依赖

"数的测量"而忽视"质"的探索。因此强调评价者和被评价者、专家的平等合作，强调协调评价双方价值观的差异以及评价结果的多方认同。

王吉康（2016）依据经济与合作发展组织（OECD）在2013年进行的"教与学国际调查"（Teaching and Learning International Survey，TALIS）活动，以及2014年6月发布的《教与学国际调查2013年报告》为例，进行了评价主体分析。此次调查涉及6000多名初中校长和10.7万名初中教师，这是目前为止，以教师为主题的关于教师评价最大规模的全球性调查研究。教师评价者有校长、学校中层领导、校外个人或机构、指导教师（mentor）和同事五个主体。最具特色的评价主体就是校外个人或机构，并且占的比重较大（63%受访教师接受过此类评价）。校外个人或团体的评价是指由校外专家、校外第三方机构等对教师进行的评价。教师评价的五大主体中，校长评价的教师最多，86%的受访教师接受过此类评价，指导教师、同事评价的教师最少（占比均为48%）。校长是教师评价的最大主体，在教师评价中负有重大责任。

（二）韩国教师考评团队结构特征比较研究

学者们还开展了亚洲其他国家的公共部门职员绩效考核主体构成研究。方振邦等（2016）发现，教育人员作为韩国公务员类型，其绩效考核主体有两类：考核者和确认者。考核者的选择以"知情原则"为标准，即由高级公务员所在机构长官从了解考核对象的业务和绩效情况的上级或上级监督者中指定；确认者作为确认考核过程和结果的监督者，也由高级公务员所在机构长官在考核对象的上级人员中确定，但考核者和确认者不能为同一人。假如不存在考核者的上级人员时，可不设置确认者。

张志坚（2013）证实，韩国教师的评价主体呈现多元化。在韩国传统的教师评价制度中，评价主体是校长和副校长，其他人的意见没有受到重视。新的制度则是全视角反馈。该制度将学生、家长、同事、校长都纳入到评价主体中，构成了360度反馈评价主体群。小学教师由同年级的教师进行同事评价，初高中教师由同学科教师进行同事评价，学校依据韩国教育科学部总体指标自行设计问卷，对教师进行满意度调查。评价分低的教师必须接受不同程度的专业发展训练。实行新的评价制度以来，教师同事和校长对教师课堂的观察比之前多了，但是仅仅不足50%的家长对教师的课堂进行了观察，并且家长很少进行反馈，更多地是依据自己的孩子对任课教师的印象进行评价。

（三）与教育发展规划对应的教师考评团队结构

评价，在汉语中是评定价值的简称。本质上，评价是一种价值判断的活动，是对客体满足主体需要程度的判断。教育评价是对教育活动满足社会与个体需要的程度作出判断的活动，是对教育活动现实的或潜在的价值作出判断，以期达到教育价值增值的过程（陈玉琨，1999）。教师评价的目的是进一步促进教学、教育质量的提高，使教师的工作能产生更大的价值。

以《浙江省中长期教育改革和发展规划纲要（2010~2020年）》为例。该规划提出，需要进一步探索教师考核、学校效能等方面的内在联系。这里如何借鉴西方发达国家基础教育教师评价、教师效能、学校效能理论研究发展观点，尤其需要深入思考，比如如何严格执行义务教育国家课程标准，建立教师资格标准，完善义务教育质量监测制度。

尤其是，明确了教育评价制度改革对教师考评团队建设的客观要求，强调坚持教育科学和谐发展的理念，探索建立全面、科学、合理、开放、有效的多元教育评价制度。建立教育现代化县（市、区）评估制度，激励各地加快推进教育现代化建设。完善教育行政部门科学和谐发展业绩考核办法，促进区域教育协调发展。全面推行中小学校发展性评价制度，引导学校自主发展、特色发展、科学发展、和谐发展。完善教师绩效分类考评制度，增加教学、技术成果推广应用业绩在职称评聘中的比重，调动广大教师从事教育工作的积极性。建立面向学生的心理测试、综合素质评价、人格健康状况测评、毕业离校后发展性评价等多元评价监测体系，引导和促进学生全面发展。建立健全教育评估机制，引进第三方专业性评价机构。

上述教师考核管理权限视角下的考评团队结构模式的启示是，教师考评团队结构背后的决定机制，本质上是教育体制管理思想水平和教育管理权限的制度安排，相关改革要从顶层制度设计进行创新。

第二节　效能视角下的教师绩效考评团队结构研究

一、美国教师评价、教师效能和学校效能关系研究

(一) 教学、美国教师效能、教师评价

在美国，针对 K-12 学校的教育政策构筑的最基本问题或许是：教育的理想手段和目标是什么？这是个古老但是重要的问题，本质上，其逻辑类似于谚语"鸡和蛋之间的关系"。美国教育理想手段的争议包括：新课程（比如，新数学、计算机技术作用）；结构性或组织授权（比如，延长学制、留级、小班化教学）；学校发展中的非传统选择（比如，特许制度、替代学校）；流行的学习理论和教学培养计划（比如，社会性建构主义、合作性学习）；为教师和学校管理者提供标准化准备方案（比如，植根于教师教育标准的全国高校协会的大学/学院方案）；教师资格证和许可制度（比如，National Board for Professional Teaching Standards，NBPTS，即美国国家专业教学标准委员会，以及各州为发放教师许可证的绩效评价模式）。所有关注教育的人们都想知道，这些措施中哪个才是最理想的手段。

关注美国教育理想的争论主要集中在如下的教育成果中：标准化考试的学生成绩水平；高中毕业生比例；高等院校录取比例；社会影响和公民地位；道德和伦理价值观；就业能力。所有关心美国教育的人们也

都想知道教育产出（成果）究竟应该是什么。

这些争议在美国并不是新的东西，因为受到政治架构和过程的影响，也是公民大众对美国教育质量、教育政策制定和教育生产率的关注焦点（Cuban，1990），所以这些争议往往看起来是美国文化和美国教育历史特有的。

在过去的三四十年里，美国教育理想手段和结果问题已经反映着一些焦点：培育、选择和评价有效的教师；理解有效教学、教师评价、学校效能和高效学校之间的关系。目前美国强化促进学校责任制的政策氛围是植根于"不让一个孩子落下"的法律。

学者埃烈特（Ellett，2003）关注了四个方面问题：教师效能研究（Teacher Effectiveness Research，TER）和美国教师评价体系之间有何联系？美国的学校效能研究（School Effectiveness Research，SER），如何与教师发展、学校进步、教师评价相关联？SER、TER 和教师评价之间有什么联系？TER、SER 如何影响美国教师评价，促进教师、学校进步？

国际上，教师评价用作为 3 个用途：责任制考核、晋升、员工发展，因此学者往往把教师评价、学校发展内在地与 TER、SER 相关联。

评价教师就和美国教育体制一样久远。随着教师角色、有效教学和教师责任的价值观、学生如何学习的最好、社会人口统计学和教学环境等巨大变化，已经经历了多样趋势和循环。库班（Cuban，1990）提出了有趣的、实用观点，表明过去的一个世纪，美国教育改革和发展进程中是强调教师中心论还是学生中心论。他提醒人们，教师评价焦点可能取决于当时人们持有的关于有效教育和学生学习的观念。所以教师效能、教师评价和学校的效能相互之间有关联。

1. 1900~1950 年的美国教师评价

在美国，随着 20 世纪的到来，本质上是从道德和伦理视角定义教师评价的。因此，所谓优秀教师是指社区的优秀成员，他拥有高尚道德伦理标准、良好的阅读技巧，是学生的良好角色模范。典型地，评价关注的焦点往往是社区的高尚道德代表。于是，社会按照教师人格特征，而非按照有效教学知识基础的评价程序来评价教师。

对于20世纪初的教师评价，人们可以回想起普瑞斯（Price）爷爷的故事。他是1910年在肯塔基州的乡村开始从教的。社区选举他作为教师，是因为他是社区受教育程度最高的人。他在"一间教室"的学校教书，有20个学生。普瑞斯从教6个月。他并不是师范学校毕业的，尽管他在州师范学校学了一些课程。他也不具备州合格教师所需要的知识。

他很喜欢告诉当代教师上级督学如何评价他。

督学访问学校那天是坐双轮马车来的。督学来访的目的是对普瑞斯作为教师的初次评价。督学在教室停留了一整天，帮助普瑞斯处理了一些教学任务，并和普瑞斯、学生一起在树下一起吃午饭，非正式性地聊了很久，并了解和交流了社区成员的好多事项。

傍晚学生放学后，督学把马栓在车上，跳到车上，抓住缰绳，准备离开。普瑞斯就像今天的教师面对评价一样，对当天督学的访问感到忐忑不安。他问督学当天是否过得很愉快，督学回答他道："对今天的访问、课程、同学们和午饭感觉都非常好"。普瑞斯就问："那么我将如何能够在肯塔基州得到教师资格证？"督学挥手致意，微笑着回答："年轻人，你已经具备教师资格了，我今天就在考评和证实你的资质"。普瑞斯问为什么自己已经具备资格证明了，督学回答道："你准备好了课程，对于不同年龄孩子教育不同东西。你没有吼叫或者拍打那些淘气孩子。你了解自己讲授的课程。孩子们也和你相处很愉快，学生彼此之间也很好。你很能干，精力充沛，你讲故事或笑话从不浪费别人时间。所以我很欣赏和认可你"[①]。

督学对普瑞斯的资质认证决策中，没有运用今天的正式评价过程或评价标准，但是他所运用的人事观察内涵事项，恰恰非常类似当今教师

---

① CD Ellett and C Teddlie. "Teacher evaluation, teacher effectiveness and school effectiveness: perspectives from the USA." Journal of Personnel Evaluation in Education. 2003, 17 (1): 101-128.

评价体系中相关评价标准。

在 20 世纪 20~40 年代，受到心理学人格特征理论的影响，教师评价的研究主要集中在优秀教师个人人格特征的研究上。随后不断有更多的关注，是识别和更好地理解那些影响未来教师的教育与培训的变量上。此外学者完成了几项全国教师人格和教师教育计划研究的项目（Charters，1929）。1949 年教学评价的概念框架研究文献出现。40 年代末，教师评价的知识基础开始出现。

2. 20 世纪 50~80 年代的 TER 和教师评价

随着科学管理、心理学、教育学、行为科学理论的出现，学者把注意力聚焦在教师行为与学生成就关系上，以便诊断课堂效果。在 20 世纪 50~60 年代，研究者努力辨别高效率教学方法。立足于行为科学的新课堂教学方法研究受到重视，因其在心理学和教育学大行其道。研究者把注意力转向可观测教学活动（行为）和学生各种学业成果的关系上。在美国，"冷战"和国际政治事件（比如，苏联发射卫星，以及随后的太空竞赛），都影响并强化了课堂效果研究，以便识别出高效教学方法，尤其是在数学和科学课堂上。这也是美国联邦所资助的能力型教师教育模式（Competence Based Teacher Education，CBTE）。这些教育模型培训计划要承担的任务是围绕课堂高效教学所必备的行为和技术的核心要素，来开发相关课程。可以看到，纸笔考试是各州教师资格考试手段之一。

运用科学研究来识别高效的教学方法的学术压力，导致了大量地开发课堂观测体系，其中大多数根植于心理学与教育学中的行为主义哲学。随后，这些测量评价系统大量集中出现在教育研究文献中，围绕课堂观测和教学评价事项的方法学讨论也开始出现在文献中。

这一时期，各种课堂教学方法、教学活动和教学行为的效果研究，形成了高效能教学概念化的讨论（比如，课程是一门艺术还是一门科学）。教师教育和教学效果领域的学者开始争论高效教学的科学原理，以及为培育高效能教师如何实施这些研究成果。对于 TER 和教师评价有了更多文献，其中运用直接课堂观察作为一项人们喜爱的方法（Rosenshine，1973），衔接起教学观测、教学评价与学生成就之间的关系。

20世纪70年代期间，基于课堂的寻求彰显各类教学活动与学生收效之间联系的研究激增，教学研究主流范式逐渐为人所知，同时，构建标准框架的文献开始出现在更多的教师评价体系中（Medley，1984）。

3. 20世纪80年代到21世纪

20世纪80年代引导着美国教育改革再现高潮。这次改革，涉及到教育的各个方面，主要包括：在教师教育计划中做出显著的变革（运用教学研究成果）；设计和实施校本管理、决策模式；变革教师和行政管理者的许可程序；创新学生评价和考试方式；从多个视角重建学校；增强教师、家长参与学校治理；建立教师绩效薪酬制度等等。

20世纪80年代或许最流行的贯穿教育改革的词汇是评价和责任考核，尤其是这些关键概念、思想开始应用到教师身上。80年代中在围绕着学生为中心还是教师为中心的改革模式历史和谐条件下（Cuban，1990），美国教师评价成为教育考核责任制和改革中心就很不奇怪。适合教师评价的知识基础在80年代的美国也就迅猛扩展起来（Darling，1983；Ellett，1987；Medley，1984）。这样的知识基础包括认识教师评价所处的教育、社会和政治环境。

20世纪80~90年代，很多政治家和教育政策决策者关注着教师评价方面更新的、更复杂的投入，来作为美国提升教育的注入底线。通过教师评价来强化责任考核的逻辑似乎是合理的，因为教师要比教育系统中任何其他要素，与学生有更多的直接接触。此外，30多年的教学研究也已经建立了知识基础，围绕合理地与学生成就相关联的指标体系而设计出新型教师评价系统（Brophy，1986；Gage，1989）。

起始于20世纪80年代的教师评价政策的本质转变是一场运动，它把当地的学区政策取消，转向了如企业员工一样地评价教师，转向了州政府授权的、为了获得许可证的在职评价和教学评价。

20世纪80年代，佐治亚州运用教师绩效考核手段（Teacher Performance Assessment Instruments，TPAI），第一个实施了系统性的、全州范围的力量来评价教师的工作绩效。该州方案目标定位在新教师的初始资格证明上。虽然大量的课堂观测考核在60～70年代都已经开发出来进行教学研究，但是TPAI系统代表着州主导的第一代课堂观测型教师考核系统，并定位于教师资格许可证方面（Ellett，1990）。

随后其他州也快速跟进该模式（比如南卡罗来纳州，佛罗里达州、北卡罗来纳州、弗吉尼亚州、密西西比州、得克萨斯州、堪萨斯州、密苏里州、加利福尼亚州）。工作绩效、课堂观察的教师评价随后扩展到其他项目背景上，比如职业梯（得克萨斯州）、绩效薪酬（佛罗里达州）、职业发展、教师重新认证（路易斯安纳州）。

大量的教师投入和努力，都集中到这些大规模的、政治动机推动的、定位于教师绩效考核和学校进步的改革方案中。但是从改革的和谐角度看（Cuban，1990），到今天为止，这些方案中生存下来的寥寥无几，绝大多数都是政治的牺牲品，效果很差。

20世纪90年代至今，责任制、专业发展和学校改进运动的教师评价仍然持续地成为美国学校改革的中心。由于以下5个原因，教师评价和教师效能研究（TER）都与美国的教育进步保持高度的关联性：广泛关注的教师保留、招聘、评价；持续积累的教师效能和教师评价的知识基础；促进教师专业发展的课堂观测；作为领导者的学校行政管理者的角色变革；教师专业化发展的国家政策推动力。

（二）美国面向教师评价和教师效能的新时代视角

20世纪80年代后期、90年代初期甚至到21世纪，已经出现了教师评价、教师效能、学校进步和学校效能方面的许多新概念和方法学进展。在教师评价理论方面出现了两个显著进展：基于课堂观测的评价系统从"教"转向"学"；NBPTS所开展的全美国教师资格认证考核。

1. 以学习者为中心的课堂评价开发

埃烈特（Ellett，1990）提出，基于课堂的教师评价过程的最突出的瑕疵就是将教师行为和绩效作为支配中心。这个中心在20世纪80～90

年代很多州的教师评价系统就已经得以成文。每个综合性、州范围的考核系统命名，以及伴随的评价指标和流程，都聚焦在教师身上，用来评价教师的绩效。有趣的是，这些考评系统很少关注教和学之间的关系。无一例外的是，在美国开发和实施的教师评价政策和方案中，测量了教师的教学技能，但是很少关注学生的学习。

2. 新一代学习者为中心的评价系统

美国路易斯安那州的教—学评价与检查系统的开发与应用（System for Teaching and Learning Assessment and Review，STAR），把焦点设置在课堂教与学的考核与检查上（Ellett，1991）。STAR系统是第一个新生代的基于课堂的教与学考核系统，与传统的仅仅聚焦在教师行为和教师在课堂中的绩效考核系统比较，对于教师的教学、学生学习效果和学校效能提升都有巨大潜力（Ellett，1990）。

专业考核与综合性评价系统（Professional Assessment and Comprehensive Evaluation System，PACES）是近年开发的考核系统，在衔接教与学关系方面要比STAR更强大（Ellett，2001）。目前，该系统运用在迈阿密州的DADE县的公立学校中，用于对23000名教师进行评价。作为新一代考核系统，PACES的设计与实施，是取代教师为中心的考核方法。

PACES的设计，主要依据流程—结果理论以及教育发展知识基础，具体包括：

（1）更新了学习概念，以及如何将其衔接到教学活动中（Taylor，1990）；

（2）与各种教学和学习背景一一对应；

（3）反思活动的重要性以及大学里的对教师认知、评价和成长的共识（Roth，2001）；

（4）要求、提倡更强大的所讲授学科门类的知识内容（Shulman，1987）；

（5）在教学中成长的教师自我考核潜力；

（6）清晰地用文件记载学生成就、学校效能和高质量教学之间的重要联系（Sanders，1998）；

（7）开发和实施新教师考核系统的专业标准（*joint committee on standards for educational evaluation*，1988）；

（8）开发高水平思考技能的教学和学习的重要性；

（9）社会认知理论和自我效能信心研究（Bandura，1997）；

（10）反映在NBPTS体系中的国家资格评价标准化路径；

（11）其他知识基础。

PACES被称为"全面的、综合的、以学习者为中心的、基于课堂的评价体系，是用来提供教师、行政管理人员、其他教育者信息的系统"，能够改进课堂教学和学习的信息（Ellett，2001）。PACES系统的设计根本不是用来评价教学技能，相反它代表着一种整合的教学理念体系，扩展了全面计划，反思了学习者在高端思考技能发展过程中的积极互动活动。

除了识别出教学方面的7个主要维度以外，PACES系统还包括了多项需补充的教学要素，每个都运用一套评价指标来操作。扩展的解释和例子都包括在PACES评价手册中，从而能够辨别各个评价指标的含义。这些评价指标是教学质量评价决策的基础内容与要素。整个PACES系统中的核心要素是鼓励激发教师的自我反思和专业成长。从学校层面来看，全面PACES的设计，孕育着文化开发内涵，支持教师、行政管理者、学生和家长在内的共同体发展。

PACES的另一个优势是，它不预设任何特别的教学策略、方法或者行为。在PACES系统中，没有任何教和学的专业成长手册来告诉某个教师如何去教书。教师将会面临独特的教学环境的挑战，从而主动寻找最佳方法，积极参与到学生的学习任务之中。PACES系统聚焦于学生积极参与课堂学习任务，从逻辑看，也就与学校成就关注保持一致。

在美国，教师考核的第二个重要进展反映在美国国家专业教学标准委员会（NBPTS）所做的工作上。自1987年以来，NBPTS系统已经开发和运行了各种内容具体、标准化的鉴别任务，以及全国的教师资格认定，出台了一套模范教学信念和价值观（详见官方网站：http：//www.nbpts.org）。

这些信念表明，杰出的教师具有以下特征：
（1）他们对学生们及其学习有高度的承诺；
（2）他们理解所讲授的学科课程并知道如何向学生讲解；
（3）他们负责任地管理和监督学生的学习；
（4）他们系统地思考教学业务并从经验中学习；
（5）他们是学习社会的成员。

NBPTS 的认证考核评价过程是自愿的。其设计目的是为了促进高质量教学，后者关注学生的学习，聚焦在课堂上如何进行概念化、如何围绕课堂行为进行决策和讲授课程。评价考核过程是这样的：申请人构建一个综合性的全面的档案袋，来分析他们的教学知识、技能、部署，以及区分他们业务活动的专业性评价。

NBPTS 资格证不意味着替代各州的教师职业许可证，因为前者的资质证明只是同行专业人士提供的资格证，不是从教的许可证。但是，很多州已经选择了 NBPTS 证明来替代州的教师许可证，47 个州提供了管理办法，表示对国家职业资格证的认可。1995 年，NBPTS 授予了首批的 85 个教师资格证明；2000 年授予了 7886 个教师国家专业教学资格证，累计认证教师达到了 23937 个。

很显然，在教师队伍、学校管理者、学校董事会成员、教育政策制定者和其他人群中，参加 NBPTS 认证的动机正在扩张。但是，最近关于 NBPTS 认证的教师对学生学习和成就是否比非 NBPTS 认证的教师影响程度更大，则存在着大量的争议。

鉴于这些争议，需要证明 NBPTS 认证过程的意义和效度，NBPTS 委托了大量研究，以更好地认识国家资格认证过程对于教师变化和学生学习的增值效果。这些研究包括运用复杂的统计模型，分析学生若干年内接受 NBPTS 教师和非 NBPTS 教师授课后，参加标准化考试的成绩。其他研究则聚焦在 NBPTS 认证、教师考核活动变化、学生学习质量之间的深度关系上。因为这些研究试图检验 NBPTS 评价过程、教学质量、课堂活动变化、学生学习和随后成绩之间的关系，也就有机会来更好地理解教师效能、教师评价和学校效能之间的联系。

这里有争论的事项主要包括：①传统的教师评价路径对美国改善学校没有很大的作用；②需要采用新一代学生为中心的评价和评价过程。有大量的研究关系到以下话题：教师学习和专业发展；学生学习；学校改善；学校效能。虽然有大量的证据表明教学质量确实影响到学校效能，但学者们相信，聚焦在教和学之间衔接性的新一代教师评价考核系统是非常重要的环节，能够用来衔接课堂评价与学生学习、学校效能和学校进步之间的关系。

（三）美国学校效能研究（SER）历史

美国的 SER 是从 20 世纪 60 年代中期开始的，尽管研究成果数量在减少，但是美国提供的研究项目在全球可能仍然是最全面的，其三个研究主线（Teddlie，2000）在美国都有着漫长的传统：（1）学校效果研究，主要研究学校效能的科学特征；（2）有效的学校研究，主要是关注有效的学校教育过程；（3）学校进步研究，主要研究学校如何更好变革的过程。

美国的 SER 主要经过了 4 个显著的阶段（Teddlie，2000）：

阶段一，从 20 世纪 60 年代中期到 70 年代早期。最初关注的议题是教育的经济投入—产出模型。

阶段二，20 世纪 70 年代早期到 70 年代末期。关注的话题是有效学校研究，包括宽泛的学校学习过程变量，比第一阶段研究更宽范围的学校成就。

阶段三，20 世纪 70 年代末期到 80 年代中期。学校效能研究（SER）的焦点转向有效学校的合作，主要关系到实施各种各样的改进计划的学校。

阶段四，20 世纪 80 年代末期至今。主要是引入学校环境变量，采用了更复杂的研究方法。

阶段一中，经济驱动的投入/产出研究占据主导地位。这些研究聚焦在学校资源投入（比如，生均费用）、学生背景特征（社会经济地位变量），以便预测学生在标准化考试中的成就。这些研究推断，与潜在可塑的校本资源变量比较，学业差异与家庭社会经济地位存在更强的相关性。例如，科尔曼（Coleman，1966）研究发现，学校对孩子的学业成就影响很小。

阶段二涉及的研究是要和科尔曼（Coleman，1966）以及其他研究者的结论进行辩论的。研究者研究了这样的学校：学生来自非常糟糕的社会经济地位背景，但是对这些学生进行特定的教育训练，描述这些学校所发生的变化流程。这些研究也扩张了学校产出的定义，包括态度和行为指标。

在这些研究中，包括更灵敏的课堂改进措施，涉及到给学生教授课程的教师与学生群体数据。这些方法与两件事情有关：第一，它强调了来自课堂教师层面、学校层面的资源投入；第二，它关联到学生层面投入变量的产出效果。

默南（Murnane，1975）、萨摩斯（Summers，1977）整理了相关文献，认为特定的教师投入和他们所教的特定学生相关。他们的研究显示，授课教师的特征显著地和学生成绩相关。默南（Murnane，1975）的研究表明，在回归方程中，来自课堂和学校任务信息，提高了学生成绩预测差异15%，此外，校长对教师的评价也是显著的预测变量。

随后，汉纳谢克（Hanushek，1996）所做的文献回顾显示，与学校费用相联系的教师变量（比如，生师比、教师薪酬）在学生成绩上没有显示出一贯效果。另外，几项与人力资源有关的质量特征（学生对环境的控制感、校长对教师的评价、教师的教育质量、教师对学生的期望）则显著地显示出与学生成绩的正相关关系（Murnane，1975；Summers，1977）。教师投入测量主要包括有效课堂行为的直接观测，这些行为可以通过教师效果研究文献来进行鉴别。

早期对 SER 的主要批评是：学校或课堂教学流程不能进行充分足够地考核，导致学校层面的差异被归结到家庭背景变量，而不是教育过程。针对这一批评，布鲁克福（Brookover，1979）开展研究调查，测评学生、教师、学校校长对学校的感觉关系。这些测评包括了 4 个项目：（1）学生对学术徒劳无用的感觉；（2）学术概念；（3）教师期望；（4）学校氛围。这一研究显示出：在学校氛围变量率先进入回归方程时，学生的学术无用感觉解释了大约 50%的学校层面阅读和数学成绩的差异。

20 世纪 70 年代以来，其他的方法学进展则关注着敏感的产出测评运用。

在阶段三，公平理想的首位支持者是埃德蒙兹（Ron Edmonds，1979）。他把自己的研究和其他人的研究（Lezotte，1985）合并起来，做了一个城市贫困地方高效能学校创建的案例。埃德蒙兹与其同事对仅仅是描述高效能学校不再感兴趣，而是希望去创建这样的学校。高效能学校研究产生的 5 个相关模型，是由以下因素组成：来自校长的强有力的教学领导力；一个广泛理解的教学重点；一个安全、有序的学校学习氛围；全体学生对成就的高期望；运用学生学业考试数据进行学校成功考评。这些研究主导美国学校效能研究长达数年。这些早期的研究成果（Clark，1983；Taylor，1990）都是基于上述研究的有效学校关系模型。

在阶段四，方法学上更为复杂的学校效能研究得以开展（Teddlie，1993），来探索在中产阶层学校、郊区学校能够产生更大效果的相关因素。这些研究主要探索了跨越不同学校环境的学校效能差异，而不是聚焦在某个特定的环境上。这样的背景变量包括：学生的社会经济地位（高、中、低），年级层次配置（小学、初中、高中）、社区类型（乡村、郊区、城市）。这些学校效能的环境背景敏感性研究结果，以及与教师评价关联性随后进行讨论。

过去的 20 年中，在方法学方面取得的一些进步导致学校效能研究中更复杂的研究。

（四）美国的 SER、TER 和教师评价之间的关系

1. 美国的 SER 和教师评价之间的关系

莱文（Levine, 1990）总结了有效学校教育特征，认为美国有效的学校研究对其有决定影响。这个研究拓宽了 20 世纪 70 年代埃德蒙兹（Edmonds, 1979）的相互关系内涵。

如果教师和学校进步是教师考核评价过程的目的，有效学校特征对教师评价就有直接的影响。与以下有效学校特征密切关系的过程就成为教师评价过程的构成部分：（1）有效的教学安排和实施；（2）聚焦于学生获得主要的学习技能；（3）高生产率的学校氛围和文化；（4）对学生的高度可操作性的期望和要求；（5）学生进步的适当监控。

阶段四的学校效能研究持续地涉及环境变量，这些环境变量包括学生的社会经济地位、年级层次构成和社区类型。研究显示，高效学校的特征差异取决于这些学校环境变量。例如，特德里（Teddlie, 1993）发现，有效的中等社会经济地位的小学提升了现在和未来期望，而有效的低水平社会经济地位的小学则强调了现在的教育期望（学生能够学会三年级数学）。

这些差异性结果，跨越了不同类型的学校环境，对教师评价系统形成了分水岭，因为这些系统也应该受到教师工作的环境的影响。例如，几项关于年级层次配置（小学、中学、高中）的研究关注着这些学校中有效学校特征的差异，这些学校对教师评价有影响（Virgilio, 1991）。虽然对主要学习技能的关注很重要（特别在小学中），莱文（Levine, 1984）发现，高效能的初中学校强调了学生的人格与教育目标。因为中学生不久将从业或者去高中读书，因此对初中就存在更大的需求来适应个体学生的目标，并且提供实现机会。于是，中小学教师的评价就要有所不同，因为考虑到关注点的差异，主要学习技能和其他个体学生目标就不一样。

其他例子主要关注的是在中小学里运用教师评价的推理评价。比如，维尔吉利奥（Virgilio, 1991）发现，时间—任务测评能够成功地在

高效能和低效能的小学学校进行差异化分析，但是在初中就不行。在中学，出于评价意图，这样的测评就不合适，因为这些学校中，合作性学习安排和课堂气氛强调了更高的思考技能，从而会产生更低的时间—任务值。

如果要指导教师和学校进步的话，那么，教师考核评价系统就必须适合教学环境。这样聚焦于环境背景下的教学评价，就和开发、运用新型教学考核系统的重要性相一致了。

2. 美国有效学校的特征（Levine，1990）

（1）杰出领导力。体现在：卓越的教学领导力；支持教师；在学校进步方面投入大量时间和精力；精力充沛的教师；特立独行定位；经常性的个人监督；获得资源；能够有效运用教学服务后期人员。

（2）有效的教学安排和实施。体现在：有效的教学；成功的团队化和有组织的安排；课堂适应性调整；主动/丰富的学习；在评价教学产出时强调高度的有序思考技能；课程和教学协调；容易获得教学资料的能力；挤出时间进行阅读、语言和数学训练。

（3）聚焦于学生获得主要学习技能。体现在：能力最大化和充分运用学习时间；掌握主要学习技能。

（4）高效能学校气氛和文化。体现在：秩序良好的环境；教师信守共享的、清晰的、关注成就的使命承诺；教师凝聚并共同协作；关注正向成绩的全校性共识；解决问题导向；教师积极参与决策。

（5）对学生的高操作性期望和要求。

（6）对学生进步的适当监督。

（7）在学校里的教师职业发展导向活动。

（8）优秀父母参与。

（9）其他。学生的效率；多元化教学和意义；学生的个人发展；严格的、公正的学生奖励制度和实践活动。

美国教育研究的两个重要探索主线分别是 TER 和教师评价研究，SER（包括学校进步、改进研究）。尽管这两个探索已经并行研究了 40

年，人们仍然认为它们相关。有些研究者曾经提出把两个领域研究合并进行（Teddlie，1994），现在人们进一步认识到，这两个研究领域的研究者应该相互交流，以便最大化地促进美国学校改进。

多年来，TER 的首要目标是辨析出典范性的教学环境，从而能够强化学生学习和提高成绩。没有最佳的教学路径来达到这个结果，绝大多数人可能会同意，存在着教学环境的核心要素，能够逻辑性地、经验性地关系到学生的学习成绩（比如，时间管理、学生参与、教师的学科知识）。

历史上，美国 TER 曾经极大地影响并将继续影响教师评价活动。有学者认为，美国新开发的教师评价系统在构建教师评价标准并运用之来评价教师的时候，将有效地融合 TER 和 SER 两个领域的研究成果。迈阿密州的 PACES 代表了新一代教师评价系统，明确地把聚焦学生学习作为一个标准变量。在测量 SER 的效果中，学生学习一直是主要的标准。

总之，合并 TER 和 SER 的教育效果文献的概念正被美国更多的学者认可，教师效果是学生成绩的最有力的预测变量（Sanders，1998）；教师评价考核系统的设计者、实践者应该对特定的环境保持敏感。在这些环境中，教师工作绩效系统应该从来自周围环境的敏感性 SER 成果中获得信息。美国的新一代教师考核系统将更聚焦于学生学习以及随之而来的成绩，因此教师评价和 SER 将共享共同的标准变量，即学生成就。

美国学校效能研究、教师效能研究与教师评价关系研究的启发如下：立足我国实际，依据生产率来明确地识别出高效能学校；进行更丰富的、来自班级与学校层次变量的现场调查，开展教学质量、学习环境特征、领导力、投入、家庭环境的教育质量之间的关系研究；形成并传播新一代教师考核系统的开发与应用信息结果（包括终结性和形成性评价）；传播不同情景下学校和教师进步的可区分的研究结果。

（五）美国教师绩效评价效果

泰勒（Taylor Eric，2012）围绕美国教师绩效评价效果进行了深入研究。他强调，虽然员工绩效考核效果传统地是在代理问题背景下开展研究的，但是评价也具备人力资本的投资特性。他就职业生涯中期的教师样本，选择了公立学校的教师考核进行研究，提出以下观点：在评价期间以及随后的年份中，高质量的课堂观测评价和绩效测量，能够提高职业生涯中期阶段的教师绩效。

组织要评价员工，是为了更好地改进员工绩效。但是，如果激励只是对有助于评价结果的行为发挥作用的话，评价诱发的改进可能是短暂的。相反，如果评价鞭策了员工的人力资本投资的话，效果将可能会持续下去。

经济学在理论和实证研究两方面，都对绩效评价和员工反应进行了研究（Prendergast，1999；Gibbons，2005）。但是相关的文献聚焦在了代理理论、契约—激励模型的预测分析上。很少有评价信息如何促进人力资本投资的证据。

近年来美国教育界改革进程中，评价教师效能已经成为主流话题，其重点是激发教师生产率变化，具体按照提高学生学业成绩的能力来测量。

支持者相信，强有力的教师评价能够提高普通教师的绩效，激发工作动机和教师人力资本开发。但是迄今为止，仍然只有很少的实证研究证据支持这些假设。

泰勒（2012）围绕两个问题开展研究，即在考核期间，评价能够提升改善教师的绩效吗？考核以后仍然能够提升教师绩效吗？他运用了辛辛那提（Cincinnati）州立公立学校数据。这些学校的教师评价系统（teacher evaluation system，TES），要比现行的评价系统开发好得多。TES系统评价教师专业实践活动是通过多样的、详细的课堂观测以及检查工作成果来进行的。

研究表明，高质量的课堂观测型评价提高了职业中期教师的绩效，包括考核期间和随后的年份。

1. 辛辛那提市的教师评价

在2000～2001学年，辛辛那提市出台了教师评价系统（teacher evaluation system，TES），该系统是实操型评价系统，收集的信息包括课堂观测和工作资料（比如教师的课程计划、职业开发活动证据、家访记录）。在年度 TES 评价过程中，对教师进行代表性的观测和打分 4 次：指定的同事（高绩效、有丰富经验的外校的教师）评 3 次，本校的校长或学校其他行政管理者评价 1 次。同事评价和行政评价者必须完成强化的 TES 评价者培训，必须准确以教学录像为样本评价，以便检验内部一致性（信度）。除了教师第一次课堂观测的那周以外，其他的课堂观测则不再通知。评价者运用的评分标准，是夏洛特提升专业能力框架模型（*Charlotte Danielson's Enhancing Professional Practice: A Framework for Teaching*，1996），该测量表描述了在每个技能和活动中，有四个水平的绩效，分别是卓越、熟练、合格、不合格。

同事评价者和行政管理者在每次课堂观测后 10 天内，对教师提供书面反馈意见，并且在第一次课堂观测后和老师个人开展面对面交流。由于工会谈判指导方针要求，评价者在会议期间不得提供超过官方规范的语言反馈以外的改进建议。

评价者可以指出观测区域和详细参考的高水平绩效的表述特征。在年底，四个业务维度的分数加总形成最终总分后，提供给被评价教师。

对于新教师（在工作的第一年和第四年），如果评价结果糟糕的话，将不再续约聘用合同。而对于终身教职教师来说，良好的评价结果将获得晋升资格，或额外终身教职保护，相反就要接受同事协助计划进行辅导，但是解雇风险比较小。

2. 人事经济学理论分析

人事经济学模型一般地认为，评价能够多大程度上影响个体绩效，是两个关键维度的函数：如何测量绩效或评价绩效；对结果信息采取什么行动。

关于第一个维度，学者们都讨论过，在绩效评价不完善或不完全时，雇员行为如何受到影响（Holstrom，1979，1991；Baker，1992）。在这些情形下，员工将采取那些提高他们的绩效分数的行动。

课堂观察型的评价，包括辛辛那提市的 TES 系统，充其量只是对学生学术的不完全评价。此外，不像其他的教师评价方案，该州的教师是仅仅每隔几年才受到 TES 系统评价。

如理论预测那样，如果教师优先考虑那些提高他们评价分数的行动的话，那么 TES 的特征就出现两种预测：首先，评价期间，教师将优先考虑那些增加他们 TES 分数的行为。实证研究证据显示，TES 指标分数比较高的那些教师确实形成了更高的学生学业成绩（Milanowski，2004；Holtzapple，2003）。其次，TES 评价仅仅在 TES 评价年度期间影响教师行为，影响学生学业成绩。也就是说，在评价教师过程中，绩效将会提高，但是一旦评价过程结束，教师绩效将再次下降。

虽然没有和薪酬衔接，仍然存在消极和积极的潜在结果。这些评价结果将影响教师利益，以及评价期间绩效心态。

第一，低分数的教师，即那些在 4 个维度中任何一个被确定为合格或不合格的教师，将处于干预地位。在干预地位的教师，必须接受一个指导教师 1 年的强化援助，进行全面的 TES 评价（更频繁的课堂观测，6 次正式的加上 2 次非正式的，而不是正常的 4 次正式观测），还有其他的各种会议。设计这些活动是为了帮助教师提高专业技能，但确实将给这些 TES 分数低的教师带来额外负担。此外，干预期间的教师，如果没有取得充分进步的话，将会被解雇。

第二，从积极方面看，TES 分数特别高的教师将能够申请"学科带头人"的荣誉。在辛辛那提市，该荣誉称号是教师们一个梦寐以求的头衔，它具有额外工作机会，比如部门负责人、课程专家、或者 TES 评价者，会带来额外的薪酬回报。

除了 TES 分数的直接运用外，教师的 TES 评价还能够运用到更广泛的方面，通过他们专业声望影响他们的利益。目前的绩效评价，通过有助于他的声望来影响该员工未来的劳动力市场回报结果（Fama，1980；Holmstrom，1999）。

3. 评价导致人力资本增值

如果所形成的信息促进员工技能开发方面的新投资的话，评价可能会提升绩效。换句话说，在正确条件下，员工评价将发挥出在职培训的特殊作用，这是一种人力资本投资（Becker，1993）。

相对于规范、积极的标准，评价会提供员工绩效的信息。这些新信息将减少人力资本投资成本。在其他条件相同的情况下，这个成本的降低将导致技能开发投资。于是，相对于前期评价的年份，可以预测到评价随后年份绩效将增加。

泰勒（Taylor Eric，2012）发现，平均来说，在TES评价参与中，高质量的课程观测型方法，职业生涯中期的教师提高了学生数学课程成绩，包括评价年份和评价之后的年份教师绩效都得以提高。对于这一生产率增长的机制是，评价中的反馈刺激了员工在人力资本开发中的投资。特别是在评价期间、尤其是评价后的几年里，出现了所教学生更高的课堂成绩。教师参加了TES评价后，所教的学生在数学课程的分数，比同一教师参加TES评价前所教的类似同学，要高出10%的标准偏差。

研究结果显示，乐观地看，良好建构的教师评价系统计划能够提高职业生涯中期的数学教师的平均效果。重要的是，这样的评价能够获得巨大的收益。

二、英国教师评价与教师效能

雷诺兹（David Reynolds，2002）对英国教师评价与效能进行了研究，取得了较丰富的研究成果。

过去10余年，全球发达国家中，英国可能是教育系统接受政府"变革意图"比较多的国家。历史地看，教育系统是多类自治组织之一，其中，课程、学校组织、教学方法和教师评价都是由教育专业人士和当地教育权威部门（学区）决定的，这些教育部门管理着本区域的学校，拥有中央政府授予的大部分决定国家层面资源和建设事项的授权。

在1980~1990年期间，英国的教育成就国际调查表现比较糟糕（Reynoldds，1996），表明了学校教育成就的大幅波动问题（Rutter，

1979；Mortimore，1988；Reynolds，1999）。1992年，英国成立了一个独立的国家层面的监督服务机构——教育标准化办公室（the office for standards in education，OFSTED），该机构向公众报告所有的学校和教师标准，向教育系统进一步施加压力。有趣的是，OFSTED之所以受到关注，是因为其包括了教师课堂教学的观测、考核与分类。具体包括多个因素，比如教师的各项计划、课堂管理和学术资料，这些非常类似于20世纪80年代经典的美国教师效能研究要素。总体来说，虽然英国绝大多数全国政策干预定位在学校改革层面，而非教师或者课堂教学层面，因此后者可能存在很大不足（Teddlie，2000）。人们普遍认为，良好教学是先天性决定的，以至于难以开发，或者难以通过培训提供技能。这表明了英国教育界内部存在的困难以及学校内部的差异。

（一）英国学校效能研究

当前流行的建设特色学校，给学校领导提供学校效能材料，以及改善学校教育的呼吁等，都表明学校效能研究者的持续影响。

1967~1989年是学校效能研究的第一阶段。早期的工作绝大多数涉及教学环境，鲍尔（Power，1967；1972）展示了学校之间过期还款的差异，雷诺兹（Reynolds，1976；1982）主要关注学习环境特征在中学存在的显著效能差异，拉特（Rutter，1979）运用学生个体数据相匹配的群体设计方法，关注了学校之间学业成就、违法犯罪、出勤率、行为问题程度等方面的差异。

20世纪80年代随后的工作包括：（1）教育专家开展了学生学业成就增值比较（Woodhouse，1988；Gray，1987；Willms，1987）；（2）学校综合能力系统比较（Gray，1983；Reynolds，1987）；（3）开展学校效能特征工作研究，比如规模（Gray，1987）、不同学科领域的效果（Fitz，1985；1989；Willms，1987）、背景（Willms，1987）、学校特征对学生特征影响（Nuttall，1989；Aitken，1986）。（4）其他研究，通常主要聚焦在教育产出结果与学校流程的关系分析。

20世纪80年代末期出现两个标志性研究，关注小学效能（Mortimore，1988）和中学效能（Smith，1989）。前者研究值得关注是因为其广泛的结果范围，比如学校的评价内容研究（包括数学、阅读、写作、入学率、去学校的行为和态度），广泛地收集了学校过程数据信息，第一次在英国学校效果研究中出现课堂教学过程。后者的研究值得关注是因为，其展示了学校之间学业效能的巨大差异，对不同的学习课程，反射出不同学校的影响。

从1990年开始，前期工作如同20世纪80年代一样，值得注意的是以下领域：(1) 学校跨越不同时间的积极或消极效果的稳定性（Goldstein，1993；Gray，1995；Thomas，1995）；(2) 在不同产出方面，学校效果的一致性，比如，按照不同课程或不同产出维度（例如认知或情感）（Goldstein，1993；Sammons，1993）；(3) 不同类型学生效能差异，例如不同种族、不同社会经济背景、不同的早期成绩（Jesson，1991；Goldstein，1993；Sammons，1993）；(4) 学校各学科跨越时间的效能连续性（Goldstein，1995；Sammons，1995）；(5) 学校效能大小（Daly，1991；Gray，1990；Thomas，2003）。

总体上，有4个积极的特征：第一，方法学的高度复杂性。英国处于多层次统计模型开发前列（Goldstein，1995）。第二，运用多项学生成就进行测量，包括控制点、入学率、犯罪率、行为问题，对待学校的态度、自尊、对待课程以及学业成绩的态度测量（Mortimore，1988）。第三，运用学生入学时候的信息进行测量，比如早期成就以及相关因素（年龄、性别、父母社会经济地位、父母教育和父母种族或种族背景）。第四，先进理念开发以及学校层次作用研究。

（二）效能视角下的英国教师考评团队研究

与上述学校效能情形形成对比的是，教师效能研究不是英国教育研究的核心。这就意味着，早期的教师效能研究没有更多成果。直到摩蒂莫尔（Mortimore，1988）提出教师效能因素，进入到随后的20世纪80年代和90年代后期，教师效能研究没有获得重视。

摩蒂莫尔（Mortimore，1988）开展了小学学校和教师效能研究。该研究是英国第一个对学校和课堂同时开展的研究,并且明确地衔接了学校和教师效能之间关系。该研究对 50 所小学进行了 4 年研究。在这些小学中,收集了相当丰富的学生和家庭背景数据资料、学校和课堂资料。通过复杂的多层次模型技术来分析这些数据。该研究报告了学校和教师效能的 12 个相关因素:

(1) 校长的意志和刚强的人事领导力。校长要能够理解学校的需求,积极参与学校管理,愿意与教职员共享权力,不对教师全面控制,在经费支出和课程规划指导方面请教咨询教师。

(2) 副校长权责。凡有副校长涉及决策的学校,学生成绩都会增加。

(3) 教师参与。成功的学校里,教师都参与到课程规划,并在课程指导开发方面承担主要的角色。

(4) 教师之间的一致性。人事决策一致性具有积极影响。

(5) 有组织的研讨。学校日常安排组织有章有法时,学生会学的更好。在高效能学校里,教师组织学生活动,须保障他们有足够时间在组织框架内灵活自如。如果学生要任性地做很多任务活动的话,就要注意避免消极效果。

(6) 运用智力挑战教学困难。如果教师受到鼓励并努力工作的话,学生就取得更大的进步。

(7) 工作为中心的环境。这个特征表现为以学生为主,让学生喜欢他们的课业。

(8) 研讨会中只设置有限的焦点。教师致力于专门的课程领域,学生就取得进步。如果在课堂上同时进行两个或以上的科目时,就会影响学生的进步。

(9) 在教师与学生之间进行最大程度的沟通。在学生与教师更多地沟通他们所学习的内容时,孩子们表现更好。运用机会对全班级说话的教师能够产生更好的效果。

(10) 保持记录。校长监控学生进步的作用很重要,但是教师的评价也重要。

（11）家长参与。实施门户开放政策，鼓励家长在家里参与阅读，在教室里提供帮助，到校开展教育访问，这样的学校将更有效。

（12）积极向上的风气。高效能学校具有积极向上的精神风貌，学校环境更令人愉悦振奋。

雷诺兹（Reynolds，2002）在英国开展的教师效能研究，是Gatsby小学数学强化项目评价组成部分，该项目的研究是为了提高小学数学教学水平的，运用了全班互动方法。对学生的考核是每年两次，运用标准化的数学测验，其中包含了心算和书写部分。该项目研究过程中，运用观测量表，每年观测教师两次。在项目进行的第五年，该项目对数学教师效能研究提供了详细的研究发现，大部分都支持英国以及美国所开展的教师效能研究的结论。所观测的绝大多数行为都与学生进步收获有关。

该项目还运用问卷调查工具，也收集了以下数据，即教师的自我效能信念、自我感觉的课程知识、对数学教师和学习的态度。该模型运用结构方程模型技术来进行分析，除了课程知识与结果微弱相关以外，大多数情况下，数据支持了模型，明确了教师行为是直接影响结果的唯一因素，但是教师的信念、自我效能也通过教师行为而产生显著的间接影响。

教师行为和学生成就之间的关系在最缺乏教育投入的学校中是最强的，这与美国教师效能研究的情况的发现是一样的（Brophy，1986）。

但是并非任何个体行为或团体行为对学业成就都有影响。高效教师集体行为形成了相当大的影响。近年英国出现的主要研究项目是为政府教育和技能部所提供的"有效教学"研究，是由HayMcBer咨询公司完成的。该研究立足于对教师的"事件访谈"，尝试发现深藏的良好教师的人格特征。

（三）英国教师评价

从上文讨论的大量丰富的英国学校效能范例和贫乏的教师效能研究

资料可以看出，教师评价已经大大落后。从历史观点看，在20世纪90年代，英国出台了广泛的全国教师考核/发展计划，但是国家考评系统糟糕地进行概念化设计，实施又朝令夕改。因此，在考核结果和教师工资水平之间没有任何联系，也不采取任何措施将学生的学业水平和教育这些学生的教师的个体特征、行为关联起来。

这些情况的原因，与美国一些州的情况形成显著对比，似乎与政治因素、英国特定的知识分子特征都有关。政治上，政府几乎没有兴趣或不具备教师效能研究的知识；从理智上看，英国关于教育的论述很简单并且模糊（Reynolds，1999），反映了英国将教育教学活动看作为"工匠"活动，而不是看作为科学技术导向定位的活动。

近年来，英国有了许多改变，采取了相关措施。为了获得教师资格证，在学校里教师职业有了专门的术语、特征和行为规范。HayMcBer咨询公司有效教学行为的研究成果成为强化教师入门考核系统。

衔接教师考核评价与学生学业关系的方案，在英国公立学校得以保持。2000年所有学校都实施了绩效管理系统，绩效计划、教师绩效监控、循环和进展回顾等绩效管理环节都正在全面实施。

新的教师绩效考核系统具有浓郁的形成性评价因素，其设计是要提供专业发展规划，定位于满足个体教师的需求，终结性评价和判定性因素也同样保持，但是形成性考核受到教师的偏好与支持。

英国正致力于个体教师层面政策，但是缺乏研究成果的支持，难以形成有效的政策框架。1997~2001年间，基础教育学生考试分数逐渐得以提高，国际调查研究中的地位也得到提升。

教师评价明显是头等重要的，需要依据更可靠的价值增值评价系统，还需要做相关工作，保障增值评价系统定位于个体教师的差异。应该对教师绩效进行全面评价。采取措施完善学校的形成性与终结性考核系统，围绕学生、家长和其他利益相关者的态度，开展调查工作。总之教师的绩效要立足更宽泛的视角，而不仅仅是只观察学生考试分数高低。

三、我国香港特区中小学教师考评团队结构及效果

教师考核程序会导致形成性结果（教师发展和教学改善）与终结性结果（管理决策）。安伦杨（Alan Ping Yan Chow，2002）立足我国香港特区中小学教师问卷调查项目，就形成性结果、终结性结果、考核意图感觉、考核总体效能、晋升与辞退的终结性意图等进行了研究。他通过主因子分析和验证性因子分析提炼出两个结果因子，每个都和考核系统的全面总体效能感显著相关。方差分析证实，由学校校长所考核的资深教师感觉到考核系统具有形成性结果意图，这个感觉比资深员工所考核的普通教师更强烈。资深教师没有普通教师感觉的提拔意图那么重要。由校长所考核的教师感觉到，考核具有辞退的意图，而由资深教师所考核的教师则没有这个感觉。尽管每类教师在形成性考核、终结性考核或考核系统的整体效能感觉方面都没有差异，但是考评者—被考评者的组合确实对教师的考核意图与考核适当性感觉有显著性区别。

该研究强调，学校人事考核一直是遵循着终结性和形成性考评路线。终结性评价经常导致教师定级、合同续签或者晋升和解聘（Parker，1985；Wells，1989）。形成性评价则通过考核过程而聚焦于个人的发展（Castetter，1992），并提供进步信息，终结性评价主要关注点是管理决策。安伦杨（2002）运用验证性因子分析方法来探索，教师评价的高低排名来自于能量和权威都变化的考评者时，教师人事考核的感觉是否变化。

（一）香港特区教师人事考核

香港特区教育委员会强调在广泛的校本管理意义上，支持学校管理创新，强化学校内部质量保障。具体地，允许学校主要的利益相关者参与学校目标、质量保障制度之中。

鉴于历史原因，我国香港特区教育体制很大程度上受到英国教育体系的影响。教师的监督和考核一直是教育部门督导机构的职责。督导员

对学校检查和走访，主要目的是监督和提高教学质量。学校绩效的评价极大地取决于课堂教师的效果，监督检查的主要任务就是走访学校、通过课堂观测来进行课堂的随机检查。因为在香港1200所中小学校要全面地检查将耗费巨大人力，因此并非所有教师都能够在每个检查周期得以评价。极端情形下，对于学科领域的全面监督所需要的时间就需要15年。除了一般性的学校考核监督以外，除非特别的意图比如晋升，需要教育部门正式地对教师进行评价。自从2000年9月后，学校获得授权自行开展晋升评价活动。为了晋升的话，通常由上级来对教师进行评价。在小学里，通常是学校校长充当考核者角色。在中学里，有时候指定资深教师来开展考核工作程序，并向校长汇报并提出建议。

1991年学校管理创新计划出台前，正式的校本教师考核只在香港几所学校进行。随着学校管理创新计划的出台，依照该机制的学校就需要实施人事考核系统来评价本校的教师。按照教育部门资料，人们期望加入学校管理创新计划的学校教师考核，能够实现形成性和终结性评价意图；通过适当的人力资源开发帮助教师提高绩效，识别出教师职业生涯的潜力，提供人事晋升和惩罚决策信息。

（二）香港特区教师人事考核系统和其意图

设计良好、周全实施的教师考核系统对教师效果具有积极的影响，而设计糟糕的考核系统将打击教师士气，对教师的绩效具有消极影响（Larson，1984）。设计良好的人事考核系统实践活动能够促进教师的专业发展，形成公平的、具有建设性的个人决策。如果考核系统没有清晰的意图的话，它就是无意义的事情。

相关研究者已经辨析、区分出考核系统的形成性和终结性意图。例如，瓦伦丁（Valentine，1992）注意到，纯粹的形成性考核系统不适合教师能力的评价决策需要。被忽视的是，在性质上无论考核系统是终结还是形成性考核系统，不同的评价者可能对被评价者具有影响，引起变化。

依据康纳斯（Mo Conners，1998）的观点，当考核者直接影响被考核者时，考核者是很重要的。在学校背景下，教师与考核者之间的关系对考核系统的成功至关重要（Duckett，1991）。如果直接管理上司是考核者，那么考核者是可信任的、有能力考核教师的，可以消除掉滥用考核信息数据的担忧。教师能够接受的考核者必须是乐于助人的、耐心的、值得信任的、可靠地提供有用信息的，有能力展示新观点和技巧的、能够运用有说服力的理由劝说教师的人。从形成性考核意图看，考核者的这些特征尤其重要，因为这样类型的考核最终目的是提高教师绩效。如果考核者能够对发现的问题及时提供反馈的话，教师就会改进绩效。

安伦杨（2002）对以下两方面问题开展了调研：（1）形成性和终结性考核的结果测评，并与康纳斯（1998）考核系统效果感觉比较；（2）教师感觉差异，即教师被资深教师考核或被校长考核的感觉，以及被校长考核的资深教师的感觉差异。

调查样本来自 20 所香港小学的 539 名教师，201 名教师由所在学校的资深教师进行考核，269 名教师由他们所在学校的校长进行考核，69 名资深教师由所在学校校长考核。

在教师考核中的重要事项是形成性和终结性测量的效度。安伦杨（2002）证实，这是两个区分性很强的构面，每个都和总体教学效果相关。验证可生因子分析（CFA）结果和康纳斯（1998）的研究结果一致，支持了人事考核系统的形成性结果和终结性结果的区分性（Schalock，1993；Valentine，1992；Wright，1997）。

比较各类教师的感觉，研究证实：资深教师倾向于认同来自直接上司（比如校长）的形成性考核以及晋升意图，而其他教师则对直接考核者（比如资深教师）认同度低。或许，资深教师更多地准备好了接受他们的上级（比如校长）作为考核者，因为他们与校长领导风格更接近，并更熟悉校长领导，更熟悉学校结构和行政管理特征，把学校作为一个正式的组织。或许别的教师，比如直接下级，当资深教师对其评价时，这些教师会有所保留。

该研究的另一个有趣的发现是，即便教师感觉到，资深教师比校长更有能力来作为考核者，但是他们在形成性意图和终结性意图方面，都不认同资深教师能够作为合格考核者。

假如教师打算接受能力强的资深教师同事作为考核者的话，那么，就可以期望对资深教师的好评超过对校长的好评，因为一个更有能力的考核者可能会提供更恰当的形成性意图建议，以及在进行终结性意图的考核时，考核者可能会提供更正当有效的评价。但是结果却是相反。晋升和解雇意图的结果模式是一致的，都表现出与考核者能力模式的相反方向。这些结果再次表明：在面临管理决策时，教师倾向于选择那些权威人物。

在香港情境下，这种对权威人物的信赖对于校本管理的实施具有重要的影响，对校本教师考核的相关事项也产生重要影响。作为参考，通常校本管理提议学校分散控制力，在不同层次的学校促进决策参与（Sackney，1995）。但是也可以参阅 Hofstede（1995）关于香港文化的分析，尤其是"高权力距离"因子，教师不习惯于制定共享决策，因为在学校里，通常的习惯做法是，处于最高行政位置的校长，被认为拥有最高决策权。

一方面，教师受到鼓励，通过校本管理首创的启蒙而更多地参与学校发展和考核评价决策；另一方面，作为香港传统文化的组成部分，教师习惯于服从顶头上级的命令，尊重他们的行政职位，尤其是尊重学校校长。对于形成性意图，学者认为：教师应该承担起同事考核者的角色，并接纳他们同事，或者即便是资深教师，也是适合于作为考核者的。但是在现实中，如果可以选择的话，他们还是挑选权威形象的校长，来作为考核者进行终结性考核意图。

安伦杨（2002）证实，由校长所考核的教师，要比资深教师所考核的教师、校长所考核的资深教师，感觉到更强的解雇意图。无论哪些人做考核者，受访者都感觉不舒服。这样的话，如果对教师进行有可能解雇的考核的话，教师不乐意直接上司来考核。相反，对于可能的解雇决定,他们乐意请校长来考核,教师相信他作为官方考核者,具备政府和学校管理委员会授权的正式权威。

此外,值得关注的是,样本各组之间差异很小,尽管很显著。考虑到通常中国人比较保守的人格特征,自小被灌输了集体主义以便成为一个"可被接受的人",通常犹豫不决地在众人面前讲话,愿意为了某个意图而甘拜下风,表达反对权威的强烈感觉(Hofstede,1991),这样的差异值得关注。

与世界其他大多数地方一样,在英格兰和威尔士的学校中,考核者通常都是直接上司(Cole,1996;Oldroyd,1996)。我国香港特区的教师倾向于让其校长成为执行控制措施的裁判者。通常,利用资深教师作为教师的直接管理者,也是考核者。他们具有形成性和终结性考核职能差异,并不总是坏事,只要拥有适当的考核文化就可以,在其中,教师乐意工作,并且感觉这样的安排是公平和有效就好。

考核者—被考核者的组合,在教师的考核意图和适当感方面的确产生了统计显著差异。和学者康纳斯(Mo Conners,1998)的研究结论一致的是,安伦杨(2002)的研究发现表明,教师绩效考核系统的总体效果感都与形成性和终结性考核结果相关。与资深教师所考核的其他教师比较,校长所考核的资深教师更喜欢形成性考核意图,但是,对于终结性考核意图,普通教师喜欢由校长来进行考核。

第三节 教师绩效考评团队结构综合影响研究

一、考评团队成员素质建设指南

美国考评者协会提出考评团队成员素质指南,这些指南对于教师考评团队结构设计同样有约束力,具体如下。

1. 系统性查询职责

评估者要进行系统的、基于数据的查询，因此应该做到：（1）坚持使用他们所使用的方法的最高技术标准。（2）与客户一起探讨评估问题和方法的缺点和优点。（3）准确地传达评估的方法和限制，并提供足够的细节，让其他人能够理解、解释和批评他们的工作。

2. 能力

评估者应该做到：（1）确保评估团队共同拥有适合评估的教育、能力、技能和经验。（2）确保评估团队集体展示文化能力，并运用适当的评估策略和技巧与不同文化背景的团队合作。（3）在他们的能力范围内进行实践，拒绝在超出这些限制的范围内进行评估，并且明确如果拒绝被否定的话，可能造成对评估的各种影响有哪些。（4）寻求保持和提高他们的能力，以便在他们的评估中提供最高的绩效。

3. 诚信/诚实

评估者在他们自己的行为中显示诚实和正直，并试图确保整个评估过程的诚实和正直，因此应该做到：（1）诚实地与客户和相关的利益相关者就成本、任务、方法的限制、结果的范围和数据使用进行谈判。（2）在接受一项任务之前，披露任何可能造成真实或明显的利益冲突的角色或关系。（3）记录并报告所有变更到最初商定的项目计划，以及它们的原因，包括可能产生的各种影响。（4）明确他们自己的，他们的客户，以及其他利益相关者的利益和与评估相关的价值。（5）准确地描述他们的程序、数据和发现，并试图防止或纠正他人的错误。（6）解决任何与程序或活动有关的问题，明确可能产生具有误导性的评估信息，如果不能解决问题，就拒绝进行评估，并咨询同事或相关的利益相关方，如果拒绝是不可行的，则运用其他方法。（7）在评估中披露所有财务支持的来源，以及评估请求的来源。

4. 尊重他人

评估者要尊重受访者、项目参与者、客户和其他评估利益相关者的安全、尊严和自我价值，因此应该这样：（1）寻求对评估的上下文要素的全面理解。（2）遵守目前的职业道德、标准和有关保密、知情同意和潜在风险或对参与者的危害的规定。（3）寻求最大限度地提高收益，并减少评估过程中可能产生的不必要的损害，并仔细评估潜在风险。（4）进行评估，并以尊重利益相关者的尊严和自我价值的方式传达其结果。（5）在可行的情况下，在评估中培育社会公平，以便给予评估者合理的回报。（6）理解、尊重和考虑利益相关者之间的差异，例如文化、宗教、残疾、年龄、性取向和种族。

5. 大众和公共福利的责任

评估者要清楚地表达并考虑到大众公共利益和价值的多样性，因此应该做到：（1）关注包括所有利益相关者的相关观点和利益。（2）不仅要考虑评估的直接操作和结果，还要考虑广泛的假设、影响和潜在的副作用。（3）允许公众访问，并积极地传播、评估信息，并以可理解的形式呈现评估结果，这是尊重人们和遵守保密承诺的。（4）在客户和其他利益相关者的需求和利益之间保持平衡。（5）考虑到公共利益，超越对利益相关者利益的分析来考虑整个社会的福利。

二、近年来教师考评团队结构综合影响研究进展

为了开展指导教师、自我和同学三类评价方法的效果研究，奥佐格（Ozogul, 2008）研究了三种评价方法对教师绩效、知识和态度的影响，这些评价围绕着师范生课程授课计划的制定来讨论。师范生被随机分配到三种评估方式中：指导教师评估、自我评估或同学评估。所有的小组都完成了三节课的教学计划，然后提交了他的课程计划。这些草稿是由指定的考评者（指导教师，自我或同学）评估的。然后学生们按照评估把他们的课程计划修改成最终的形式。在以知识为基础的测试中，教师评价和自我评价组的得分比同学构成的评估组要高得多。

围绕我国上海初中学校教师考核模型及其效果研究，张晓峰（2017）认为，教师评估在中国已经有几十年的实践经验。在2009年，

教师绩效工资制度、教师考核已经发生了一定的变化。研究者探讨了教师考核的实践，运用定性的方法，将上海的公立学校作为其研究基地，研究方法包括对教师和学校管理者的访谈，对相关活动的观察和文件分析。研究显示，上海的教师评价并非一次性活动。虽然每年年底才出台评估结果的程序，但在全年进行着数据收集活动，包括课程观察、教师的评估和教师的任务评价等。目前的教师评价体系已经取得了成功，该研究确定考评活动成功的4个因素。第一，行政性和发展性绩效评估共存于单一的评价体系。第二，教师评价与学校活动其他方面得以整合。第三，教师感觉评价可信和公平。第四，在评估过程中，也将教师的心理和社会动力学等非技术方面的评估考虑在内。

崔健熙（Choi, Hee Jun, 2016）对韩国教师评估系统的关键问题进行了分析。在韩国，使用了三种不同的教师评估体系：教师绩效评估、教师绩效工资和教师专业发展评估。许多研究都集中在分析各个评价体系的构建、发展、优点和缺点方面，但这些研究非常有限，他们只关注三项教师评估系统的部分，没有解决每个系统深层次问题。该学者以分析框架为基础，对目前韩国教师评价体系进行了系统分析，并提出了设计有效、运行高效的系统的适当方向。从利益相关者、考评者、范围、标准和方法等方面，发现这三种制度具有共性，进一步支持了在韩国建立单一综合教师评价体系的基本原理。

胡咏梅（2014）提出，目前我国中小学实施的将考试成绩与教师业绩挂钩、以学校的中高考成绩、学校升学率等作为评价教师、学校效能的方法，给教师施加了巨大压力，不利于教师专业发展，也不利于教师身心健康，文章分析了美国田纳西州教师教学有效性的全面评价模式。田纳西教育厅（the Tennessee Department of Education, TDOE）开始实施"田纳西教师发展提速项目"（the Tennessee Educator Acceleration Model, TEAM），该发展项目的核心价值体现在以下4个方面：为学校改进教与学提供持续性的建设性意见；支持教师发挥教学特长，从而提高教师教学水平，提高学生学业成绩；通过评估鉴别出最有效的教师、最有效的管理方式,并号召其他学校学习借鉴,从而提升全州各校的教学水平和管理水平;将学生成绩与课堂观察信息相结合,对教师的教学有效性做出全面评估。这种新的教师评估模式规定教师年度绩效评估得分由三部分评估项目得分加权获得:其一是来自两个时点学生成绩进步测评的增值评价得分,该项权重为35%;其二是来自某一时点由该州教育委员会认可的考试项目学生成绩与给定标准相比较的得分,如平均成绩、年级排名、成绩合格率等,该项权重为15%;其三是来自由校长、副校长、教育专家以及部分教师组成的评委给出的课堂观察定性评估得分,该项权重最大,为50%。这种评估结果不仅会影响到已有教师的职称晋升和续聘,而且将直接影响新聘教师能否获得永久职位。定性评价则以关注教师课堂教学过程为重心,多次采集课堂观察评价指标数据,并将评估专家评价与教师自评相结合,多维度、多视角地考察教师课堂教学水平及其变化,评价结果由专家与教师协商认定。

孙炳海(2009)回顾了美国教师评价的发展历程,介绍和分析了教师特质模型、过程取向模型、基于职责的模型、问责模型、目标取向的模型、专业成长模型、混合模型等教师评价的模型,对美国教师评价改革的发展动力以及对如何选择或整合教师评价模型进行了讨论。该文章分析了考评者产生的根源,认为美国教师评价的产生是缘于公众想要了解学生的学习情况以及教师在校表现的需求。随后,由于管理当局对教育质量的重视,出现了全职的教师评价人员,通过主观的评定决定教师的去留问题。但是,这种过于简单、主观、非标准化、没有反馈、教师被动无参与的评价方式,不仅导致教师的不满,而且也难以真正解决提高教育质量的关键问题。20世纪70年代,强调提高教师教学能力、增加教师参与评价过程的各种教师评价模型不断兴起和发展。这些评价强调教师以考评者与被考评者的双重身份出现,从而减少了教师对教师评价可能存在威胁的担心。

高巍(2017)认为,课堂观察主要执行者是学校校长、校长助理和教学领导。为了保证观察结果的效度,评估者须经历四天培训并通过国家卓越教学研究所（national institute for excellence in teaching，NIET）在线认证考试。考试由两部分组成：（1）每位候选评估者对教师的在线课堂进行评价并打分，在线系统会提供一个标准，评估者的打分只能在该标准分数的±1范围内波动；（2）申请者至少需要将测试中75%的题目回答正确。如果上述所有条件都满足，评估者便可获得课堂观察评估资格，认可期限为一年。TEAM评估系统中课堂观察对评估者要求非常高，需要经过专业化训练并通过在线考试后才能获得观察资格，且每位评估者的认可期限仅为一年。评估者的专业化，保证了教师评价结果的科学。教师评价结果的信度和效度一方面取决于评价标准和工具的设置，另一方面则在于操作环节中具有主观意识、认知能力、价值判断及情感支配要素的考评者。我国的教师评价应设置严格的质量监控，在评价工具和技术上做到科学化，引入评估者的培训、考核及资格认定制度，使评估过程中的人为因素尽可能得到控制，以保证评估的信度和效度。

米勒诺沃斯基（Milanowski，2011）围绕教师对标准化教师考核系统的反应评价开展调查，报告了中西部学区教师对新标准化教师考核系统实施的反应。该考核系统是基于教学框架理论（framework for teaching，Danielson，1996），打算为新的教师知识与技能薪酬制度提供基础。结果表明，教师全面认同该系统，与教学标准认同、考核过程的公平感、考核者具备能力并且客观的感觉、考核系统对教师教学的积极影响的感觉都有关系。绝大多数教师都接受、认同考核标准和考核系统，但是一些教师也认为该系统增加了太多的工作量，不能够提供足够的反馈。基于这些结果，在全面应用该系统前，需要进行一些变革。

桑德斯（Sanders，1998）认为，田纳西州增值评价系统（Tennessee Value Added Assessment System，TVAAS）决定了学校和教师对学生学业成长方面的有效性。TVAAS评价系统的一个不可分割的部分是其庞大的、纵向合并的数据库，当学生不断晋升年级时，将学生的成果与他们所就读的学校联系起来。利用来自TVAAS数据库的数据进行的研究表明，种族、社会经济水平、班级规模和课堂异质性不是学生学习增长的预测因素。相反，教师效能是决定学生学业进步的主要因素。教师对学生成绩的影响已被发现是递增的和累积性的。将教师效能与学生成绩衔接起来的环节成为有效的教育评估体系必要组成部分。

阿尔金（Alkin，2012）分析了评价中的考核者角色关系。提出考核中的评价行为会有各种不同方式的感觉。研究者考虑到了支配考核者行为的多个理论观点，展示了考核者评价角色的类型分析。在这样的类型分析中，研究者描述了三种方式，即价值评价典型地要么是利益相关者单独达成、要么是利益相关者和考核者互相一起达成、要么是考核者单独达成。该研究更明确地提供了对评价如何形成的认识和理解。

莱尔登（Riordan，2015）围绕教师考核进行了讨论。他认为，需要研究处理3个问题：（1）教师考核系统特征是什么？（2）学校运用考核系统到什么程度？（3）什么因素影响考核系统的实施？依据研究结果它提出下列对策：（1）需要评价和处理考核者的能力事项；（2）提供足够的计划时间支持复杂的考评活动的实施；（3）围绕考评系统要进行足够的早期、持续的培训；（4）鼓励利益相关者参与；（5）培育积极的专业氛围。

罗恒（Luo Heng，2010）讨论了教育和社会项目评价的根本问题之一，即考核者的适当角色。研究者揭示出考核者的本质事项，比如价值观、方法、运用和意图等方面，不同的观点如何导致不同的考核者角色、这些不同角色如何影响考核者在考核不同阶段的责任，并提出了考核者角色的解决方法。

切拉撒罗（Cherasaro，2016）提供了一个调查工具，用来收集教师对考核者反馈的感觉和响应。学区管理者能够运用该调查工具来系统地收集教师对5个考核反馈方面的知觉观念（1）反馈有效性；（2）反馈的精确性；（3）考核者的公信力（可信度）；（4）有权使用与反馈有关的资源；（5）教师对反馈的响应。调查工具的开发运用了迭代过程，包括专家访谈、认知访谈、前导性研究等。关于调查工具的信度和效度的证据也做了报告。

雅各布（Jacob，2005）比较了校长对教师的主观评价，涉及到传统教师薪酬的决定因素（教育和经验），以及绩效薪酬决定机制（基于学生成绩的教师效能的增值测量）。他发现：校长主观评价比教师经验、教育程度或者实际薪酬能够更好地预测学生成绩，尽管不如增值教师质量测量的好。特别是，校长能够更好地识别出最好和最差的教师，但是却无能力识别中间的教师。

塔里克（Tarek，2011）围绕"考核者背景特征如何关系到考核设计决策？"问题，分析了评价者的特征和方法选择。研究证实，考核者的方法与运用偏好显著地与特定的考核设计决策相关。他还进行了一项虚拟研究，检验考核者如何修改他们的考核设计来满足利益相关者群体的诉求。通过提供给考核者们一个虚构的某学校考核计划，然后要求他们设计一个考核方案。在完成了考核设计后，给各位考核者提供了来自三个不同利益相关者的反馈（学校决策者、实施者、接受者），来决定是赞成还是反对考核系统的设计。给予考核者机会，修改或者维持原来的考核系统，以应对利益相关者的反馈。研究结果表明：利益相关者群体所拥有的资源影响越大（比如资金提供，资料存取），考核者越愿意修改他们的考核方案，以满足利益相关者的关切。

格拉哈姆（Graham，2012）观察到，因为教师和校长的评价都内在地依赖于考核者的专业评价，评价将依赖于特定的考核者而非教师的实际绩效。因此测评的一致性包括：（1）界定考评者信度、效度一致性差别；（2）计算内部信度和一致性方法；（3）梳理内部评价者一致型分数；（4）识别出提高内部评价者信度和一致性的实践手段。

学者围绕教师对绩效薪酬计划的反应，结合期望理论在韩国学校文化中如何发挥作用，进行了考评团队成员作用分析。为了研究韩国学校如何以及多大程度上实施绩效薪酬计划来激励教师，改善他们的工作行为，学者开展了教师访谈。结果表明，相当大比例的教师对考核评价系统没有清晰的认识，不认为评价标准是良好的教学实践的象征，不认为考评者有足够的经验来进行评价。因此，教师对该项目的看法总体是负面的。与期望理论一致的是,韩国教师的预期概率很低,期望很低,大多数人不重视奖金,从这个项目中还察觉到其负面结果。大多数教师都表示,该项目并没有激励他们提高教学效果。此外,学校的文化因素,如资历、传统观念,以及对工作保障的不信任等因素,导致最终未能实现该政策的初衷(Ha, Bong‑Woon, 2011)。

美国各州正在建立新的教师考评系统,不仅可以识别高效能教师,还可以系统地提供数据和反馈,以提高教师的业务实践水平。"设计综合教师评价系统的实用指南"是一种旨在帮助各个州和地区构建高质量教师评价体系的工具,以提高教学和学习水平。这个工具不是设计教师评估系统的一步一步的指导,相反,其目的是促进讨论,促进发展过程可持续性。在指南中,首先概述影响教师评价改革的因素,讨论国家问责与地区自治的方法。其次,围绕着设计过程基本组成部分,进行研究,具体包括:(1)制定评估系统目标;(2)保障和维持利益相关者的投资和建立战略沟通计划;(3)选择措施;(4)确定评价体系结构;(5)选择和培训考评者;(6)确保数据的完整性和透明性;(7)使用教师评估结果;(8)评估系统完善。每一部分都包括具体项目、资源、实际示例概述,以及指导问题,以帮助各州开展工作,建设改善学生学习和教师绩效的评估系统。

教师评估构建和设计通常有两个目的:衡量教师的能力,促进教师专业发展和成长。教师评价体系应给予教师对课堂教学需要的有效反馈、学习新教学方法的机会、校长和其他教师提出的建议。为了达到这些目标,评估者必须首先制定特定的程序和标准。这些标准应该与重要的教学技能相联系,并且尽可能地客观。研究者对教师评价工具的发展趋势进行了回顾,提出了分别适合资深教师和新教师的教学质量指导的工具。教师评价和职业发展的框架为学校系统和教育工作者提供了灵活性。该计划中的重点评估和专业要素允许教师、学校管理者有效调整评估系统,较好衔接了学生需求、教育者需求、学校改进计划需求。

当 2001 年《不能让一个孩子掉队法案》(*No Child Left Behind*,

NCLB）法案通过时，美国联邦政府将学生成就和教师质量作为了国家优先事项。因此，教学成为改革的主要焦点。各个州和联邦政策把教师评估作为提高教学质量的策略。然而，评估通常与教师学习无关，尽管这些过程实际上是为了发展教师的实践，以及教学效果提升（Danielson，2000，2008；Stronge，2008）。体现着持续性考核要求的教师评估系统，必须有助于实现学校改进、学生学习和教师成长的目标。此外，为了实现这两种评估目的，评估者必须重视行政管理者需求以外的结果。教师评估者通常是学校的校长，必须把评估事件看作是提高教学质量的机会。因此，校长对教师评价的态度和行为直接关系到教师评价过程如何在学校实现。(1) 校长相信，与教师之间的信任关系对他们的工作至关重要；(2) 有意让教师成长的校长会安排教师在评价中学习和提高；(3) 校长进行教师评价的义务并不需要限制教师学习。

本 章 小 结

本章从管理权限视角下的教师考评团队结构开始分析讨论，获得的启示是，教师考评团队结构背后的决定机制，本质上是教育体制管理思想水平和教育管理权限的制度安排，相关改革要从顶层制度设计进行创新。随后讨论了效能视角下的教师考评团队结构研究，如泰勒（2012）的美国教师绩效考核效果分析，埃烈特（2003）对学校效能、教师效能和教师评价的发展关系的论证，雷诺兹（2003）对英国教师评价与效能的分析，安伦杨（2002）提出我国香港特区教师考评团队结构与考评系统效果相关性证据，近年评价领域多个学者发现的价值观等要素的影响机制，都对教师考评团队结构设计、运行、效能、影响要素进行了较丰富的研究。其中的文化视野分析具有时代特征，为后续的研究提供了参考。

第三章

教师绩效薪酬偏好研究进展

2017年9月,中共中央办公厅、国务院办公厅印发《关于深化教育体制机制改革的意见》,并发出通知,要求各地区各部门结合实际认真贯彻落实。该文件要求创新教师管理制度,完善中小学教师绩效工资制度,改进绩效考核办法,使绩效工资充分体现教师的工作量和实际业绩,确保教师平均工资水平不低于或高于当地公务员平均工资水平。

第一节 教师绩效薪酬偏好研究概况

一、绩效薪酬偏好含义与性质

薪酬偏好是指不同个体特征的求职者可能被不同的薪酬制度所吸引,导致不同的个体喜欢不同的薪酬项目(Cable,1994;格哈特,2005;龙立荣,2010)。绩效薪酬偏好就反映着个体对绩效薪酬理念和各种绩效薪酬项目的偏好状况,是绩效薪酬分选效应心理学研究范式。一般意义上,绩效薪酬分选效应(sorting effects)指通过吸引、选择和淘汰的过程，绩效薪酬对组织未来的员工队伍构成产生影响，从而对员工绩效产生间接影响效应（格哈特，2005；Lazear，2000）。性质上，绩效薪酬分选效应表明"组织可能拥有生产率高出平均水平的员工队伍，并且组织的员工队伍与其工资战略具有更佳的匹配关系"（格哈特，2005）。在个人绩效薪酬体系中，个人因其自身绩效而得到奖励，个人努力与成果之间有直接联系（Cable & Judge，1994）。在这样的薪酬制度中，工作绩效和获得的报酬是与个人贡献有关的。另外团队绩效薪酬则根据团队绩效获得报酬（Heneman，2000）。在团队绩效薪酬中，平等规范占据主导地位，个人所得是基于团队成就而非个人的业绩。因此，只有在强调团队成员要相互依赖、合作工作努力才能有成果的条件下，才适合实施团队绩效薪酬制度。可见绩效薪酬制度是影响个体绩效薪酬偏好的重要因素。

二、教师绩效薪酬偏好构成与差异

研究表明，基础教育教师绩效薪酬可能具有分选效应（Lazear，2003；Podgursky，2007），导致低能力教师比高能力教师更倾向于离开教学（Podgursky，2004；蔡永红，2012）。从绩效薪酬项目偏好看，Ballou（1993）证实，按照从高到低的偏好程度，教师依次偏好岗位补贴、绩效加薪、团队绩效薪酬、年度奖金、学科津贴等；米勒诺沃斯基（Milanowski，2007）则证实教师依次偏好个人绩效薪酬、知识/技能发展薪酬、团队绩效薪酬，并且教师偏好绩效薪酬观念；安雪慧（2015）证实高学历、高职称、高教龄、高绩效工资收入教师偏好绩效薪酬；畅铁民（2013，2014，2015）证实教师拥护和偏好绩效薪酬制度理念，偏好现行基础性绩效薪酬、奖励性绩效薪酬项目，并对知识/技能发展薪酬、团队绩效薪酬项目有不同程度偏好。

中小学教师绩效薪酬制度还存在改进空间，比如学校绩效奖励体系设计理念与组织战略目标的结合度不够，教师绩效考核以显性指标为主,绩效奖励分配方式单一,学校绩效考核方式偏重量化技术,民主程度校际差异大等问题,应该通过强化团队绩效薪酬项目来解决(孟卫青,2016)。

三、中小学教师绩效薪酬偏好影响因素

研究表明,除了绩效薪酬制度自身特征以外,可能还有以下影响因素。

1. 个体特征的影响。高学历、高职称、高教龄、高绩效工资收入的教师偏好绩效薪酬(畅铁民,2013;安雪慧,2015;St-Onge,2000),与高能力教师比较,低能力教师不喜欢绩效薪酬制度,更倾向于辞职(Podgursky,2004;蔡永红,2012)。

2. 文化取向对个体绩效薪酬偏好影响。研究显示,集体主义文化与员工的团队绩效薪酬、资历薪酬偏好显著正相关,与个人绩效薪酬偏好之间存在消极的关系(Goktan,2011;Tosi,2004;Cable,1994)。

3. 学校人力资源管理体制因素的影响。绩效考核公平性(畅铁民,2014,2015;Porwoll,1979;Middleton,1989)、学校所在社区特征(Murnane,1986)、绩效薪酬资源保障与绩效薪酬收入水平等也对教师绩效薪酬偏好产生影响(Miceli,1991)。特别是,我国乡村教师基础性绩效工资偏高、个人绩效工资偏重、短期绩效工资为主、城乡之间教师绩效薪酬收入差距显著(范先佐,2011;凡勇昆,2014)。

第二节 教师绩效薪酬偏好成因研究新进展

一、美国教师绩效薪酬偏好研究

(一)概况

在美国,对教师队伍素质的关注和学校教师资源的分配,导致教师

薪酬改革的呼声越来越高。哥德哈勃（Goldhaber，2011）等人围绕华盛顿教师薪酬改革进行了教师绩效薪酬态度调查研究。通过将调查结果与学校和地区特征的详细数据联系起来，他们分析了教师绩效薪酬态度是如何受个人特征（如学科领域、学校教学资历）、学校绩效以及教师和校长之间的信任程度等因素的影响。

教育改革倡导者、分析人士和政策制定者经常批评教师薪酬体系过于单一和僵化。他们认为，这些系统激励了教师的经验和资历，导致教学工作没有吸引力，挑战性强的学科教学岗位对教师没有吸引力，现行制度对激励教学没有什么作用。因此，改革者建议"优绩优酬，高质高薪"。

尽管这些观点很有吸引力，但非常缺乏差异化绩效薪酬制度的影响实证依据。学者往往通过观察教师目前薪酬制度中的激励需求，来推断教师承担的复杂教学任务与教学技能水平，但是对实际激励制度的直接经验研究成果仍然很少。理想情况下，研究人员和政策制定者将利用随机实验来评估差异化激励对教师劳动力市场的影响。虽然教师薪酬随机实验并不常见，但薪酬改革却并非如此。在国家层面，决策者们正在推动绩效工资计划。例如，国家提供激励费用的40%，鼓励教师在贫困学校工作，提供激励费用的30%进行课程奖励（如在数学课程或特殊教育方面），激励费用的30%作为绩效工资。各个州的政策制定者和教师工会正积极推行当地版本的改革。

教师薪酬改革经常遇到阻力。明尼苏达州州长蒂姆·普兰提（Tim Pawlenty，2010）如此谈及该州教师绩效工资计划，"如果教师不支持它（改革），将会失败"。该州长的评论回应了一般的观点，即教师认同和偏好才是所有薪酬体系成功的关键。尽管教师对薪酬改革的态度十分重要，但对于教师们究竟如何看待薪酬改革方案，人们仍然知之甚少。

为了填补这一知识空白，哥德哈勃（Goldhaber，2011）研究了华盛顿州教师对薪酬改革的态度。

(二) 学校绩效薪酬制度实施起因

华盛顿州超过90%的学校运用了单一薪酬制度。这样的薪酬制度通常依据教师的经验和学历水平。单一薪酬制度的优势是,每个人都根据客观标准得到平等的薪酬,而且这个系统是可以预测的,也很容易理解。通过奖励教师在课堂的授课时间,工资表反映了教师从经验中学习的事实。对所有教师提供平等报酬,该制度可以减少教师之间的竞争。

1. 单一标准薪酬制度的缺点

因为该制度与教师质量只有很弱联系的特征(Hanushek 1997),有特殊技能或能力的教师往往存在很高的机会成本(Goldhaber,2007)。

薪酬政策制定者提供了多项薪酬方案,比如以个人或学校为基础的绩效工资、困难学科津贴、薄弱学校津贴、知识与技能发展薪酬。证据表明,高薪可以有效地把教师留在极贫困学校工作(Clotfelter, 2006)。

2. 教师对薪酬改革的意见

调查表明,薄弱学校教师应否得到额外的报酬,70%的受访教师给予支持,67%的人认为这些学校的老师们总是比其他老师更努力地工作,投入更多的时间和精力,应该得到额外的报酬。20世纪80年代,全国学校理事会(National School Board Association)的一项民意调查发现,63%的教师支持绩效工资(Rist, 1983)。然而,卡潘/盖洛普组织(Phi Delta Kappa/Gallup Organization)在1984年的调查发现了相反结论,64%的教师反对绩效工资。在其他地方,美国教育部学校和人力资源调查项目(The Schools and Staffing Survey, SASS)对20世纪80年代末的教师态度数据分析显示,"如果有什么比普通教师更支持绩效工资的话,那么弱势和低成绩学生的教师更能支持绩效工资"(Ballou, 1993)。调查支持以下结论:绝大多数教师倾向于"把薪酬与业绩挂钩",但很少(3%)愿意用学生考试成绩作为薪酬水平的决定因素(Langdon, 2000)。雅各布(Jacob, 2008)对佛罗里达州希尔斯伯勒县教师的态度调查发现,49%的受访者同意或强烈赞同"以个人绩效为基础的教师奖励工资"的说法,表明了教师绩效薪酬实践的积极变化,反映出教师对绩效薪酬是持支持和偏好态度的。

3. 华盛顿州教师绩效薪酬偏好实证研究结论

哥德哈勃（Goldhaber，2011）对华盛顿州的5238名教师进行了调查。为了评估教师对薪酬改革的看法，薪酬调查问卷中的问题是："你赞成还是反对给以下教师何种薪酬？"

（1）薄弱学科教师，如科学和数学；

（2）在恶劣环境学校的教师；

（3）学生标准化考试中取得更大成绩的教师；

（4）获得国家教师资格证书的教师。

以上四类项目分别对应课程津贴、风险薪酬、绩效工资、知识与专业技能报酬。

哥德哈勃（2011）对华盛顿州教师绩效薪酬偏好的实证研究结论如下：绩效薪酬偏好受到个人特征（学科范围、教学经验）、学校工作条件影响（学校环境条件、对校长的信任度）。该调查结果与Ballou（1993）对绩效工资态度分析一致：女教师和经验丰富的教师不大支持绩效工资；工会成员教师不太支持绩效工资；教师对同事有更高的信任和尊重的话，对绩效工资的支持较少，对校长有较高信任和尊重的教师更支持绩效工资。在数学和科学课程中，初中与高中教师更支持学科奖金。这一结果反映出，当教师与他们的同事联系在一起时，他们对工资制度持谨慎态度，可能存在教师竞争的因素。越临近退休，教师越偏好课程津贴、风险薪酬、知识与专业技能薪酬。

二、教师绩效薪酬偏好研究的新观点

绩效工资计划可能会损害教师积极的合作。布鲁尔（Brewer，2015）认为，教育改革已成为教育学研讨和政策的新支柱。毫无疑问，留住教师和提高学生考试成绩都是改革的重要组成部分。他追溯了绩效工资制度的历史运用，指出了新自由主义教育改革运动中对绩效工资的推动作用，强调了在教师工资中引入竞争的公开和隐蔽的影响，认为导致教师相互竞争的绩效工资计划可能会破坏积极的合作。

针对公立学校实施绩效工资的情况，哥德哈勃（2008）运用委托—代理理论模式，证实在公立学校背景下的教师绩效工资实施问题。该模型考虑了教学的性质和工会阻力的政治成本如何影响学区绩效工资制度的决策。研究结果表明，在有更多绩效信息的环境中，绩效工资实施可能性更大，而在存在教师工会地方的可能性较小。但是在实施绩效工资的学区，教师收入比非绩效工资区的教师要高。

对于教师的绩效薪酬的决定因素和后果，贝尔菲尔德（Belfield，2008）认为，理论和绩效工资之间的证据仍然是不确定的。教育是一种团队协作性工作。他提出三个假设：存在明显的团队生产特征时，更可能观察到教师获得绩效工资；获得绩效薪酬的教师，总量上会比其他没有获得绩效薪酬的教师得到更多的钱；获得绩效薪酬的教师应该有更高的工作满意度。实证研究结果证实，教师团队生产特征显著预测到教师获得了绩效薪酬，绩效薪酬确实会提高教师收入，但对于那些获得绩效薪酬的教师来说，他们的工作满意度却要低一些。

哥德哈勃（2012）围绕教师的战略薪酬改革，就学生成绩导向的丹佛教师绩效薪酬计划（Denver's Professional Compensation System for Teachers, ProComp）进行了讨论。丹佛公立学校的绩效薪酬计划是美国最知名的绩效薪酬计划。研究表明，在制度实施期间，学生的成绩有所提高，自愿选择 ProComp 制度的教师比那些不愿意做志愿者的人更有效。

围绕我国教师对绩效工资的态度，学者刘淑杰（2016）考察了教师对绩效工资项目的态度。研究是在我国的东北城市进行的。研究采用标准抽样和最大变异抽样技术来选择三所学校，代表不同的教师绩效薪酬项目。在这三所学校中，总共有 150 份调查问卷。问卷包含三个部分。第 1 部分询问了受访者总体上对绩效工资的总体态度。第 2 部分由 20 个封闭的项目组成，要求教师评价他们在履行绩效工资的各个方面的水平。第 3 部分包含开放式项目。调查结果表明，48.5% 的教师支持绩效薪酬计划。与某些国家相比，我国教师的支持度较低。教师对绩效工资的态度与教师特征（如教学经验、职业排名）有关。研究结果与西方国家的发现一致。本研究的一个不足是小样本定量分析，未来的研究应该考虑用更大的样本量进行更高级的统计分析，如利用结构方程建模进一步检查变量之间的关系。例如，绩效薪酬应该是多少，多大比例的教师会接受它，这些变量与老师的压力、工作热情、同事关系变量之间的关联性如何。目前教师对绩效薪酬态度的研究是我国教育话语权中缺失的一个领域。

布雷恩·雅各布（Brian Jacob，2007）针对教师绩效薪酬态度开展了研究。教师对绩效薪酬计划表示了适度的支持。最大的支持是教师个人绩效薪酬，而不是学校或团体绩效薪酬；50%的教师同意个人激励薪酬是教师薪酬政策的积极变化；56%的受访者强烈同意或同意，激励薪酬会威胁到教育领域中的协作文化氛围，只有34%的教师认为绩效薪酬会让教师更努力地工作。此外雅各布（Jacob，2008）研究了教师对绩效薪酬政策的态度，以及这些观点如何受教师的经验、学科领域的专业、年级、教育背景、风险和时间偏好以及效能感的影响。数据是在2006~2007学年结束后的两周时间内，通过自愿的在线调查工具收集的。结果显示，教师对绩效薪酬政策的支持力度有限，教师人口统计特征和绩效薪酬偏好之间存在相关性；对校长的领导能力评价更积极、对自己的教学能力更有信心的教师，更偏好绩效薪酬；喜欢风险的教师更偏好绩效薪酬。

阿特雷弗（Trevor，2006）围绕教师绩效薪酬偏好进行了实证研究。他认为，人们经常忽略了全面评估教师"实际上更喜欢什么薪酬体系"，因为该类薪酬对教师的招聘、保留和激励有着重要的影响。尽管教师有时被广泛地描述为抵制绩效薪酬，但事实却更为微妙。利用2005年某州2500名工会教师的数据，探讨以下问题：（1）教师赞成还是反对不同的绩效薪酬项目，与绩效薪酬偏好相关的人口统计学和态度特征如何；（2）教师对固定薪酬制度（即主要依据教育背景、服务年限而加薪）和绩效薪酬（例如学生标准化考试分数提高）的支持程度如何，以及与此支持相关的教师特征如何。主要研究成果如下：（1）教师们支持把教育和服务作为薪酬提升的基础，但是更喜欢把学生的考试成绩作为绩效评估的标准；（2）绩效加薪项目是最不受欢迎的绩效薪酬项目，因为只有28%的教师赞成；（3）随着时间的推移，一般教师对绩效薪酬项目越来越不喜欢，越来越不愿意采用绩效薪酬计划。

哈德哈勃（2010）围绕教师对薪酬改革的态度以及对改革实施的影响，开展了分析。薪酬政策制定者关心教师队伍的质量和分布，试图用薪酬制度来引导教师去薄弱学科领域、学校工作，或者鼓励教师提高专业知识与技能。这些建议的成功实施在很大程度上取决于教师的态度。当前对教师薪酬改革的研究，往往忽视了教师个人、学校工作条件对教师绩效薪酬偏好的影响。2006年，一项与学校和地区数据相关的调查结果显示，教师对薪酬改革的看法并不一致，进一步说明教师对不同薪酬结构的偏好受到个人和工作场所影响而有很大差异。近四分之三的教师偏好那些薄弱学校所支付的高工资。相比之下，只有17%的人喜欢绩效薪酬。对校长有高度信心的老师才更支持绩效薪酬，而不是对他们的同事有更大的信任和尊重。对实施新薪酬制度感兴趣的政策制定者应该仔细评估教师的意见，以确定他们在哪里以及如何向教师进行投资。哈德哈勃（2016）还围绕谁愿意选择激励薪酬结构，来探讨教师劳动力市场薪酬改革的绩效与偏好之间的关系。研究调查报告显示，丹佛公立学校的教师有机会选择传统薪酬制度和知名的绩效薪酬制度。这种激励机制按照他们的经验以及学校的分配，给教师带来不同的收入风险。研究发现教师通常会对入选资格的标准作出反应，但许多能够在新制度下获得高收入的教师却选择不参与。

麦悌（Mighty，2013）对教师的个人绩效薪酬、团队绩效薪酬、知识和技能薪酬以及固定薪酬偏好进行了研究。在期望理论的指导下，使用了弗里德曼的测试和威尔逊（Wilcoxon）的排名测试统计数据工具。样本选择了佐治亚州亚特兰大校区的教师。在这项研究中，教师显示出不同的偏好，他们喜欢绩效薪酬项目，特别是知识和技能薪酬而不是固定薪酬。影响薪酬偏好的因素包括性别、教龄、学位水平和学科课程。这些发现可以用来提示各学区，教师们更支持乔治亚州绩效薪酬计划。这项研究结果的潜在影响将指导教育领导者如何创建和实施绩效薪酬计划，这对学生和教师都有好处。

孟卫青（2016）运用现代组织绩效薪酬战略管理分析框架，以某沿海发达省省会城市30所义务教育学校为样本，采取文本分析和访谈研究发现，目前学校层面奖励性绩效工资制度存在着与学校战略目标脱节、显性指标考核为主、量化技术主导、分配方式单一等问题。学校绩效工资改革蕴含着教师管理改进的巨大机会，自主发展是现代学校制度的核心特征，学校要自主地、创造性地运用奖励性绩效工资这一激励约束手段，从传统的人事管理模式向现代教师人力资源管理体系转型。这一过程中，学校管理者需要具有绩效薪酬管理的理论自觉性和实践能动性，充分利用政策执行自主空间，超越经验性层面，建立具有理论支撑的学校绩效薪酬管理体系。

李先军（2013）认为，出于对教育质量的不满，同时在教育市场化改革的影响下，美国政府在20世纪末在中小学开始广泛地实施教师绩效工资制度。虽然教师绩效工资制度在美国受到了一些教师团体的反对，但一些州的中小学实施教师绩效工资制度也取得了成功，其基本做法是：将促进教师专业发展作为绩效评价的核心目标；改革教师评价制度，重视评价标准的客观性；对校长、学校管理人员、教师制定不同的绩效考核标准。

学者（薛海平，2017）提出，当前我国中小学教师工资改革不仅关注提高工资水平，更关注调整工资结构以深化教师工资体制改革。基于2014~2016年间对全国中小学教师工资抽样调查收集的数据和访谈资料，研究了我国中小学教师工资水平和结构问题，得出如下主要研究结论：多数样本县（市）中小学教师平均工资低于社会平均工资水平；义务教育教师平均工资水平也低于当地同级别公务员平均工资水平；省际和省内中小学教师工资水平均存在较大差距；中小学教师工资水平和结构主要受县（市）级政府财政保障能力影响；义务教育学校绩效工资未能充分发挥激励导向作用。基于此，建议提高中小学教师工资标准，增加奖励性绩效工资水平，改变奖励性绩效工资的拨款方式，优化中小学教师工资结构，建立中小学教师工资标准定期调整机制。

学者认为（姜蕴，2017），学生考试成绩是多数"注重产出"的教育体系最主要的绩效工资考核指标。丹佛市教师职业津贴（Denver's Professional Compensation System for Teachers，ProComp）和纽约市教师绩效工资（Schoolwide Performance Bonus Program，SPBP）是美国基于学生成绩的中小学教师绩效工资改革的典型代表。ProComp考核采用锦标赛制结构，侧重奖励教师个人；SPBP考核采用目标门槛结构，侧重奖励学校集体。两项考核计划的结构、指标、分配及实施影响等，对我国优化奖励性绩效工资结构和考核指标，深入推进教师绩效工资改革具有一定的借鉴意义。为避免造成应试教育等负面效应，《关于义务教育学校实施绩效工资的指导意见》要求，"对教学效果的考核，主要以完成国家规定的教学目标、学生达到基本教育质量要求为依据，不得把升学率作为考核指标"，从而将奖励性绩效工资从对教师"突出表现和贡献"变成对学生的"基本教育质量"要求，仅体现了教师岗位基本职责的履行程度，如此一来，奖励性绩效工资成为基础性绩效工资的重复叠加。与"学生成绩"脱钩的绩效工资最终体现的是对广大教师履行岗位职责的约束功能而非表现和贡献突出的激励功能，可见，奖励性绩效工资考核制度定位不明确、结构设计和评估指标较为含糊，致使"绩""效"易位叠加，成为我国绩效工资改革尚未取得显著成果的关键问题之一。

宁本涛（2015）发现，绩效工资政策在我国推行已有6年之久，教师对政策的认可度以及工作积极性是否得到充分调动值得关注。对上海市P区教师的问卷调查和深度访谈表明，绩效工资实施后，教师们认可度普遍不高，工作积极性及行为转变不大，甚至出现了激励负效应。因此，建议完善绩效工资配套改革，适时提升中小学教师基本工资的"国家标准",积极修正教师职业人格的"经济人"假设,健全教代会制度,创建公平民主的学校绩效管理环境。

本 章 小 结

本章从文化调节效应视角,对近年的教师绩效薪酬偏好研究进行了文献梳理。

首先,一般性地分析了教师绩效薪酬偏好的基本研究进展,显示了宽泛视角下教师的绩效薪酬偏好及其影响因素研究状况。

其次,本章较全面地梳理了近年学者开展的教师绩效薪酬偏好影响因素的广泛分析,对于本专著后续的考评团队结构与影响分析提供了多方面的启示。

第二篇 研究框架设计

第四章

教师绩效考评团队结构的理念与制度分析

国内外对教师考评团队结构高度重视，无论教师考评团队结构的理念还是制度，都是循序渐进发展的。教师绩效考评过程中合理的考核组织、高质量的考评者是考评活动成功的基本保障。

第一节 尊师重教理念与教师考评团队结构

一、教师考评团队建设的政策目标

2018 年 2 月中共中央办公厅、国务院办公厅印发了《关于分类推进人才评价机制改革的指导意见》，明确提出，人才评价是人才发展体制机制的重要组成部分，是人才资源开发管理和使用的前提。按照社会和业内认可的要求，建立以同行评价为基础的业内评价机制，注重引入市场评价和社会评价，发挥多元评价主体作用。基础研究人才以同行学术评价为主，加强国际同行评价。丰富评价手段，科学灵活采用考试、评审、考评结合、考核认定、个人述职、面试答辩、实践操作、业绩展示等不同方式，提高评价的针对性和精准性。

适应中小学素质教育和课程改革新要求，建立充分体现中小学教师岗位特点的评价标准，重点评价其教育教学方法、教书育人工作业绩和一线实践经历。严禁简单用学生升学率和考试成绩评价中小学教师。

健全市场化、社会化的管理服务体系。进一步明确政府、市场、用人主体在人才评价中的职能定位，建立权责清晰、管理科学、协调高效的人才评价管理体制。推动人才管理部门转变职能、简政放权，强化政府人才评价宏观管理、政策法规制定、公共服务、监督保障等职能，减少审批事项和微观管理。发挥市场、社会等多元评价主体作用，积极培育发展各类人才评价社会组织和专业机构，逐步有序承接政府转移的人才评价职能。建立人才评价机构综合评估、动态调整机制。加强评价专家数据库建设和资源共享，建立随机、回避、轮换的专家遴选机制，优化专家来源和结构，强化业内代表性。建立评价专家责任和信誉制度，实施退出和问责机制。

2016年9月习近平总书记发表重要讲话，要求各级党委和政府要以满腔热情关心教师，让广大教师安心从教、热心从教、舒心从教、静心从教，让广大教师在岗位上有幸福感、事业上有成就感、社会上有荣誉感，让教师成为让人羡慕的职业。这一重要论述是对教师职业社会地位新的诠释定位，是对教师工作提出的更高要求（陈宝生，2016）。教师考评者是尊师重教理念的重要保障力量，其发展历程充满坎坷。

二、尊师重教理念与教师考评的社会环境

历史上，对教师的考核与评价，和尊师重教理念密切关联。成语"尊师重教"就出自《后汉书·孔僖传》："臣闻明王圣主，莫不尊师贵道。"可见尊师重教是中华民族的传统美德。

凡是为学之道，以尊敬教师最难做到。教师受到尊敬，然后真理才

会受到尊重；真理受到尊重，然后民众才懂得敬重学业。《吕氏春秋·劝学》中讲道："疾学在于尊师。"《荀子·大略》中说："国将兴，必贵师而重傅……国将衰，必贱师而轻傅。"这些论述深刻地阐明了国家兴衰与重视知识、尊敬教师的关系。《礼记》里记载："故天生时而地生财，人其父生而师教之。"尤其是，"天地君亲师"是中国传统社会崇奉和祭祀的对象，表现了中国人对于穹苍、大地的感恩，对于国家、社稷的尊重，对于父母、恩师的深情；表现了中国人敬天法地、孝亲顺长、忠君爱国、尊师重教的价值取向。

教师职业具有如此重要的地位，为此需要特定的考评团队来考核教师。明朝后期以来，"天地君亲师"的说法在社会上已经广为流传，但受文人重视的程度有限，士大夫并没有把这一民间信仰当一回事。尤其"师"更是受人冷落。"天地君亲师"被全社会、特别是士人所接受，成为风行宇内的祭祀对象，和清朝雍正皇帝的《谕封孔子五代王爵》有关。雍正皇帝的上谕主要标树的就是"师"。正是借助这道上谕，"师"才最终完全确立了在"天地君亲师"这一序列中的地位。雍正皇帝一即位，就上谕内阁礼部："至圣先师孔子，道冠古今，德参天地；树百王之模范，立万世之宗师；其为功于天下者至矣。而水源木本，积厚流光，有开必先，克昌厥后，则圣人之祖考，宜膺崇厚之褒封。所以追溯前徽，不忘所自也。"

能否尊重老师上升到左右一国兴衰之程度。历史证明，荀子诚非危言耸听。在西周时期，《太公家教》中亦曾出现了"弟子事师，敬同于父，习其道也，学其言语。……一日为师，终生之父"之字句，以及其后两千年来对"天地君亲师"之崇奉，皆可以看出古人对师道之尊重，不但是出于骨子里的深刻认识，且亦是一种自发、自觉之行为。

由此可见，"师尊"方可"道尊"，然所谓师尊者，须满足三个条件：第一，老师的人品要正，"其身正，不令而从；其身不正，虽令不从"；第二，学生的态度要端正，懂得"为学莫重于尊师"之理；第三，国家与社会的重视，柳宗元在《师友箴》中有"举世不师，故道益离"

之句，意思是，如果全社会都不尊重老师了，那真理、知识亦会离我们远去（徐问笑，2016）。

上述讨论提示人们，新时代需要重新审视尊师重教理念与教师考评团队结构之间的关系，贯彻尊师重教精神，科学构建教师评价团队；从考评系统各个关键环节着手，逐渐理顺考核系统要素，开展教师全过程绩效评价；要按照国家相关部门的政策和学校实际，围绕尊师重教理念对教师考评团队成员的选择—保留—淘汰机制进行分析。

第二节 教育"管办评"分离理念与教师绩效考评团队结构治理

一、背景与教育"管办评"分离制度内涵

2015年5月教育部印发了《关于深入推进教育"管办评"分离促进政府职能转变的若干意见》，明确要求：推进"管办评"分离，构建政府、学校、社会之间新型关系，是全面深化教育领域综合改革的重要内容，是全面推进依法治教的必然要求。

该政策强调，应完善校务公开制度。学校配置资源以及干部选拔任用、专业技术职务评聘、岗位聘用、学术评价和各种评优、选拔活动，要按照公平公开公正的原则，制订具体实施规则，实现过程和结果的公开透明，接受利益相关方的监督。

对于国家教育评价体制的重大变化，熊丙奇（2015）认为："管办评"分离是教育新常态。对于推进教育"管办评"分离，厘清政府、学校、社会之间的权责关系，形成政府依法管理、学校依法自主办学、社会广泛参与的格局，我国社会早已达成共识。2010年颁布的国家教育规划纲要就明确提出要促进"管办评"分离，十八届三中全会关于全面深

化改革若干重大问题的决定中再次提出要"深入推进管办评分离",关键在于怎么迈出"管办评"分离改革的实质步伐。

当前正如《关于深入推进教育管办评分离促进政府职能转变的若干意见》所指出的,一定程度上还存在如下情况:政府管理教育还存在越位、缺位、错位的现象,学校自主发展、自我约束机制尚不健全,社会参与教育治理和评价还不充分。虽然文件明确提出,要转变政府职能,严格控制针对各级各类学校的项目评审、教育评估、人才评价和检查事项,大幅减少总量,但是教师考核评价过程仍然存在各级教育主管部门不放权的状况。

二、教育"管办评"分离理念下教师考评团队的结构与演化

教师评价的内容应该是什么,往往会影响考评团队结构选择。长期以来,对教师的评价内容,导致了政府部门、学校占据主导地位,其他组织或个人的影响甚小。

教育"管办评"分离对于考评者选择有更精确的要求。长期以来,政府的"大一统"格局造成政府权力过度集中、学校办学能力趋弱、社会监督缺位,模糊了系统之间的结构关系,造成教育领域综合改革系统缺陷和动力缺失,与外部系统的信息与能量交换也受到阻滞。"管办评"分离的目标是理顺政府、学校和社会的责权关系而非机械地割裂三者的关系,按照系统性、整体性、协同性的原则将教育的决策权、管理权、监督权和评价权之间的关系加以重构,建立多元主体共同治理的良性结构,其中蕴含的协同思想要求政府在简政放权的同时,还要构建教育系统自组织有序治理、省级政府教育统筹以及社会公众参与教育综合改革评价的"管办评"分离与协同机制(刘佳,2015)。目前,我国的教育社会监督和评价机制尚未摆脱政府的指挥棒从而有效体现出其广泛的公众参与度与独立性、专业性。政府应引导广大民众形成对科学性、合理性、公平性的评估和反馈意识,通过非官方的形式进行意见表达和利益

诉求，并不断以各种形式影响和监督"体制内"的信息传导和政策执行。

如何推动我国教育质量"第三方评估"体系建设，政府可以通过市场培育、购买服务的方式让更多独立评价机构参与教育评价，同时通过立法和行政的手段保证社会评价机制的有序发展。尤其是要建立家长、学校、第三方专业人员组成的社会评价机构，发挥社会评价学校办学的优势，指导学校发展，并定期公布评价结果。同时评价要采取多元化的方式，不仅评价学校的教学质量，还要评价学校的管理水平、办学条件、办学行为、师资水平、学生发展等；不仅要进行终结性评价，还要进行过程性评价和发展性评价（刘利民，2015）。这些观点对于教师考评者的构成演化具有重要影响，呼吁从政府教育部门主导的考评者单一模式开始转型。

政府一方面指导办学方向，一方面制订评价标准。此外，学校的招生计划、工资发放、职称评聘的行政权力都集中在政府手中。政府权力的急剧膨胀造成了"大政府、小社会"的畸形格局，这些都对教师的考核形成不利影响。我国现行教育实行的是"政府管理、政府办学、政府评价"的"一条龙"模式，这种模式无疑是计划体制的衍生品，在短期内取得了应有成效，但也在一定程度上排斥了人民群众在教育评价中充分的话语权（刘佳，2015）。

学者基于学校视角的调查显示："管办评"分离制度得到广泛认同，调查对象认为实现"管办评"分离不仅非常必要，而且对教育事业的发展具有促进作用，但统一的管理模式以及权力分配问题是"管办评"分离的主要障碍，为此，推行"管办评"分离制度，管理模式要从"三位一体"走向"主体独立"，需要重构教育管理模式，需要增强学校自主办学意识和能力，需要构建多元评价体系（赵渊，2015）。而当前我们可以依靠的比较成熟的专业机构数量少，质量不高，难以承担起这些职责。如何通过政策支持和引导培育专业机构，增加社会专业机构的数量。提高专业机构的质量，同时又不影响专业机构自身的属性，不把它们变成政府的附属机构,是"管办评"分离面临的重要挑战。为了保障与增强教育评价的客观性与有效性,更好地促进教育事业的发展,政府要以转变工作评价方式为契机,建立起多维的评价机制。评价应坚持"为谁服务,由谁评价"的原则,将公民满意原则贯穿在指标制定和运用的始终,所有的评价指标和评价途径,都要以老百姓最后获得的服务作为依据。推行"管办评"分离不是为了分离而分离,而是为了更好服务于学生、教师、学校发展,促进区域教育科学发展,做到"管在关键,办在特色,评在公正"。

高兵(2015)认为,社会各界对"管办评"的基本问题认识不一致,导致"管办评"分离的改革政策尚未有效落实。他认为,"评"即评审、评价。评价是"管办评"分离改革的指挥棒,因为评价是对政府履行职能和学校办学水平的监督,评价结果影响管理和办学效果。评价以专门机构和社会中介机构为主体,构成社会各方共同参与的多元教育评价体系。一是要强化国家教育督导,充实、加强督导机构和督导力量。二是要通过政府购买服务等方式,培育第三方社会专业组织,积极委托社会组织开展对学校的评价。三是鼓励社会志愿者担任学校评估人员并完善相应条例,营造全社会关心、支持教育的氛围。四是各类评估机构要从改善制约发展因素入手,加强建设、提升能力。

这里重要的取舍还在于,分离在学术界存在巨大的争议,比如一是谁有资格评价,如何在当前诚信体系还不健全的环境下保障评价的独立性。二是构建政府、学校、家长及社会的多元评价体系,除政府和学校以外的评价都应视为第三方评价机构,那么督导究竟是政府管理行为,还是评价行为。三是第三方评价机构对谁负责。第三方机构是仅评价学校办学效果,还是既评价学校办学效果又评价政府治理效果。

徐玉特(2015)认为,自2010年《国家中长期教育改革和发展规划纲要(2010~2020年)》首次提出"促进管办评分离"以来,"管办评"分离改革成为各界共识。党的十八届三中全会通过的《中共中央关于全面深化改革若干重大问题的决定》更是向教育管理体制开刀,再次明确提出,"深入推进管办评分离,扩大学校办学自主权,完善学校内部治理结构。强化国家教育督导,委托社会组织开展教育评估监测"。2014年时任教育部部长袁贵仁强调,要"形成政府宏观管理、学校自主办学、社会广泛参与,职能边界清晰、多元主体'共治'的格局"。近几年来,在国家推动下,基础教育"管办评"分离在全国积极探索中逐步走出一条"政府管教育,学校办教育,社会评教育"的实践路径。那么困境在哪里?政府、学校和社会各主体地位不平等,权责不明晰导致政府管理职能的缺位、越位和错位,学校自主权受到抑制,社会中介组织独立性和自主权缺损,约束政府和保障学校与社会权责的制度供给不足及有效性不高等。

尤其在社会中介组织构成中,教育领域主要有两种类型:第一类是脱胎于政府部门的评估组织,即官方的中介组织,其职能主要是督政和督学;第二类是草根社会中介组织,包括社会团体和民办非企业组织,其主要凭借专业权威对学校教育教学活动的效果和学生学习结果进行评价,主要履行评估检测的职能。后者成长和发展的土壤和动力均来源于政府从微观的评价主体中退出后留下的空间。现实中的官方中介组织往往沦为政府营造物,本身无法独立自主地进行科学、客观和公正的评价,而且其进行的是督政和督学,缺乏评估检测的专业性和科学性。这只能说明行政性督导作用得到强化,而专业性评估力量还未得到发展。草根中介组织的发展取决于政府让渡的自由空间,其独立权和自主权也由政府掌握,这些组织主要以学术的交流为主,还无法涉及提供各种教育管理和评价服务,民办非企业类的组织,由于政府简政放权不彻底,加之缺乏政府的资助和扶植,其发展自然受到极大的限制,评价主体意识的觉醒和主体能力的建设就无从谈起。

相关调查显示,在教育中介组织中,有65.5%的组织表示政府支持最能促进教育中介组织发展,有24.4%的组织经费主要来源于政府补贴或购买服务,有60.9%的组织负责人仍具公办身份,有48.8%的组织员工主要收入还是来源于财政拨款(胡伶,2010)。因此,政府要转变职能，实现权责归位，以督政为主、督学为辅；而学校的权责应该定位于其自身发展的规划和设计、学校各种资源的支配和使用、课堂教学的自主、教师专业发展的自主；积极培育社会中介组织，特别是草根的社会中介组织，确实给其"赋权"和"增能"，确保其专业性和自主权，加强其自主能力建设。

以上海市浦东新区为例，自2005年以来成立的教育中介组织共16个，以公办优质学校为母体催生的就达8个之多。虽然历经数年的发展，这些"母子联体，难以分离"的组织，包括借由高校母体成立、参与委托管理和评估的组织，在母体的孕育下得到极大发展，但国家相关法律法规在对这些组织的性质和权责的定位方面还是很模糊（徐玉特，2015）。

范国睿（2017）调查发现，学校的监督评价包括学校自我评价、政府督导评价与社会组织的专业化评价。校务公开被视为学校监督机制的重要举措。调查发现，目前，中小学校务公开主要涉及办学目标、教育经费预算与使用、教育收费等内容，但义务教育学校和高中的校务公开不尽相同。访谈过程中，38%的受访教师认为，校务公开并没有发挥理想的监督作用。85.7%的受访的教育行政部门领导和69.3%的受访学校校长表示，愿意将一些专业服务、专业评价事务交由第三方社会组织实施，其中，约三成的受访者需求强烈。但社会组织在数量和专业服务能力等方面发育并不健全，专业组织，尤其是经验丰富、有能力接受政府和学校委托的优质专业组织，并不能满足教育改革的需求。87.7%的受访的教育局长表示，学校评价主要还是依靠教育质量监测与督导部门的督导评价；90%的受访的校长赞同引入第三方专业组织评价学校教育质量与整体办学水平，但对现有社会组织的评价能力表示担忧。此外，在社会组织参与教育评价机制上，许多地方仍以教育行政部门直接授权为主，社会组织通过公开竞争的方式参与教育服务和评价的机制有待完善。

建议要建立与完善以学校自我评价为基础、以教育督导评价为主导、积极引入社会组织专业评价的多元评价制度，激发学校自我监督、自我发展的内驱力，由注重学校办学条件改善转向关注学校内涵发展，改变外力驱动发展模式，实现基于内生动力的自主发展模式。学校自我评价是以学校管理团队为主体，同时吸收教职员工、学生、家长及专家顾问等相关人员参与的、持续的学校教育事务监督与监测过程。专业性较强的学校评价事务，学校可以通过购买服务等方式，委托专业社会组织（第三方组织）进行，如山东省和深圳市分别下发规范第三方教育评价、公办中小学购买教育服务等实施办法。积极发挥督导评估的反馈、促进、鉴定、导向和监督功能。

周益斌（2015）提出，教育评估是教育管理系统中的重要组成部分。党的十八届三中全会明确提出要"管办评"分离，在这种背景下加强教育评估与提升教育评估机构能力建设具有更为现实的意义。教育评估机构应该做好教育决策者的决策咨询工作、教育管理者的管理服务工作、办学者的教育评估工作，加强教育评估机构系统自身建设工作。上海市教育评估院已进行了上海市优秀学位论文评选工作、上海市学校教师的职称评审工作、上海市示范幼儿园评估工作、上海市高校"十大工程"绩效评估工作、上海市体育学科带头人选拔与培养的工作等。可以看出，作为中介机构，上海市教育评估院已经发挥评价作用。

史华楠（2016）强调，"管办评"分离是重启教育改革议程的时代诉求，是深化教育领域综合改革的核心命题，是构建现代教育治理体系的必然选择，需要解决好顶层设计、简政放权、社会参与、督评对接、购买服务、政府统筹、政策衔接、互动共治等方面的工作。"管办不分"的形成原因，一是政事关系的复杂性；二是计划体制下形成且至今影响深远的国家包办公益事业体制。最明显的不足，就是一些地方的政府教育职能转变不到位，教育体制改革方案不够细化，"管办分离"的措施思路不清晰，引入社会力量参与教育评价的步履艰难。以"社会评"为重点构建教育多元评价体系始终是薄弱环节，各级学校办学治校上的行政思维积重难返。十八届三中全会通过的《关于全面深化改革若干重大问题的决定》，明确了教育改革的攻坚方向和重点举措，同时将深化教育综合改革的目标确定为构建"政府管教育、学校办教育、社会评教育"的良性治理结构。党和国家将"深入推进管办评分离"作为教育领域综合改革的首要任务，充分体现了"管办评"分离在国家教育强国战略中的基础地位。"深入推进管办评分离，扩大省级政府教育统筹权和学校办学自主权，完善学校内部治理结构"，成为教育领域贯彻落实《教育规划纲要》所面临的艰巨任务。所谓"教育管办评分离"，就是在现代法治精神与国家法律框架下，政府、学校和社会尊重各自的主体地位，恪守各自的权责边界。在政府转变职能、学校自主办学的同时，引入和培育教育服务市场，引导社会力量有序参与教育监督和评价，形成政府管教育、学校办教育、社会评教育的良性治理结构，构建上下衔接、左右协调、各方联动的教育管理体制机制。2014年，国家接连推出三项重要举措：一是教育部取消"国家重点学科行政审批"，开展了重点学科评审改革试水；二是国务院督导委员会颁布《深化教育督导改革转变教育管理方式的意见》；三是国务院颁布《关于深化考试招生制度改革的实施意见》。这三件事，社会关注度较高，现实意义重大，标志着实质推进教育"管办评"分离改革已经迈出了重要步伐。《教育规划纲要》指出："建立科学、多样的评价标准。开展由政府、学校、家长及社会各方面参与的教育质量评价活动"。建立健全社会参与教育评价的体系，成为教育评价制度改革的重中之重。"管办评"分离所谓的"评"绝不是强化行政评价，相反是在多元评价体系中弱化行政评价、突出社会参与评价。所谓"社会参与评价"，既包括社会"评管"，也包括社会"评办"。具体来说，"评管"就是评政府，通过社会参与评价，促使各级政府履行好经费投入、规划布局、均衡发展等职责；"评办"就是评学校。通过评价学校的办学行为、保障条件、课程设置、教育质量等实现社会监督办学的目的。

史华楠（2015）提出，"管办评"分离是大力推进教育治理体系和治理能力现代化的关键所在，是加快政府教育职能转变和迈向教育善治的必由之路。教育"管办评"分离的实现条件是政府职能由"全能管理"向"有限管理"转变,教育行政由"过度集权"向"制度分权"转换,教育治理由"行政独大"向"合作共治"转型。教育"管办评"分离应围绕教育权力、教育治理、教育评价和教育服务等四个维度进行目标设计。在教育"管办评"分离中政府是实施改革的"推手",社会参与和学校自主是推进改革的"抓手",主要治理策略包括合作共治、政府元治、行业管治、赋权代治、法人自治、上下联治。

由于我国教育办学体制、管理体制的固有特征,以及学校主体办学与教育行政管理出现的矛盾,我国的教育评价存在评价目的功利化、评价功能奖惩化、评价内容知识化、评价过程简单化、评价主体单一化、评价方法数据化等问题,其根源在于行政权威带来的管理僵化,政府主导带来的一家独大,封闭模式带来的自说自话,应试教育带来的功利取向,学校弱位带来的被动应对,社会缺位带来的评价失衡。《教育规划纲要》指出:"建立科学、多样的评价标准。开展由政府、学校、家长及社会各方面参与的教育质量评价活动。"这是教育评价民主化改革的总要求,也是推进教育管办评分离的突破口。长期以来,我国教育的行政评价过于强势,教育评价的民主化和公信力更是存在问题,人们对教育评价的权威性、科学性、公正性的质疑从未中断过。

"教育评价民主化",就是建立由政府、学校、家长及社会各方面参与的多元评价机制,主要包括"评管"(评价政府行为)和"评办"(评价学校行为)两个方面。教育治理各主体和各方面可以"评管",促使政府履行好经费投入、规划布局、均衡发展等职责,推动政府由"办教育"向"管教育"转变,由"管理学校"向"服务学校"转变;教育治理各主体和各方面可以"评办",监督学校维护教育的公平公正,帮助学校在条件保障、课程设置、教育质量等方面不断改善和提高。

目前对学校的质量评价还多是由教研部门来实施,并且作为教育主管部门评价学校的依据,这种主管部门左手倒右手的评价,在功利性的指导下,客观性、真实性就备受质疑(蒲蕊,2015)。蒲蕊(2016)认为,明确政府、学校和社会三者的权责范围,实现各自角色的清晰定位,是实现教育"管办评"分离的要求,也是构建政府、学校、社会新型关系的基础。政府应成为"有限政府"、"服务政府"和"责任政府",学校应成为依法自主办学的主体,社会应参与教育评价。需要思考的问题是,如何才能实现社会的有序参与?如何才能使社会成为"评"的主体?第一,依法保障社会组织和个人的教育参与权。"多元共治必须以法治为基础和前提","没有法治,就没有秩序和效率,善治就无从谈起"(褚宏启,2014)。第二,提高社会参与教育监督与评价的意识和能力。第三,加强政府的监督,提高教育管理者的管理技能。

刘波(2015)认为,促进民间教育评估机构发展是推动教育管理体制管、办、评分离的重要举措。从制度、文化和社会三个维度审视民间教育评估机构运行环境,发现环境对机构的约束作用明显。政府尊重机构独立地位,提高制度适宜性,构建机构与社会的互动关系,建立与学校的互助关系等,为优化机构运行环境创设条件。我国目前尚没有专门针对教育评估或教育评估机构的法律法规;我国传统文化中"国家主义""官本位"思想影响到人们对民间教育评估机构的认可,长期以来文化心理造成人们对公权力的崇拜乃至盲从。究其根本乃是公民社会发育不足和公民能力薄弱,使得民间教育评估机构在发展初期缺乏社会认同。随着政府机构改革的不断推进和公民意识的觉醒。民间教育评估机构运行的社会环境有了一定改善,但社会环境的抑制作用显而易见。

此外,社会对民间教育评估机构的信任度较低。作为服务社会的组织机构,社会对民间教育评估机构的态度对机构发展起到至关重要的作用。民间教育评估机构从理论走向实践始于21世纪初。由于教育评估活动的专业性特征,充足的专业人才是形成教育评估组织的前提。为便于统计分析,刘波(2015)以省会城市为例,通过查询全国31个省、区、市(港澳台除外)的省级管理与评价民政部门网站、省级社会组织信息网等,查得我国现有33个民间教育评估机构,分布在上海(25个)、云南(3个)、北京(2个)、四川(1个)、江西(1个)、浙江(1个)。即使考虑到该统计不够全面的因素,也能反映出我国民间教育评估机构数量较少、分布不均、发展滞缓的现状。显然无力满足各级各类学校旺盛的多元化教育评估需求。

葛孝亿（2016）认为，支持社会组织开展教育评价是推进教育"管办评"分离的重要举措，但既有的制度安排制约了社会组织参与教育评价的积极性。这些障碍包括："政社一体"制度惯性的阻碍，"双重管理"制度延续性的制约，社会组织发展与扶持制度不完善，社会组织教育评价影响力输出的制度化途径缺失，社会组织内部治理制度的缺失。针对这些制度障碍，提出从以下层面予以突破：创新社会组织登记与管理制度，激发社会组织活力；建立教育评价职能转移与承接制度，发挥社会组织教育评价功能；建构非营利性资源保障制度，扶持社会组织发展；建立教育决策咨询制度，扩大社会组织教育评价影响力；加强社会组织内部治理制度建设，提升教育评价专业能力。

刘利民（2015）提出"评"要民主。培育评价机制，将"评"的权力交给社会。教育评价是考评者围绕一定的目标，根据一定社会和教育的价值标准，选用科学可行的方法和手段，对教育要素、过程和效果进行判断的活动。我国政府对教育的评价主要以政府督导为主，而目前的教育督导机构，大都设在教育行政部门内部，既当"裁判员"，又当"运动员"，监督力度不够，监督信度不高。对学校的评价要改变过去那种政府办学、政府评价的做法，将评价交给社会，让利益相关者监督、评价教育，实现学校由封闭式办学转向开放式办学，确保评价的客观、公平、公正。尤其是要建立家长、学校、第三方专业人员组成的社会评价机构，发挥社会评价学校的优势，指导学校发展，并定期公布评价结果。同时评价要采用多元化的方式，不仅评价学校的教学质量，还要评价学校管理水平、办学条件、办学行为、师资水平、学生发展等；不仅要进行终结性评价，还要进行过程性评价和发展评价。

上述"管办评"分离视野下的考评者选择只强调了督导、与政府密切联系的社会评价中介（比如试点地区的教育评估院）的作用，对更广泛意义的社会专业性、独立性、公信力强的营利性或非营利性教育评价组织、专家都讨论的相对较少；对高效能的评价组织的科学化评价机制自然也更少关注了。

三、讨 论

综合上述分析，随着学校治理理论的发展，学者就政府、学校、社会对教育管理的权力进行了比较深入的分析，提出了有利于教师评价主体多元化、教师评价主体合理演化的建议和主张，是我国学校治理的重要组成部分，无疑对教师评价主体选择提供了更新的政策环境。

同时，也可以看出，上述学者对于学校效能评价重视，对于中小学教师的评价主体构成轻视；对于政府所属的评价组织重视，忽视了民办评价组织；重视了一般性评价，忽视了绩效评价；重视了评价构成自身效能，忽视了对教师薪酬管理等人力资源管理关联性环节的影响机制研究。因此应该强调"管办评"分离视角的教师考评团队结构设计。特别是，随着互联网基础上的教育评价主体的扩展，如何考虑网络考评者的影响也是不应忽视的教育新型评价主体。

总之，尊师重教要求随着我国教育事业管理、学校办学、社会评价的分离，更合理的教师评价主体构成及其影响值得高度重视。

在日益重视教育和教师队伍发展的今天，教师考核仍然任重道远，教师考评者的组织变革更为艰巨复杂。特别是随着优质教育要求、高等教育"双一流"学科建设工程的推展，对于中小学教育改革势必也要加快，高效能的教师绩效考核与科学合理的绩效考核组织必然要加快发展。具体来说，由于以下原因，将强化教师考核，对考核组织要求更高。第一，政府对教育活动的投入效果的检验，需要通过教师评价来体现。第二，各类教师评价活动是否体现了尊师重教。第三，政府教育主管部门评价权限和尊师重教的关系。这里需要明确的是，尊师重教历史传承过程中，对教师的评价主体应该如何选择，才能更让教师感觉到公平、可靠、信任，最终对建立在考核系统认同上的绩效薪酬制度持支持、肯定的态度？所以，教师考评团队结构中，哪些组织或者部门、什么样的个体，成为对教师评价的主体，凭借什么而获得这样的权力，无疑是人们关心的问题。尤其是这些考评者的资格、资质是否获得教师的认同，长期是争论的焦点。因为教师考评者已经从早期的国家统治阶层、国家领导、社会精英进入到了各层人士都具有发言权的阶段，只不过是考评者的权重变化随着时代不同而出现差异。改革开放以来至今，对教师的考评者逐渐进入正常状态，但是政府部门在"管办评"方面的权力集中仍然造成教师考评团队结构严重不合理，因此需要进行认真的分析。

总之，教育均衡发展理念的实施，需要考评者信息公开透明，考评过程及结果必须有利于促进教师队伍良性流动和教育资源均衡分配。

第三节 教师绩效考评团队结构制度与政策分析
——以浙江省为例

教师绩效考评者的选择是教师队伍建设、教师绩效管理的重要建设环节。截至目前，我国各级教育主管部门都出台了系列制度，取得了良好效果。我国中小学教师绩效考核类型众多，并且在教师职业生涯各个阶段发挥不同的作用。从每个学期教学、科研、育人与社会服务考核，到年度、学期考核、评奖评优，再到职称评聘、职务晋升，会经历各类不同的绩效考核，从而有不同的考核组织和考评者。尤其是近年来浙江省中小学教师的各类评优、年度绩效考核、职称晋升活动中的考评团队结构比较典型。因此以浙江省为例，开展相关考评团队结构政策的辨析有积极意义。

一、《浙江省中长期教育改革和发展规划纲要（2010~2020年）》等政策对教师考评团队结构的总体要求

政策明确了对教师考核以及绩效薪酬制度管理的任务是：完善人事

制度管理，严格教师准入制度，完善岗位设置、公开招聘制度和聘用办法，加强资格登记管理，建立健全教师转岗、退出等机制，逐步打破教师资格和职称终身制；完善教师绩效分类考评制度，增加教学、技术成果推广应用业绩在职称评聘中的比重，调动广大教师从事教育工作的积极性；落实教师绩效工资，推进对教师的分类指导和分类管理，健全教师绩效考核与工资分配挂钩机制。

《浙江省中小学教师队伍建设"十二五"规划（2011~2015年）》提出，中小学教师队伍总量仍然不足，师生比明显偏高。部分教师职业素养和学科专业素养还不够高。区域、城乡、学校和学科之间教师资源配置还存在着明显的不均衡。学前教育、职业教育和特殊教育师资数量不足、质量不适应的问题比较突出。师范教育亟须改革和加强，教师培训的针对性和有效性急需提高。教师队伍合理流动的机制尚未建立。教师队伍管理还需不断加强。

制度明确，要健全和完善教师准入制度。严格实施教师资格准入制度。建立"国标、省考、县聘、校用"的中小学教师职业准入和管理制度。完善教师资格认定制度，实施教师资格五年一周期定期注册制度。提高新教师的入职标准。建立完善新教师补充机制。坚持德才兼备和"公开、平等、竞争、择优"的原则，严格招聘程序，严把选人标准和质量。

针对浙江省教育评价战略设计，政策明确，要坚持深化教育评价制度改革。坚持教育科学和谐发展的理念，探索建立全面、科学、合理、开放、有效的多元教育评价制度。完善教育行政部门科学和谐发展业绩考核办法，促进区域教育协调发展。全面推行中小学校发展性评价制度，引导学校自主发展、特色发展、科学发展、和谐发展。完善教师绩效分类考评制度，增加教学、技术成果推广应用业绩在职称评聘中的比重，调动广大教师从事教育工作的积极性。建立面向学生的心理测试、综合素质评价、人格健康状况测评、毕业离校后发展性评价等多元评价监测体系，引导和促进学生全面发展。建立健全教育评估机制，引进第三方，推进专业性评价。探索发布教育质量监测报告等办法，强化质量意识，扩大社会监督。

二、浙江省各类"评奖评优活动"考评团队结构分析

（一）"浙江名师""浙江优秀教师"活动及考评团队

2016年，浙江省优秀教师评选文件公布。其中，《浙江省教育厅、浙江省人力资源和社会保障厅、浙江省财政厅关于开展2016年省级优秀教师暨浙江省高校优秀教师、浙江省农村教师突出贡献奖评选工作的通知》（浙教人〔2016〕74号文件）中规定：省级优秀教师暨浙江省农村教师突出贡献奖的评选范围包括全省普通中小学、幼儿园、中等职业学校和特殊教育学校中曾获得县级及以上荣誉称号，且在农村从教20年以上的在职在编农村教师和教育工作者。

考评团队与组织如下：先由学校推荐，并由学校负责填写《省级优秀教师暨浙江省农村教师突出贡献奖推荐表》及有关先进事迹等材料，县（市、区）教育、人力社保和财政部门资格审查（推荐人选为学校领导的，应征求同级纪检监察部门意见），设区市教育局初评。推荐人选应在学校校园网、县（市、区）和设区市教育局网站进行逐级公示，每次公示时间不得少于5个工作日。

关于组织领导问题：为切实加强对评选推荐工作的组织领导，省教育厅、省人力社保厅和省财政厅联合组成省级优秀教师暨浙江省高校优秀教师、浙江省农村教师突出贡献奖评选工作领导小组，负责评选表彰的组织领导和评审工作。领导小组下设办公室（设在省教育厅人事处），负责日常工作。相关的表彰奖励是对评选出的2016年省级优秀教师暨浙江省高校优秀教师、浙江省农村教师突出贡献奖获得者，由省教育厅、省人力社保厅和省财政厅联合发文公布，并于当年教师节期间进行表彰。

作为最具影响力的省优秀教师的评奖政策和激励强度，该政策目的

清晰，设立奖项也具有积极意义。从考核组织来看，考核组织仍然集中于各级教育部门。最重要的权力和审批权力是集中在省教育厅、省人力社保厅和省财政厅联合组成的省级优秀教师暨浙江省高校优秀教师、浙江省农村教师突出贡献奖评选工作领导小组。

（二）浙江省中小学教坛新秀评选活动以及考评团队结构

《浙江省人民教育基金会、浙江省特级教师协会关于开展2015年浙江省中小学教坛新秀推荐确认工作的通知》对教师考评体系做了相应安排与规定。

该制度强调，为加快选拔和培养中小学青年骨干教师和学科带头人，鼓励优秀青年教师脱颖而出，努力培养和造就一大批"四有"好教师，浙江省人民教育基金会、浙江省特级教师协会决定2015年推荐确认一批浙江省中小学教坛新秀。

推荐确认办法规定，省中小学教坛新秀推荐确认工作，先由学校推荐申报，经县（市、区）、市两级教育行政部门组织专家进行考核后上报。各地人民教育基金会、特级教师协会（联络处）按各地教育行政部门统一要求，分工做好相应的工作。省人民教育基金会、省特级教师协会将对各地推荐名单，在省教育厅门户网站、浙江教研网公示5天，并无异议后，正式决定省中小学教坛新秀确认名单。学校和各地教育行政部门在上报前应将推荐人选的名单及事迹材料在本校校园网、本地教育行政部门教育网进行为期5天的公示，以保证推荐工作的公开、公平和公正，确保推荐质量。

可以明显看出，浙江省中小学教坛新秀的评选机制仍然离不开学校、教育部门的行政管理，教师、家长和其他组织机构是难以参与评价的。

（三）浙江省农村教师突出贡献奖

"浙江省农村教师突出贡献奖"的评选工作是为了褒奖为浙江省农村教育事业做出突出贡献的农村教师，进一步营造尊师重教的良好氛围，激励广大教师到农村长期任教、终身任教，体现省委、省政府对广大农村教师的亲切关怀和爱护，增强农村教师的责任感、荣誉感和使命感，推进浙江省教育科学和谐发展，办"让党放心、让人民满意教育"的重要举措。

评选组织领导：为切实加强对评选推荐工作的组织领导，浙江省教育厅、省人力社保厅、省财政厅联合组成省农村教师突出贡献奖评选工作领导小组，负责评选表彰的组织领导和评审工作。领导小组下设办公室（设在省教育厅人事处），负责日常工作。各地、各校要向农村教师、教育工作者广泛宣传评选条件和有关规定，充分依靠广大教职工，自下而上，逐级推荐，严格评审。先由学校推荐、并由学校负责填写《首届浙江省农村教师突出贡献奖推荐表》及有关先进事迹等材料，县（市、区）教育、人事行政部门资格审查（推荐人选为领导职务人员的，应征求纪检监察部门意见）、市评选工作领导小组初评、公示5~7天，再报省评选工作领导小组办公室组织评审，经省评选工作领导小组审定并公示后，报省人民政府批准。

该奖励制度有明确的政策导向，但是考评团队结构仍然以行政部门为核心，社会化专业机构参与力度几乎缺失，社会公信力仍有待提高。

（四）绍兴名师考核以及组织者

《绍兴市中小学名师评选管理暂行办法》提出，名师，是为了表彰优秀教师而设置的一种既具先进性、又有专业性的荣誉称号，是师德的表率，育人的模范，教学的专家，具有较高的教育教学专业水平、成绩显著、业内公认的在职教师。作为名师，基本条件是师德高尚、教学业务精湛、教学研究能力强、具有培养指导教师进修进行教育教学和研究工作的能力，在班主任工作方面有丰富的经验，成绩出色，获得过县级及以上优秀教师等综合先进荣誉，在教学第一线任教（含任教研员）10年以上，教师资格具备副高职称资格2年以上。

绍兴中小学名师的程序与评价组织者是：教师申报、单位推荐，区（县）考核推荐，市教育局评审确认。

整个过程中，绍兴名师评选过程涉及到教师申报、单位推荐等，然后是全社会公示,最终决定权是政府教育主管部门。可见,在全市优秀教师、名师、模范班主任等社会关注度比较高的教师"评优、评先"等考核评价活动中,绍兴市教育主管部门仍然具有重大的评审决定权利。

三、中小学教师绩效考核政策中的考评团队构成

1. 2008年12月《教育部关于做好义务教育学校教师绩效考核工作的指导意见》(教人〔2008〕15号文件)明确提出,各地要积极探索、创新绩效考核的机制与方法,规范考核程序,健全考核组织。绩效考核工作一般由学校按规定的程序与年度考核结合进行,可采取定性与定量相结合,教师自评与学科组评议、年级组评议、考核组评议相结合,形成性评价和阶段性评价相结合等方法,同时适当听取学生、家长及社区的意见。要充分发挥校长、教师和学校在绩效考核中的作用。要不断完善绩效考核载体。可采取指标要素测评、业务知识测试、建立教师发展档案、开展争先创优活动等多种形式,完善教师绩效考核载体,通过多种形式,全面反映教师的业绩和贡献。各地在教师绩效考核中要坚持公平公正、公开透明,充分发扬民主,增强绩效考核工作的透明度和考核结果的公信力。

2. 2009年8月《浙江省义务教育学校教师绩效考核指导意见》文件明确要求,各市、县(市、区)教育行政部门负责制订本市、县(市、区)绩效考核实施方案,负责对学校校长(书记)或班子成员的考核工作,负责监督、指导所属学校教职工绩效考核工作;学校要成立绩效考核小组,负责制订本校教师绩效考核办法并组织实施。考核小组的成员应具有代表性,包括校长、书记,负责学校德育、教学工作的校领导,校工会主席,以及一定比例的教职工代表等。绩效考核一般由市、县(市、区)教育行政部门和学校按规定的程序与年度考核或学年度考核结合进行;可采取定性评价与定量分析相结合,教师自评与学科组评议、年级组评议、考核组评议相结合,形成性评价和阶段性评价相

结合等方法进行考核。此外，还应以适当方式听取学生、家长及社区的意见。绩效考核等次分为合格和不合格；学校校长（书记）或班子成员的绩效考核等次由市、县（市、区）教育行政部门确定。教师、学校管理人员和教辅人员的绩效考核等次由学校绩效考核小组确定。市、县（市、区）教育行政部门或学校也可根据实际和奖励性绩效工资分配办法的规定，对考核合格的校领导、教师、学校管理人员和教辅人员，进一步评定为优秀、良好、一般三个或更多等次。

浙江省教育厅主要负责全省绩效考核工作的宏观指导。市、县（市、区）教育行政部门具体负责本地学校绩效考核组织实施工作，并根据省教育厅指导意见，结合各地实际，制定具体的绩效考核方案，明确考核的组织领导、考核重点、考核程序和办法、考核结果使用等。要把学校发展性评价结果作为校长绩效考核以及学校奖励性绩效工资总量核定和分配的重要依据。学校要结合实际，制定本校教职工绩效考核办法，考核办法的指标体系力求做到科学合理、切实可行，具体量化、操作性强，并在上级主管部门的指导下具体组织实施考核工作。各级教育行政部门要加强协调，区域范围内能明确统一的项目指标尽量统一，以体现绩效考核的政策导向，促进区域内学校的均衡发展。同时要注意维护学校的办学自主权，鼓励学校办出特色。

学校绩效考核工作要充分发扬民主，广泛征求教职工的意见。学校教职工绩效考核办法由学校领导班子集体研究后，需经教职工代表大会（教职工大会）通过，报学校主管部门备案后实施，并在本校公开。绩效考核结果要告知本人。

3. 浙江省绍兴市柯桥区（原绍兴县）制定《绍兴县义务教育学校教师绩效考核指导意见》，其中明确规定各个学校要成立绩效考核小组，负责制定本校教师绩效考核办法并组织实施，学校考核小组的成员要具有广泛的代表性，包括校长、书记、负责学校德育、教学工作的校领导、校工会主席以及若干名老中青教职工代表。考核可以采取定性评价与定量分析相结合，教师自评与学科组评议、年级组评议、考核组评议相结合，形成性评价和阶段性评价相结合等方法进行考核。考核结果在定量（满分100分）基础上进行定性，分为优秀、良好、一般、不合格四个档次，其中优秀、良好的人数分别占30%、40%，一般、不合格人数占30%，不合格人数按实框定不设比例。

考核程序明确：月绩效考核程序中，教师本人在每月末将本月的教育教学工作目标任务完成情况、政治思想表现情况以及出勤等情况如实记录，填写好自评表；教师所在学科组或年级组根据教师自评情况，并结合其平时实际情况，客观公正地提出档次建议和写出评语，并报主管领导审定，评语中应该指出教师的工作成绩和不足，提出工作指导意见；学校将平时绩效考核意见及时反馈给教师本人、校内公示。

学期年度绩效考核程序明确要求：教师按照职位职责和有关要求进行年度个人总结，并在一定范围内述职；学校考核工作小组按照教师绩效考核指标体系进行综合评价，提出考核等次建议；校长对学校考核工作小组提出的考核等次建议进行审核，确定考核等次。对学校教师绩效考核结果在本校内进行不少于5个工作日的公示，考核结果以书面形式通知被考核教师。教师对考核结果有不同意见，可以通过正常渠道向学校考核工作小组和学校主管部门申诉。

县教育局具体负责全县学校绩效考核组织实施工作，并根据省教育厅指导意见，结合本县实际，制订具体的绩效考核方案，明确考核的组织领导、考核重点、考核程序和办法、考核结果使用等。学校要结合实际，制订本校教职工绩效考核办法，考核办法的指标体系力求做到科学合理、切实可行，具体量化、操作性强，并在县教育局指导下具体组织实施考核工作。要加强协调，镇街内学校能够明确统一的项目指标尽量统一，以体现绩效考核的政策，促进学校均衡发展，同时发挥学校的办学自主权，鼓励学校办出特色。

四、中小学教师职称评审组织

1. 正高职称评审组织

教师职称制度涉及到教师自身利益，考核任务极端重要，《浙江省中小学教师队伍建设"十二五"规划（2011~2015年）》明确，要建立统一的中小学、幼儿园教师职务（职称）系列，在中小学、幼儿园设立正高级教师职务（职称），探索在职业学校设置正高级教师职务（职称）。中小学教师专业水平评价要体现中小学教师职业特点，适应实施素质教育和课程改革的新要求，注重日常教育教学方法和艺术，引导教师努力追求"轻负高质"；注重教育教学一线实践经历和教书育人业绩，切实改变过分强调论文与科研的倾向。在研究确定岗位结构比例、制定评审条件等政策时，坚持向长期在偏远农村和欠发达地区任教教师倾斜。

具体地，按照《浙江省教育厅、浙江省人力资源和社会保障厅关于做好2016年中小学正高级教师职称评审工作的通知》2016年10月18日（浙教人〔2016〕136号文件）要求，相关考核评审以及组织者安排如下：

（1）学校推荐。符合评审条件的教师向所在学校提出申请，经学校综合评议并出具考核推荐意见，在学校内或门户网站公示5个工作日后，填写《浙江省中小学正高级教师职称评审表》报县级教育、人力社保部门。省直属学校（单位）按照属地原则进行推荐。

（2）市县推荐。设区市、县（市、区）教育和人力社保部门在充分考虑学校考核意见的基础上，综合运用业务考试、民主测评、说课上课、答辩、专家评议等形式，采用定性与定量相结合的方式，对申报对象的"职业道德、课堂教学水平、教科研能力、教学教育业绩和示范引领作用"等方面进行综合评价，择优推荐。其中，教学能力水平和教科研水平考核分为A、B、C、D四个等级。县（市、区）按照设区市的要求确定推荐人选，在门户网站公示5个工作日后，报设区市。设区市按照省里分配的名额确定推荐人选,在门户网站公示5个工作日后,报省教育厅和省人力社保厅。

(3)省级评审。省人力社保厅、省教育厅组建"省中小学正高级教师职称评审委员会",围绕教育家应有的教育业绩和标志性成果,做好全省中小学正高级教师职称的评审工作。省级评审工作包括论文鉴定、学科组专家评议、评委会评审等环节,对各地的推荐对象进行综合评价,择优确定132名正高级教师人选。在门户网站公示5个工作日后,报人社部和教育部。

(4)经人社部、教育部批复同意的正高级教师,各地和用人单位要及时做好聘任工作,兑现工资待遇。

以上评审组织中,教师晋升职称这样具有重大激励的考评者,仍然在各级教育部门的掌握之中。其实,高等学校已经下放教师职称评审权限,可以作为适当的参考。为什么中小学教师的职称评审权限和考评者就难以下放?

2. 常规性职称评审组织

以《浙江省人力资源和社会保障厅浙江省教育厅关于印发浙江省中小学教师职称评价指导标准(试行)的通知》(浙人社发〔2016〕76号)为例,分析中小学教师常规性职称评审组织。

中小学教师职称分为正高级、副高级、中级、助理级、员级五个等级,名称依次为正高级教师、高级教师、一级教师、二级教师、三级教师。

根据浙江省深化中小学职称制度改革要求,全面实行评聘结合,中小学教师职称评价应严格在核定的岗位结构比例内进行。

各设区市应按照本指导标准的要求,根据本地普通中学、职业中学、小学、幼儿园的教育教学特点和教育部《中学教师专业标准》《中等职业学校教师专业标准》《小学教师专业标准》《幼儿园教师专业标准》等要求,按不同学段,分类细化制定具体评价条件。综合运用业务考试、民主测评、说课公开课、盲审鉴定、专家评议等方式,建立科学、量化、精准的评价体系。

各地应及时将细化的高级教师、一级教师、二级教师、三级教师评价条件和评价办法，报省人力社保和教育行政部门备案后实施。

可以看出该政策对学校自主权已经有较大的照顾，权力在逐渐下放。指导性、原则性精神以外不再有细致的规定，评审组织落实更在基层学校。

本章小结

本章从"尊师重教"理念与教师考评团队结构、教育"管办评"分离理念与教师考评团队结构治理、教师考评团队结构制度与政策分析三方面，对教师考评团队结构的理念与制度进行了分析。可以观察到，随着教师考评团队结构的升级和丰富，教师考评活动的丰富性和民主参与深入，考评团队结构设计、组织运行以及配套的绩效管理要素都展示出绩效文化的内在性，反映出教师考评团队结构在绩效管理活动中日益提升的地位和作用。

第五章

教师绩效考评团队结构及影响框架分析

第一节 教师绩效考评者权重结构特征与影响因素

绩效考评团队结构不仅强调了谁该做考评者，尤其关注考评者各自的权重特征以及演化、优化的趋势。考评者权重体现了谁的评价观点更受重视，谁说的话更算数，将来谁的观点更权威。因此，教师绩效考核团队结构中，考评者权重设计与调整就成为考核策略问题。

本节首先讨论教师考评团队结构设计的几个问题，即教师考评者权重构成性质与特征，我国教师考评者权重构成现状与效果，教师绩效考评者权重构成演化与优化模型，考评者权重构成与教育治理环境匹配性，考评者权重构成与绩效薪酬效果的匹配性等。

一、教师考评者权重结构的性质与特征

（一）教师考评者权重构成的性质

所谓教师考评者权重构成，是指在教师考核团队中，表明各类考评

者所占据地位及影响力大小的相对重要性。在实践中，可以用顺序标示，比如第一考评者、第二考评者、第三考评者，等等，依次类推。也可以用各类考评者所占据的影响百分比显示，比如占90%及以上的影响力，或者10%影响力，以便表示出哪类考评者占何种地位，从而形成不同类型的考评团队结构及模式。

教师考评者权重构成的性质是，该权重构成实质是在组织治理过程中，反映组织对个体投入与产出评价来源主要是哪些利益相关者、被评价员工的绩效将影响哪些利益相关者、个体对组织管理的知情权、参与权高低、给予组织成员改进绩效和回报权的机会多少。因此考评者权重构成实质是选择和效果的匹配性。

从以下几个方面的关系来进行特征分析。

1. 考评者权重与被考评者的信任度

考评者权重很可能直接影响教师对考评者的信任度。考评者权重越能够代表教师的心声，越接近普通教师的感受，越能获得教师的认可和信任。校长、主管、同事、家长、学生、校外专家都是考评者，但是他们的影响力大小不同，对于教师绩效的内容有不同的利益牵扯，自然和教师的内在信任机制存在关联性。

2. 考评者权重与考核文化关系

绩效评价过程充满绩效文化韵味。考评者权重是组织文化、组织治理中的重要因素，反映出组织决策特征，表现出决策成员的不同影响力，是组织文化在绩效管理的重要体现。因为考评者权重不同，必然引起成员对考核过程的信心、考核信息的公正性、考核结果的公信力的不同看法。考评者的权重越倾向于基层代表，考核过程和考核结果获得教师认同程度就越高，反之就越难以获得教师认同。在学校，就是要更多地强化基层教师作为考评者的比率，或者提高基层教师代表的发言权与影响力，从而提高教师对考核组织的信心和信任度。

3. 考评者权重与考核导向关系

因为考评者的影响力不同，对于教师绩效内容、考核导向就存在着较大的差异。考核导向回答的是，组织鼓励什么，引导员工朝什么成就、个体能力发展，组织绩效主要内容是什么。在学校，教师主要想接近什么样的考评者，期望了解组织重视什么样的考核内容、考核方法要求，就需要合理地设计不同考评者的地位和影响力，从而更合理地发散组织所期望的考核内容和方法。至于学校考评者的权重设计，则需要强化各个类型考评者所散发的不同信息影响力，明确学校所期望的教师该做什么，不该做什么，该怎么样做，做到什么程度。

4. 考评者权重与学校战略关系

学校战略决定了组织结构，也直接决定了学校治理结构。作为教师专业发展的重要组织决策者，考评者是谁，各自有多大的影响力，自然受到学校战略的影响。教师考核是学校师资队伍发展的重要机制，是学校人力资本的重要抓手，各类考评者的影响自然需要均衡，才能促进教师人力资本和学生学业成就的和谐均衡发展。

5. 考评者权重与学校组织关系

学校组织设计与运行要实现学校战略目标。教师考评者的权重反映出学校人力资源管理政策的核心要素，即谁来对教师队伍的发展进行绩效规划、绩效监控、绩效评估、绩效改进与辅导，谁对教师队伍发展承担什么样、多大的评价责任。教师考核评价的理念、运行职能主要依赖各种承担不同职责、发挥各种评价价值、反馈不同绩效信息的评估者。通常考评者是学校组织机构的重要成员，是教师群体的杰出人物，或者是对于学校发展、学生学业进步发挥关键督导作用、监控作用的校外考评者，比如教育主管部门的教研员、社会相关机构评价专家等。

6. 考评者权重与尊师重教理念关系

教师评价的哲学思想研究，已经在国内外出现诸多研究结果。而中国语境下的尊师重教理念和考评者权重关系的研究，虽然已经有历史的经验和我国教育历史的漫长记载，有诸多的朝代统治者对教育、教师的重视的历史做法，也存在多样的对教育事业忽视、对教师队伍发展阻滞的历史痕迹，特别是几千年来教师考评者的地位、影响力的变化，同样导致教师队伍发展历史的崎岖多变。历史上重视教育的统治者，大多数都是贤明的统治者、教育家、社会贤达和优秀华夏儿女，他们具有很强的个人魅力和社会影响，对于教育事业和教师队伍发展起到积极作用，他们自身眼光远大，尊师重教。

7. 考评者权重与教育评价关系

考评者反映着各利益集团的诉求，后者作为教育活动利益相关者发挥着监督者作用，必须具有知情权、收益权、参与权和控制权。对于教育投入、教育过程和教育效能需要有集中的监督者、考评者来行使这些知情权和收益保障权，从而需要明确：教师考评者中，谁的影响应该最大，谁的影响应该最小，什么样的人（或者组织）实际发挥的考核影响最大，哪些人（或者组织）实际的影响又最小。

（二）考评者权重构成特征

1. 权威性

考评者权重构成反映着组织治理过程，代表着组织在评价活动中的行政权威，所以每个考评者的权重大小就反映了组织权威的分布特征和管理理念，表达了组织绩效管理价值诉求和绩效文化，强调组织看重什么，忽视什么，考评者群体是为什么成立的，考评者组织成员反映的利益集团的权益中，哪个更重要，各个利益集团利益安排顺序和机制如何，都需要组织的正式认可和权威展现。因此学校作为正式组织，其设计的考评者权重无疑反映出学校对于教师队伍绩效管理的战略企图。考评团队结构中，如果上级权重越大，越体现着组织高层的意见越重要，集中决策的意图越显著，行政干预程度越强，决策民主性就越弱；相反，就体现出较强的决策民主性和个体的广泛参与性。

2. 考核过程客观性和公平性特征

考评者权重越侧重上级，考核结果客观性越差，公平性也越差。因为要准确掌握、观测教师的行为及结果，往往就需要接近教师工作台面、课堂现场，才能够密切接触到教师的工作过程和性质，而这些恰恰是同事和学生最多接触所评教师的地方，他们也最能够清晰地辨别出教师效能高低好坏。所以，考核项目性质不同，需要评价项目不同，各类考评者的权重就不同，从而保障考评过程公平和客观。

3. 利益安排导向性

考评者权重体现了学校组织对于教师利益、教师绩效的认识和评价哲学，是对学校效能管理和利益分配决策权限的人为安排，反映着学校利益分配的方向和运行机制。上级权重越大，反映出组织对全局利益侧重点越明确，引导教师努力的方向越清晰，教师与学校战略意图配合也将越密切。

4. 信息传导层次性

考评者权重结构基本决定了考核过程的透明公开性、信息扩展性以及扩展范围与层次。考评者权重越向基层教师倾斜，信息扩散越快，越容易激励教师；相反，层层传递考核信息，就很容易误导考核过程和阻滞考核信息的扩展。

5. 可反馈与修改可行性

考评者权重安排越侧重上级或高层，考核结果修改可能就相对越小，原因可能在于高层时间紧张，此外频繁修改考核结果也会降低高层管理者的威严，从而难以更改考核结果。这样就造成考核错误纠正难度增加，学校效能降低，教师抱怨增加。同理，在学校范围内，如果校长权重过大，很可能造成"一言堂"，对各级考评者信任度降低，教师的考核投诉困难很大，考核系统效能必然降低。

二、教师考评团队成员选择的影响因素

什么样的人能够作为考评者是建立教师考核团队的核心选择，因此，需要综合考虑影响考评者选择的相关因素，从而更合理地选择、调整、优化教师考评者及团队结构。

1. 各级教育主管部门所颁布的教师考核类政策

各级政府教育主管部门制定的教师考核政策、制度，是国家、地方

教育主管部门的统一安排，是党和国家管理教育事业、促进教师队伍科学合理发展的制度保障，是选择教师考评者的根本依据，这是我国特色教育事业的基本保障，是教师考评者选择的核心要求。

2. 教师所在学校考核历史、考核过程、考核组织演化

每个学校在选择考评者的过程中，除了政策因素外，教师考核历史、过程、考评者的历年选择标准、习惯都直接影响到考评者的选择标准和具体人选、人数、考核权重、考核系统效能。

3. 被考核评价的教师队伍构成、教师考核内涵要求

什么样的教师队伍构成往往也影响到需要选择什么样的考评者，因为所考核的教师的基本职责、教师层次、教师承担的教育教学任务及水平、教师所处职业生涯阶段，等等，都影响到考评者的选择和发挥的作用。因此，必须要结合所考核的教师队伍情况，来合理选择考评者以及各自的考核权重。

4. 教师考核文化与效果要求

考核文化是教师评价团队运行的氛围和基础，考核效果要求考核者具备相应的评价知识与技能，考核者要有优良的品格和责任心。

5. 教师考核激励制度

激励制度是激发考评者积极性的重点，良好的激励制度能够吸引高素质的考评者。对于考评者的激励政策体现着尊重人才的战略导向，是考评团队建设的抓手。

6. 我国尊师重教的传统文化

教育行业是培育国家所需人才的不可替代的战略高地。尊师重教的传统文化对教师考评团队建设影响更大。越重视教育发展，教师考评团队越有活力，也越有价值，能够与教师队伍整体发展同步进入共振通道，因为传统文化对考评成员有更高的识人育人要求，教师考评团队结构优化是尊师重教文化的深入和传承结果。

7. 考评者自身素质、能力

热爱教育事业，具备令人信服的学科知识、教学科研能力、帮助同

事提高教学能力，取得优异的育人成就，是考评者基本素质要求，也表明优秀的考评团队成员需要不断进行培训，持续提高自身素质。

三、教师考评者权重设计

（一）设计内容

1. 考评者职责设计

（1）教师考评者基本职责。按照学校制定的教师队伍绩效管理和评价制度相关规定，考评者要承担评价、反馈和辅导、提升教师绩效的基本职责，全心全意为教师提高教学任务水平、实现教育教学目标提供协助，按照学校的行政安排，对被评教师的各类教学活动、教学任务、教学业绩、教学研究成果、班主任等工作进行绩效考核和业务评价。

（2）考评者主要任务。坚持运用先进评价方法、评价技术标准；与教师一起探讨评估问题、评估方法优点缺点；准确地传达评估的方法、方法和限制，并提供足够的细节，让其他人能够理解、解释和批评他们的考核工作；要尊重教师、其他利益相关者的安全、尊严和自我价值；考评者必须清楚地表达并考虑到大众对教师考核的公共利益和价值的多样性要求。

（3）任职资格。考评者应该具有高度的责任心，良好的个人品格，忠诚可信的人格魅力，丰富的学科知识或管理经验，熟悉所考核教师的学科，对教师考核工作热心并具备考核能力，具有教学教育能力和相应的教龄，能够得到绝大多数教师的良好评价。

考评者在考核行为中显示诚实和正直的态度，并力图确保整个评估过程的诚实和正直，因此应该做到：诚实地与教师就代价、任务、方法的限制、结果的范围和数据使用进行谈判；在接受一项任务之前，披露任何可能造成真实或明显的利益冲突的角色或关系；记录并报告所有变更到最初商定的项目计划，以及它们的原因，包括可能产生的任何影响；明确考评者自身的，相关受考核的教师，以及其他利益相关者的利益和与考核相关的价值；准确地描述考核评估程序、数据、发现、防止或纠正错误；解决任何与程序或活动有关的问题，可能产生具有误导性的评估信息；如果不能解决问题，就拒绝进行评估，并咨询同事或相关的利益相关方；在评估中披露所有财务支持的来源，以及评估请求的来源。

考评者应该具备的评估能力：确保评估团队成员共同拥有适合评估的教育、能力、技能和经验；确保评估团队集体展示文化能力，并运用适当的评估策略和技巧与被考核教师密切合作；在考评者的能力范围内进行实践，拒绝在超出这些限制的范围内进行评估，并且明确如果拒绝是不可行的，可能导致的评估的任何限制；寻求保持和提高考评者的能力，以便在评估过程中提供最高的绩效。

2. 教师考评团队

考评者的构成首先要取决于所评价教师的内容，即针对教师的什么方面进行考核。考核内容不同，考评团队结构不同。

（1）教师日常工作考核、年终绩效考核活动考评者。建立教师绩效考核评价领导小组，成员要按照教育行政主管部门统一的教师绩效考核指导意见，在本学校内部的考评团队结构主要是校长、副校长、工会主席、各个学科负责人、各个年级段负责人、优秀骨干教师、家长代表、校外教研员、校外专家。

（2）政府部门主办的各级各类先进教师评选活动的考评者。学校内部主要由校长、副校长、工会主席、教师代表委员会等构成，校外则主要由各个主办活动部门主管、分管责任者、各个相关部门负责人、专家共同构成评价委员会，重大奖励的考评者还需要省、市主管领导进行指导或参与。

（3）教师职称评审活动的考评者。校内成员同（1）中所列示成员相同；校外成员主要包括市、县主管部门分管领导、专家以及相关社会代表。

（4）其他专项考核评价活动的考评团队结构。按照教师职称评审活动具体需要，聘请一定数量的相关群体代表列席或旁听评价过程，尽可能让考核过程公开公正,尽可能地传播教师职称评审过程的信息,增强教师的知情权和参与度。

3. 考评者人数选择

按照考核内容所涉及的教师教育教学活动评价考核内容的复杂性、考核目标的重要程度、对教师和学校发展影响大小、考评者素质、评价的教师规模和工作量,确定适度考评者数量。通常学校内部考评者成员在9~11人之间,随着考核活动复杂、重要性提高,可以适度吸引外部考评者3~5人。而对于各类荣誉称号教师评价,考评成员人数中,学校内部考评者大致在7~11人之间,外部考评者在4~6人之间,总共11~15人之间比较合适。

4. 考评者权重结构设计

总体上,按照教师考核活动内容、考评目标对考评者权重进行适度分类,明确考评者在相应类型中的各自权重,从而形成与评价战略对应的考评者发言权、影响力,增加考核公信力。

事关教师职称评审等涉及教师终身职业生涯决定的考评者评估权重安排,尽可能形成更广泛的信息源,力争每个考评者的评价权力相等,权重平均,尽力避免领导"一言堂"现象。

事关教师年度、学期的教育教学活动的绩效考核评价,要适度强化同事考评者权重,降低上级行政管理人员的考核权重,要适度吸收学生及家长作为考核成员。

事关学校形象、全社会教育形象的优秀教师、荣誉教师称号的评估选拔,可以一定程度强化行政管理者的权重,以符合社会大众的心声、学校整体战略导向、教育事业导向的要求;对于社会公益性更高的教师社会性服务活动的评价,应该适度提高学校外部利益集团的考评者权重,强化社会相关阶层的监督、参与和支持,特别是逐步提高社会专业评价机构的参与度。

5. 考核权重沟通和调整

上述考评者权重设计只是按照典型的教师考核评价活动,进行相关的考评者权重设计。在特别情况下，还要结合实际，按照客观、公正、可信度高的要求，适度降低或提高相关考评者的权重、影响力，从而促进教师考核评价系统更公平、更有效、更准确，获得教师的认同。

6. 教师考评团队结构维度

教师考评者的结构是否合理，将影响制约着教师考核组织的效能，因此考评者的性别结构、年龄结构、学历结构、职务结构、职称结构、学科结构、教龄结构、任职期限构成、校内外来源等，都显示着考评团队结构的系统特征。可以预计，结构合理、人员精干、目标合理、分工明确的考评者，相对来说将有更高的效能。

（二）"管办评"分离政策指导下的各类考评者权责、权重安排

基础教育"管办评"分离政策导向下，"政府管教育，学校办教育，社会评教育"的实践路径和模式是关键。针对目前政府、学校和社会各主体地位不平等、权责不明晰导致政府管理职能的缺位、越位和错位，学校自主权受到抑制，社会中介组织独立性和自主权缺损，约束政府和保障学校与社会权责的制度供给不足及有效性不高的困境，教师考评者及权重安排、设计的决策，要逐步改变。具体地，对于政府部门的评估组织即官方的中介组织，其职能主要是督政和督学，该职能仍然需要保留和增强；对于普通社会中介组织，包括社会团体和民办非企业组织，其主要凭借专业权威对学校教育教学活动的效果和学生学习结果进行评价，主要履行评估检测的职能，是主要社会评价力量，要更大程度地发挥它们的专业评价技能和服务价值。

（三）设计方法与过程

1. 专家意见方法

按照德尔菲方法，邀请专家组来进行考评者及权重设计的选择。

2. 同行学校参照法

按照各级教育主管部门的考核文件精神，依据同地区同类学校的通行考评团队结构及权重做法，结合本校实际进行调整后来决定各类考评团队结构及权重安排。

3. 量化模型决策方法

综合运用计量经济模型和多种统计分析工具，围绕考评者权重决策分析，开展量化分析，以建立比较理想的考评者组织。

四、教师考评者来源与调整

1. 教师代表大会评选和聘任

学校教师代表大会按照职责权限，选择和安排学校考核领导小组核心成员及其地位、影响力，是学校治理机制的体现。

2. 学校行政管理层选择和聘任

学校领导按照学校行政管理权限确定其权重。这样的选择体现出学校行政管理系统的职权技能。大多数学科主管、年级主管作为考评者，也可以是行政高层提议，经过行政程序性决策而得以任命。

3. 教育主管部门与相关事业机构参与

教育行政主管部门以及督导等机构派出代表，参与考评者组织，体现着政府层面的积极作用，是重要的考评者。

4. 社会专业评价机构

按照公开、公正、公平、不断提升考核公信力等要求，社会专业评价机构参与教师考核是社会监督、治理、评价教育质量与学校效能的客观要求。社会专业机构的积极、深入、专业化参与，能够更全面地反馈社会教育需求、提高教师效能。

5. 学生家长

在2012年，教育部就发布了《关于建立中小学幼儿园家长委员会的指导意见》，要求中小学幼儿园成立家长委员会，家长委员会应在学校的指导下履行职责，参与学校管理。对学校工作计划和重要决策，特别是事关学生和家长切身利益的事项提出意见和建议。对学校开展的教育教学活动进行监督，帮助学校改进工作。

作为学校，应当从以下方面引导家委会，使其成为家校合作的桥梁：明确家委会的职责和权益；家委会应当选举产生，不能由校方指定；丰富家委会职能，真正调动家长积极性，定期组织主题活动，促进家校交流。家委会每年或每学期换届一次。

总之，家校互动应是家长和学校各自扮演好角色，家庭教育是学校教育的延伸，而非干涉、影响学校教育。家长必须有清楚的认识，学校也必须做好本职工作。

6. 考评者的聘任与退出

按照有关考评者任期和调整规则，对考评者的任期进行科学、合理地规定，并落实考评者的聘任与更迭制度，这样将避免"黑箱"操作和人情圈，能够塑造良好的、公正评价的氛围。

五、教师考评团队结构效果评价

1. 考评者选择过程与结果合法、合规、科学、合理的程度

考评者及权重构成确定过程与结果的合法性、合规性是首要评价内容，是保障依法、依规治理学校的必然要求。只有满足合法、合规性条件，考评者选择与权重设计才可能得到教师的拥护。依法合规的选择过程与结果，是决策民主化与科学化的要求，是考核团队结构合法化的前提。

2. 绝大多数教师对考评团队结构及影响力的满意度

教师满意度是考核系统有效的最根本标准。考核系统的公平、准确、适度性，是教师考核系统认同的基本条件。经常观测、调研教师对考核系统的满意度、对考评者的认同性，将有助于调节系统要素，合理调整考评成员及其权重，获得绝大多数教师的认可，建构起良好的教师绩效考核系统。

3. 教师绩效管理和其他人力资源管理环节的协同程度

考核系统设计是绩效管理体制的重要组成部分。围绕教师绩效管理与人力资源规划、教师招聘、培训管理、薪酬管理、劳动关系管理等模块之间的协同，开展有效的系统整合运行，对于提升教师人力资源管理

整体系统效能有更大的意义，考评团队结构与其他模块的协同性就是重要的效果内涵。

4. 促进学校教育教学效能提升状况

没有合适的考评者，就难以形成合适的考核结果，就难以提供教师绩效管理方向与矫正定位。所以良好的考评团队结构有助于真正提高学校效能、教师效能。此外，考评团队结构设计是否符合了学校战略、学校治理结构要求，也是重要的效果评价内容。

5. 提升学生学术成就

学校工作最终落实在学生学业进步上。一切围绕学生，一切为了学生，因此考评团队结构是否促进了学生学业成就的进步，是观测考评团队结构是否合理有效的关键。教师考评团队结构能够发挥作用，激发教师围绕着有益于学生素质、学生学科知识、学生综合能力的均衡发展而高效率地工作，无疑是考评团队结构效果的体现。

6. 获得社会大众的积极评价和支持

教育必须得到全社会的支持认可，所以考评团队结构反映着国家、全社会对教师的关心与支持，体现社会大众对教育工作的理解与保障。作为重大的民生工程，教育事业关系到国家、民族、家庭、每个社会成员的健康发展，因此社会专业机构、普通大众、学生家长都会主动关注教师队伍的质量。考评团队结构必然成为社会舆论关注焦点，发挥学校与社会、大众需求与教师队伍建设、国家意志与教师职业发展之间的内在调节效应。

第二节　教师绩效考评团队结构模型

教师绩效考评团队结构决定了绩效考核系统的效能，因此考评团队结构模型就是重要的研究对象。

考评团队结构模型是研究教师考评者来源、各自权重、人数规模等团队结构要素与模式，是教师绩效考评系统的核心。具体地，考核团队结构模型要与教师考核目的、考核内容、考核方法、考核效果运用匹配，才能形成有效的考核群体，进而产生考核系统认同、绩效薪酬效果的协同。本节分析与教师考核目的、考核内容、考核方法协同的考评团队结构模型设计。

教师考评团队结构模型主要包括目的导向型教师考评团队结构、考核效标导向型教师考评团队结构、群体角色导向型教师考评团队结构三大类，以下分别讨论各自特征与结构。

一、目的导向型教师考评团队结构

（一）教师资格考试

按照我国教师职业资格法律、法规和有关政策规定，从事教育教学活动的公民，要按照国家教育部要求，参加国家教师资格考试，取得教师资格证后方可报名参加教师岗位申请。这里国家教师资格考核是对从事教师职业的能力、素质的国家权威评价。个人持有教师资格证，表明个人具备了教师职业素质、知识、态度、技能和相关教育教学能力，有合法资格来申报教师岗位。因此教师资格证是国家教育部门的权威认证，任何其他部门、组织的考评都不能代替该项考评。

在教师招聘过程中，县级教育主管部门要按照教师聘请、录用等规定，审核从业申请人是否具备教师资格证，是否满足基层学校教师任职条件、是否符合国家事业编制需求等。经过严格的教师笔试、面试过程，成绩优秀者才能聘请到所需学校，进行试用，试用期满经过考核主管部门和用人单位考核，满足转正条件后，成为正式聘请的教师。

（二）教师职业发展过程中的考评团队结构

教师在职业发展各个阶段，基本都会面临职责履行、各项短期的教学教育工作形成性考评、年度绩效考核、职称评审、聘任续约考核等类型考核。这些考核无论是形成性考核还是终结性考核，都涉及到考核团队结构安排。这些活动的考核也是教师在职业生涯中面临的最多的考核类型。必须注意的是，这些考核活动形成的结果也是绩效薪酬发放的基本依据，对于教师切身利益影响巨大。

对于这些类型的绩效考核，无疑涉及多种效标，既包括素质效标考核、行为效标考核，也包括结果效标考核，因此，教师职业发展过程中的考评团队结构也要相应设置。

1. 短期绩效（1年之内）教师考核团队构成

2008年《教育部关于做好义务教育学校教师绩效考核工作的指导意见》提出，教师绩效考核的内容主要是：教师履行《义务教育法》《教师法》《教育法》等法律法规规定的教师法定职责，以及完成学校规定的岗位职责和工作任务的实绩，包括师德和教育教学、从事班主任工作等方面的实绩。

师德主要考核教师遵守《中小学教师职业道德规范》的情况，特别是为人师表、爱岗敬业、关爱学生的情况。在考核中，要明确规定，教师不得以任何理由、任何方式有碍完成教育教学任务，不得以非法方式表达诉求、干扰正常教育教学秩序、损害学生利益，并将此作为教师绩效考核合格的必备的基本要求。

教育教学主要考核教师从事德育、教学、教育教学研究、教师专业发展的情况。德育工作是每个教师应尽的责任，要结合所教学科特点，考核教师在课堂教学中实施德育的情况；教学工作重点考核教学工作量、教学准备、教学实施、教学效果，以及组织课外实践活动和参与教学管理的情况；对教学效果的考核，主要以完成国家规定的教学目标、学生达到基本教育质量要求为依据，不得把升学率作为考核指标，要引导教师关爱每个学生，特别是学习上有困难或品行上有偏差的学生。教育教学研究工作重点考核教师参与教学研究活动的情况。教师专业发展重点考核教师拓展专业知识、提高教育教学能力的情况。

班主任是义务教育学校教育教学工作中的重要岗位。班主任的工作任务应作为教师教学工作量的重要组成部分，要鼓励教师尤其是优秀骨干教师积极主动承担班主任工作，使他们有热情、有时间、有精力，高质量高水平做好班主任工作，当好学生的人生导师，促进学生德智体美全面发展。要强化对班主任工作的考核，重点考核其对学生的教育引导、班级管理、组织班集体和团队活动、关注每个学生全面发展的情况。

围绕考核内容，要建立健全科学完善的教师绩效考核指标体系。指标体系的建立要符合全面实施素质教育的要求，体现课程改革的方向，正确发挥对教师的激励导向作用，充分体现考核指标的激励性和约束性的有机统一。

要积极探索、创新绩效考核的机制与方法，规范考核程序，健全考核组织。绩效考核工作一般由学校按规定的程序与年度考核结合进行，可采取定性与定量相结合，教师自评与学科组评议、年级组评议、考核组评议相结合，形成性评价和阶段性评价相结合等方法，同时适当听取学生、家长及社区的意见。要充分发挥校长、教师和学校在绩效考核中的作用。

因此，在年度绩效考核团队中，素质效标主要侧重教师的师德考核，教育教学、班主任工作主要服务于学生的日常教育教学，绩效考核效标涉及到行为效标、结果效标体系，因此考核团队成员要熟悉教师师德、教育教学工作内容及班主任工作，师德考核团队以分管校领导为主，教育教学业务考核权重按照从高到低顺序，依次为同事评价，学科组、年级组，教师自评，学生和家长、社区代表。特别注意的是，作为年度教师绩效考核团队成员，学校校长权重应该和团队其他考评者相同。

2. 中期绩效（1~5年）的教师考核团队结构

《教育部关于做好义务教育学校教师绩效考核工作的指导意见》更多地强调教师短期（或年度内）绩效考核内容。教师1~5年之内的绩效考核属于中期绩效考评，考评任务和目的都与短期考评有较大的差异，因此，对于教师中期绩效考核需要进一步分析考核团队结构。

教师中期绩效考评的内容是确立考评团队结构的关键。中期绩效内容涉及到职业发展中的教学能力素质、个人教育教学风格行为定位、教育教学成果成就，特别是教育教学水平等需要耗费多年才能完成的事业成就与业绩，这些考评内容需要从多角度、多环节考核教师在各情景、不同方面的素质，职业行为和教育教学成就，然后综合考评这些中期绩效成果，对教师职业发展、职称评定、聘用合同续约进行较全面的、客观的评价。因为中期绩效考核无论对教师、对于学科、对于学校都比较重要，需要组建考评团队从不同角度开展教师中期绩效考核。所以一定程度上，考评团队各个成员素质、利益取向、给予的考评等级分值都极大影响教师的中期发展。具体地，教师中期考核团队结构设计需要考虑如下内容：

（1）鉴于教师中期考核内容丰富、影响较大，建议学校校长考核权重应该较高，其余依次为学校其他领导、学校中层领导（学科组、年级组主管）、同事评价、教师自评、学生与家长评价。

（2）对于教师中期考核中的业绩水平评价，要高度重视资深同事或专家的权重。因为通常资深教师或校外专家能力强，权威身份影响大，往往注定他们的意见受到教师的高度认可，所以在考核教师的学术水平时，同事评价或专家考核的权重应该较高。尤其是教师职称评审团队结构中，对于教师的教育成果考评活动，校外专家或资深同事考核权重要比较高，考评意见比较重要。

（3）对于教师聘期续约的考核，学校行政管理层的影响最大，因为这是学校人力资源管理重要事项，是学校行政管理与学校运作、教师队伍发展的关键事项，必须由学校高层行政管理者承担责任，因此他们的考评权重、发言权重最高。

3. 长期绩效（5 年及以上）的教师考核团队结构

教师长期绩效内容主要包括：教师教育教学能力积淀和水平、教育教学及育人主要成就、在本学科的地位及声望、对学科发展和学校发展的长期贡献、对于同事成长和学生成就的贡献等。

这些绩效仍然可以从素质、行为和工作结果三方面进行长期绩效考核。考核团队成员及其权重也要与之协同。

一般地，教师长期素质发展、人力资本增长、教育教学成果水平的考评者仍然以专家、资深同事评价为重，因此同行评价权重应该相对较高；对于教师的长期工作行为考核，则校长考核权重相对较高，其余依次分别为中层主管、同事、学生与家长、教师自评权重。

（三）教师荣誉称号考评团队结构

由政府部门、社会各界开展的名师、优秀教师等荣誉，是对教师个人或团队的高度肯定，是尊师重教的活动载体，也是教师绩效考核的重要内容。目前我国政府主导的各个层次教师人才称号、荣誉评价，无论是国家优秀教师，还是各地优秀教师，往往由教育部门、人力资源和社会保障等部门作为主体，在教师考评团队结构中具有最高考核权重和最终裁决权，其余依次为资深同行（专家学者）、基层教育部门（教研室）、教学督导、学校领导、学校内部中层、教师自评。这样的考评团队结构设计，从初衷看无疑体现着党和国家尊师重教的战略意图和理念，体现着对教师队伍发展的高度重视，无疑得到全社会和广大教师的高度肯定和支持。随着新时代的均衡教育理念、高质量教育事业发展要求，政府教育主管部门要重视"管办评"理念，将考评权力逐步下放，高度重视社会专业性考评机构的作用。

总之，在教师不同时期的各类绩效考核中，专业性的教育社会评价机构的作用如何发挥，仍然是值得高度关注的研究热点。应该说，在教师入职考核、中长期教师教育教学专业能力与成就水平考核中，专业性社会评价机构应该体现专家层面的作用和权重，这里就不再一一赘述。

二、考核效标导向型教师考评团队结构

从绩效考评指标的性质和结构，以及侧重点区分的话，有三类教师绩效考评指标体系以及对应的教师考评者团队。

1. 品质特征型的绩效考评指标体系与考评者团队

这种考评指标体系是反映和体现教师的品质特征指标为主体构成的

考评体系。这里的品质特征型考评指标主要包括：性格特征、兴趣爱好、举止（仪表、风度和气质等）、记忆能力、语言表达能力、思维判断能力、理解想象能力、逻辑思考能力、综合分析能力、计算能力、自学能力、注意力分配能力、听写能力（含速记、书法）、课堂组织管理能力、调研能力、独创见解和创新能力、专业知识面、教学操作技能（教学工作经验、教学业务水平）、应变能力（应答速度、反应灵敏度和灵活性）、工作进取精神（事业进取心、责任感、成就感、使命感、竞争意识等）、人际关系（合作精神、协作交往）、思想政策水平（思想境界、价值观、人生观、世界观等）。这些指标能够对教师的人格特征、素质水准、心理个性等潜能做出比较全面准确的测量与评定。这些指标为主所构成的考评指标体系，是学校招聘教师、分配学科、任教班级的主要依据，往往也用到教师的招聘、职务晋升和绩效考评等活动中。

那么对于这些指标体系的测评以及相应的考评者，自然就涉及到较多的参与部门、人员。具体划分如下：教师入职前、入职初期的品质、能力、思想修养考评团队结构。对于能否从事教师工作的个体基本素养的考评者则包括：入职前培育的学校；培育机构的教师；具备教育教学资格与能力鉴定的机构（比如鉴定、颁发教师资格证的教育主管部门）、考核并录用从教的学校用人单位以及该学校负责该教师录用的各位学校内部同行、专家等。这些考评者的选择及其影响力，主要取决于被考评者的素质、能力测评的机构职责、专家参与、聘请学校录用考核标准、聘请学校教师决策层权利构成、学校内部参与评价的资深同行教师话语权。

总体上，教师资格证由教育部门对合格教师进行审核颁发，是政府教育主管部门对教师从教资质的权威认可，是其他任何部门、单位、个人无法比拟的考评者。

教师入职招聘的考核活动中，因为涉及到教师事业编制单位"逢进必考"，所以教育主管部门、人力资源和社会保障部门同样发挥主要作用，并且合格教师录用后的从教学校分配（包括入职后教师在学校之间的流动）权力，也更主要集中在县、区教育主管部门，所以教育部门发挥主导评价与影响力；作为具体聘请单位的学校，对新入职教师的考核权力与影响作用，更主要是教师进入本学校招聘环节中才能发挥作用，所以校内招聘小组、具体各个考评者中，校长、分管人事的副校长、工会主席、教导主任构成的行政决策层，主要检验教师是否适合本校具体岗位的需求，是否聘请新教师，该决策层发挥的影响仍然小于政府主管部门。学校内部的各年级组与学科组长、资深同行教师构成的专业考核组，发挥的作用主要是评价新教师的学科知识水平与技能、教学教育能力、人际交往能力等等，以便安排新教师的培训、具体教学任务工作。

可以看出来，在新教师入职前期和初期，利益相关者角度的学生以及家长的考核评价权是没有的，社会专业评价机构参与机会也很少。

2. 教师行为导向型评价

职业中期、后期阶段教师绩效考评指标往往不同于职业发展前期的教师素养评价，而侧重于教师行为过程型的绩效考评指标体系、工作结果型的绩效考评指标体系。

教师行为过程型的绩效考评指标体系，是以反映教师在教学教育工作过程中的行为表现的各种指标为主体构成的指标体系。这些行为指标可以说明教师在某个方面是如何表现的，他们是采用什么样的方式方法完成教育教学工作任务的。

在教师的绩效考核方法中，行为导向型主观考评方法包括排列法、选择排列法、成对比较法、强制分配法和结构式叙述法；行为导向型的客观考评方法中，主要有关键事件法、强迫选择法、行为定位法、行为观察法和加权选择量表法。教师往往业务熟悉，教学能力发展比较快，成就比较大，这个阶段对教师的考评团队结构往往来自校内外的利益相关者。具体来说，学校校长行政阶层、年级组长、学科组长、学生及家长、教师自身，都是考评团队成员，但是话语权是有差别的，前几个考评者的权重相对比较大，后面的相对小。自然地，也要看对教师的考核内容和考核方法是什么样的。

3. 结果导向型评价的教师考评团队结构

结果导向型的教师绩效考评指标体系强调，教师的工作绩效按照成果来分析，要体现出教师的实际产出结果。反映出各种精神性的非实物的成果，是难以衡量和评定的，因此衡量教师工作结果型的指标一定与潜藏在人体之中的反映品质特征的指标不同，相反必须是劳动结果，体现出劳动的固化和凝结，比如学生毕业率、学生学业成就、教学课程时数、教学研究成果（具体如教学研究论文、主持一定水平的教学研究课题、各种教学科研奖）、班主任工作量、服务社会工作量等。以教师的实际产出为基础的考评指标体系，能够清楚地说明，教师在考核期内完成了什么样的教育教学工作任务，取得的具体成果获教学业绩是什么，贡献率多大，等等。这里必须强调，学生的学业成就绝不能单纯地看考试成绩，必须多方面评价学生的学业成果，坚决反对凭借学生成绩来衡量教师绩效的应试教育做法。

在结果导向型的绩效考核方法中，包括目标管理法、绩效标准法、短文法、直接指标法、成绩记录法和定额法。考评者要熟练掌握这些方法，来对教师绩效的各个方面进行有效的评价。

对于结果导向型考评团队结构的构建，必须强调新时代教师业绩观，强调教师结果型绩效考评不能够只看学生的分数和升学率，各级各类教师的结果型考评成员中，都要按照国家的意志、政策法规要求，不做"应试教育理念"对应的教师结果型考评。因此，结果导向型考评团队结构中，为了扭转长期的考评弊端，要强化同事考评、专家考评，相对降低行政部门和学校领导层的考评权重，因为长期的"应试教育"、分数与升学率决定一切的结果型教师评价弊端，可能与政府部门集中控制资源、学校及教师争夺政府所控制的资源这一资源配给机制有关。

总体上，以上教师绩效考核指标体系类型中，特征性效标通常很容易设置，但是并不是有效的绩效衡量指标，因为人格特征与工作绩效往往没有直接关系；行为效标对人际接触和交往频繁的教师工作考核尤其重要，教师的教育教学工作主要面对学生，传授学生科学文化知识，社会和自然规律，解释学生疑惑，促进学生健康成长，这些活动和过程往往是教育教学的主体内容。结果型效标设计则是比较困难的，教师教育每个学生的困难度、耗费的时间、精力是不同的，教师的学术水平和教学技能也是很难直接有效量化和测定的，存在质化指标难以量化问题。

因此效标型教师考评团队结构并没有一成不变的安排，可以按照学校实际灵活权变地调整。

三、群体角色导向型教师考评团队结构

（一）群体角色与教师考评群体类型

1. 群体角色

在教师考核团队中，每个成员的群体角色、群体行为不同，考评团队结构也不同。

成员在群体中都表现出自己特定的行为模式。群体角色有三种表现：自我中心角色、任务角色和维护角色。自我中心角色对群体绩效消极作用；任务、维护角色和群体绩效之间有正比关系。

具体地，自我中心角色是处处为自己着想，只关心自己的4类人：①阻碍者，在群体通往目标的道路上设置障碍；②寻求认可者，表现成绩以引起注意；③支配者，试图驾驭别人，操纵所有事务，不顾对群体有什么影响；④逃避者，漠不关心，似乎与己无关，不做贡献等。

任务角色则包括下列4类人：①建议者，给群体提建议、出谋划策的人；②信息加工者，搜集有用信息的人；③总结者，整理、综合有关信息，为群体目标服务的人；④考评者，帮助检验有关方案、筛选最佳决策的人。

维护角色包括：①鼓励者，热心赞赏他人对群体的贡献；②协调者，解决群体内冲突；③折衷者，协调不同意见，帮助群体成员制定大家都能接受的中庸决策；④监督者，保证每人都有发表意见的机会，鼓动寡言的人，而压制支配者。

2. 教师考评群体类型

以上不同教师考评团队成员的角色多少就形成了不同的群体。

任务群体：扮演任务角色的多而扮演维护角色的少。适合于应付紧急任务，但很容易瓦解。管理者应多扮演维护角色以帮助群体发展为团队。

团队群体：任务角色和维护角色都很多。对于长期目标来说，团队群体最有绩效，领导可放心大胆充分授权给下级。

人际群体：维护角色多，任务角色少。管理者扮演任务角色，以免成员自我陶醉，耽误任务完成。

无序群体：多数成员只顾自己，而很少关心任务及人际关系，是绩效最低的。

教师考核团队的管理者必须要既扮演任务角色又扮演维护角色，一般是先着重任务角色，待群体有几次成功经验后，就可以削弱任务角色而更多地注意维护角色。

除了上述角色观点外，依据贝尔宾（Belbin, 1981）团队角色理论，教师考评群体的角色构成包括：（1）主席：阐明目标和目的，帮助分配角色、责任和义务，为群体作总结。稳重、公正、自律、自信且信任别人，略外向，积极思考且对人有控制力；对达成外在或组织的目标有强烈的内驱力；能做出坚定的决策。（2）造型师：寻求讨论模式，促使达成一致以决策。有较高成就动机，精力旺盛有干劲，具煽动性，督促团队向前，外向、好交际、喜欢辩论；急躁、易怒（易激动）、无耐心。（3）开拓者：提出建议和新的观点，为行动过程提出新的视角。个性强，聪明、知识渊博、想象力丰富；但非正统、不实际、不善于具体操作，显得高高在上，有些孤独。（4）监控者——考评者：对问题和复杂事件进行分析，评估其他人的贡献。聪明、冷静、言行谨慎、公平客观、理智、好批评，但不情绪化、不易激动；喜欢对事情反复考虑，做出决定慢但很少出错，但缺少灵感，不能激励别人。（5）一线员工：把谈话和观念变成实际行动。勤勤恳恳、任劳任怨、实际，即使对工作无兴趣也会认真完成，信任他人且对他人宽容，守纪律、保守、不灵活。

(6) 团队成员：对别人提供帮助和个人支持。敏感，喜欢社交，信任他人且对人有强烈的兴趣，以团队为导向，促进团队精神，减少团队成员间摩擦，但不具决定作用，工作中优柔寡断。(7) 资源调查者：介绍外部信息，与外部人谈判。好奇心重，求知欲强，喜爱了解周围发生的事，性格外向喜爱社交，直言不讳、多才多艺，具有创新精神。(8) 完成者——精做匠：强调完成既定程序和目标的必要性，并且完成任务。对任何事情善始善终，坚持不懈注意细节，且有条不紊，是一个完美主义者，但好事事担忧，焦虑感强。

教师绩效考评群体构成中，这样的 8 个角色就需要不同的教师来担当，发挥不同的作用。

3. 群体压力下教师考评者的从众行为

从众是指个人在群体中与多数人意见分歧时，会感到群体压力。会迫使成员违背自己意愿产生完全相反行为（张德，2013），主要影响因素来自于环境和个性因素，比如群体一贯一致、团结，成员容易在压力下顺从；个人智力差，情绪不稳定，缺乏自信，依赖性强，较容易产生顺从现象。群体内成员在从众行为和内心认同方面可能有 4 种情况：口服心服，即表面行为和内心都顺从；口服心不服，即表面顺从，内心不同意；心服口不服，即表面不顺，内心顺从；口不服心不服，即都不顺从。

在教师绩效考评者小组，从众行为对于被考核教师可能不公平，因此，树立考核小组的公平、准确的工作伦理观念，至关重要。按照心理学家彼得罗夫斯基（1969）对群体压力和顺从现象所提出的"集体主义的自决"理论观点，人们改变意见的关键因素不是群体压力，而是遵循集体的崇高理想、目的和价值观。所以教师绩效考评者接受群众意见可能是屈服于压力、怕被孤立，也可能是为了实现教师队伍发展的理想和信念而与考核小组成员保持一致。

重视考评者小组的群体压力和顺从现象，对于考核组的各个成员的不良行为给予适当的压力是必要的，但是应避免采取群体压力的方式来压制教师考评者的独创精神。

4. 决策群体的组成原则

教师绩效考评者要坚持知识结构互补，性格、气质和决策风格的互补，年龄、性别、所处阶层的合理分布。教师考评者的决策群体的人数决定，要注意：5~11人的中等规模的教师考评者小组决策最有效；4~5人的考评者小组容易使成员感到满足；2~5的小群体容易使达成一致。所以教师考评者人数应该结合该原则设计合适规模的人数。

5. 教师考评群体决策与冒险转移假设

实验研究表明：群体决策的冒险水平要高于个人决策冒险的平均水平。群体决策中冒险水平增加的现象就是所谓"冒险转移"现象。

研究表明，群体决策更小心谨慎，更倾向于保守，"冒险转移"现象证明群体行为有相反的趋向。之所以发生冒险转移，可能有以下五种假设：责任分摊的假设；领导人物作用的假设；社会比较作用的假设，即在许多群体内，提出有根据的冒险决策会得到好评；效用改变的假设，即彼此沟通影响个人选择方案效用的改变，形成冒险效用趋同现象；"文化放大"假设，即一个国家或社会文化中的主导价值观是崇尚冒险，则这种价值观会被"放大"，扩散反映到该文化的群体决策中来。

那么在教师考评群体中，群体决策冒险水平高就对教师存在不公平的影响。尤其是面对领导人物作用的假设情况下，该冒险水平越高，对教师考核可能越不利。因此，考评者群体中的领导阶层成员，一定要谨言慎行，避免不利的考核决策。

6. 高效的教师考评团队结构

要构建高效团队，需要具备以下特征：具有对共同目标的信念；对团队有高度的承诺与投入；团队成员有相互信任和依赖感；成员全力投入并通过协商做出决策；自由畅通的信息沟通；公开表达情感和不同意见；团队自己解决其中的冲突；离职、缺席、事故、错误和抱怨的低发生率。

创建成功的教师绩效考核团队应注意：（1）澄清教师考评团队使命和目标；（2）选择合适的考核团队成员；（3）对教师考核团队成员进行培训；（4）设定适当绩效标准；（5）设置合理的奖酬体系；（6）要

有清晰的行为规则；（7）培养教师考核团队精神和外部支持；（8）创造良好的考核团队氛围；（9）保持考评团队的开放和创新。

第三节 绩效考评文化与教师绩效考评团队结构

尊师重教理念折射出中国传统的教师地位，表明了中国文化对教师职位的重视程度，尤其是得到了占据统治地位的最高行政管理者、社会主流层面对教师职业的认同和尊重，这些基本精神反映出对教师绩效评价的基本价值观，形成了我国独具特色的教师绩效考评文化。

长期存在的教育行业从业者虽然物质待遇未必是全社会最高的，但是在文化传统与精神层面上，教师职业以及教师的绩效得到了全社会各阶层的普遍认可。无论古今中外，从事教育的广大教师不看重物质利益，默默奉献，兢兢业业传承着科学文化知识，精心培育后人，推动全社会民众文化素养等精神文明建设，直接推动了科技进步，促进民族复兴和国家兴盛发达。成千上万名教师在国家物质文明、精神文明建设成就中有不可估量的贡献，这些都得到了全社会公认。所以认同教师群体以及个体的绩效，建立科学合理的教师薪酬制度，不断提升教师薪酬收入水平，既是各级政府与全社会尊师重教的具体体现，也是社会公正、进步、民主的重心。建立在这样的教师绩效文化理念基础上的教师考评团队，才能合理、科学、高效地评价教师绩效，受到教师的肯定，有利于提升教师职业吸引力。

狭义上，文化是一个习得的、有约束力的、内部互通和共享的符号体系，这一符号体系为一个社会的成员提供解决问题的方法和意义导向（Terpstra，1991）。学者强调，传统文化往往是影响教师绩效评价的重要因素之一。从霍夫斯泰德（Geert Hofstede，1980）的"文化维度"理论来看，在当前的学校氛围中，教师绩效评价与中国传统文化存在一定的冲突。没有最好的教师评价制度和方法，只有最适合的。面对教师绩效评价与传统文化的冲突，应追求绩效评价与传统文化之间的圆融（李斌辉，2014）。

一、绩效文化环境与教师考评团队结构

（一）教师绩效文化

绩效文化内涵总体折射在个体、群体、社会乃至国家层面上，肯定哪些劳动者的哪些劳动特征，重视什么样的劳动者，为什么重视，这样的重视有何种的预期，这样的预期是否为社会大众带来广泛的福利改善。比如，"劳动致富最光荣""先富带后富，最后走向共同富裕"等改革开放中的理念，就是绩效文化的具体体现。这样的绩效文化无疑受到社会各个阶层的广泛支持和传承。李斌辉（2014）认为，绩效文化是指学校基于长远发展方向和愿景，通过绩效考核体系的建立和完善，使教师逐步确立起学校所倡导的共同价值理念。绩效文化建设能保证学校绩效管理的有效运作，提高学校的凝聚力、驱动力和创造力。

教师绩效文化的丰富性，决定了这样群体的贡献的独特性，自然也有教师绩效文化的独特性。

（二）教师绩效文化问题与特征

目前教师绩效评价使学校教师与行政管理部门之间的矛盾更加突出，甚至发生过激行为；教师绩效评价致使教师的工作被人为窄化、虚化；教师间的竞争关系未能建立，打破了旧的"大锅饭"，又建立了新的"大锅饭"；教师急功近利、"为评而教"现象突出，教师绩效评价对教师的激励效果甚微，不能有效促进教师专业发展。这些问题仅仅是表象，实质是教师绩效文化要素出现偏差导致了绩效管理体系出现偏差，比如尊师重教传统地位、教育效能与学校效能定位、学校与教师绩效标准定位、教师绩效项目取舍、绩效考核权力分配、教师绩效考核文化沟通、考核结果运用的政策法规界限、教师职业文化等等，都是绩效文化要素与绩效管理体系匹配的难点和重点。李斌辉（2014）认为，教

师绩效评价与我国的传统文化确实存在着一定的冲突和隔离，这种冲突、隔离致使教师绩效评价或走样或被排斥，具体表现为：

1. 高权力距离造成行政化路径的绩效评价

行政化路径的教师绩效评估容易陷入不确定性或缺少客观公正的困境，无形之中助长了学校"官本位"的组织文化，这种文化进一步弱化了教师的地位。一方面，教师可能会因高权力距离的传统，默许或者容忍，消极地"非抵抗不合作"对待，绩效评价的目标难以实现；另一方面，可能会造成教师和学校行政管理部门的严重对立。

2. 集体主义文化产生新的平均主义

消解了绩效评价的竞争本质，削弱了绩效评价规则的约束力，绩效评价结果失真。绩效评价的结果往往趋向于正态分布的中间值。绩效评价与其说是奖优罚劣，毋宁说是一种对全体成员一致肯定的合格鉴定，致使绩效评价之本意丧失。

3. 高度的不确定性规避造成对精确量化评价的排斥

不确定性规避文化在学校中表现为学校或者教师不倾向于变革，更愿意安于传统。学校或教师更适应工作中模棱两可的规章制度而不是具体的、明确的指令依赖，希望工作环境相对稳定，在教师评价中更多的是"以德为先"的模糊评价。以往的法律法规、政策条文在对教师的要求和评价上都不成系统、不明确，存在很大的"解读"空间，只给教师提供含义极为宽泛的倾向性指导。精确量化是绩效评价的一个重要特征，它一反过去空泛模糊的要求，将评价的标的物转化为具有可比性的对象，教师的任务、绩效全部可用一系列的数字呈现，标准、明确、量化。在此情况下，可能使教师不适应，从而感到焦虑、威胁甚而抵抗，因此对绩效任务或标准虚与委蛇。

4. 阴性主义文化与绩效薪酬激励冲突

传统文化自古以来就推崇"安贫乐道""君子忧道不忧贫""修身养性"，追求内心精神世界的丰富和满足，金钱和物质被认为是"身外之物"，尤其是作为"士"阶层的知识分子更是如此。教师作为知识型人才，在满足了基本的物质需要以后，会更多地关注精神需求的满足，如工作价值、责任成就、专业发展、社会声誉以及和谐环境等。通过奖金的区分来识别"获胜者"和"失败者"，这种方式会导致教师放弃组织归属、自我成长和职业乐趣等内在需求转而追求外部刺激。

5. 长期取向文化与即时的绩效评价相颉颃

在霍夫斯泰德（Hofstede，1988）的研究中，中国社会的长期性取向指数为全球最高。中国人推崇节俭和持久力、倾向于做长期规划和投入、强调长期性的承诺、关注未来的最终成果。强调教育过程、教师工作成效、个体成长的长期性。教师工作被当做"水磨的功夫"，"十年树木，百年树人"的口号就是教育领域长期取向文化的典型体现。长期性取向文化和绩效评价的即时性就陷入了"囚徒困境"。学校及教师本人追求眼前利益的结果不能确保他们的利益达到帕累托最优，因而导致学校长期利益及教师自身的长期利益受损。

这些冲突与问题，会进一步对考评团队结构、各自的权重产生不同的影响。具体地，要从以下几个方面促进高性能教师考评组织的构建与完善：树立考评者正确的教师绩效观；构建行政管理层与专业学者层结合的绩效评价组织，强化教师团队绩效评价来组建考评者队伍；合理组建考评团队，强化教师考核文化有效沟通；高效发挥教师考评团队效能，促进考核结果良好发挥作用。

二、与教师绩效文化匹配的关键因素及考评团队结构设计

建立教师考评团队，涉及到社会层面、教育主管部门、主要利益相关者群体及教师自身对绩效的认同评价。绩效评价涉及价值判断，就可能受到绩效考核文化影响。而考评团队结构构建，更容易受到考评文化的制约，从而产生绩效评价文化与考评团队结构的内在协同问题。

（一）教师绩效文化的社会性认同与行政主导型考评团队结构

回顾历史上一个极端反面的例子。20世纪60年代发生的"文化大

革命"，对我国教育事业、教师队伍建设造成了极大的破坏，教师绩效文化受到严重的社会性扭曲。

教育制度总体效能、地区或学区教育效果、微观学校教育教学效能、教师队伍素质以及总体形象评价、全社会性先进教育教师工作者评选等等，都是社会性、宏观性、整体性、战略性教育评价活动，所涉及的教师绩效评价过程、方法、结果，可能都具有浓郁的政治引导性、影响广泛性、学生公平发展性、大众公认性、科学教育发展性等绩效文化内涵特征，对应地，考评团队结构往往形成行政主导型考评团队为主的特征。考评团队成员和评价权重选择可能如下。

教师考核团队中的最高行政决策者，将代表国家意志、教育行政主管部门或学区、学校意志，无疑处于行政考核团队的核心领导地位，对于教师绩效考核中重大的、导向性的政策与方针将发挥决定性作用，无疑具有最强的评价权重，对于争议性强的决策要承担关键责任，也具有权威决策权力。在民主集中制的决策机制中，考核团队的其他成员，往往代表相关部门、学校科层、专家团队，考核者的影响权重依据考核活动关联性、资源投入关联性、专家权威影响力形成不同的影响权重。作为绩效考评过程的主要组织方，各级党委组织人事部门，教育主管、科技主管、财政等部门的考核代表在考评团队中往往有比较重要的影响力，随着科学、民主决策机制的不断完善，专家的权威权重日益提升；社会各界代表的投票权可能趋于均衡。

为了体现国家意志和公平教育发展机制，对全国各级各类优秀教师的考评活动，要综合运用各种沟通工具，尽可能公开考评全过程，公示过程要充分，从而体现政府行政主导型考评的高度公信力，激发教师尊敬先进教师和"比学赶超"的工作热情。

目前，除了各级各类优秀教师评选外，中小学教师正高级职称评聘权力仍然相对集中在国家、省区、教育主管部门，这个是和中小学学校缺乏相应考评力量有关，只能够由上级主管部门组织考评团队来进行考核；未来随着中小学教师高级职称评聘制度完善、社会专业性评价机构逐渐成熟，中小学教师职称考评团队结构要逐渐强化社会专业评价机构的参与，相应地，政府主管部门行政参与权重要逐渐降低。

国家、省、区、市（县）各类"评先选优"活动的考评团队结构具有更浓厚的行政主导型特征，随着"管办评"分离理念的实施，切莫忽视基层一线教师、社会专业机构、社区居民民主投票权力，加强公示沟通机制，做到考评前、后公示，保障考核结果具有高度信度和效度。同时通过大众媒体做好优秀教师（名师）绩效传播，提升教师绩效管理、教师绩效文化的社会化宣传和认同，实现教师精神激励和社会心理尊重良性循环，持久性建立和扩展优秀教育教学绩效文化标志、优秀教师绩效文化标志，在高度重视个人品德优秀文化的同时，在全社会强力塑造优秀教师的绩效标志性成果，形成浓郁的尊师重教文化氛围。

自然地，长期存在的忽视教师绩效文化、忽视教师考核评价过程沟通的状况，往往也造成社会对优秀教师的可信度、认同度下降，今后要尽可能向全社会公开各级各类名优教师考核标准、考核团队组织、考核关键过程、绩效薪酬等信息，以促进教师绩效文化的正向激励作用。

（二）支撑教师职业发展文化理念的社会专业机构主导型评价模式

教师专业资质及职业发展成就评价，是教师绩效文化中的重要组成部分。在中小学教师职业发展过程中，长期缺乏形成性考核文化造成了典型的"考核官本位制""应试教育"模式，"行政官员说了算""学生分数说了算"的单一、终结性考核文化因子长期占据教育绩效考评核心，对于教师绩效管理体制产生的危害性众所周知。

社会化专业性考评机构为主导的教师发展绩效模式，是教育管办评机制的重要措施。教师从业资格、教师学科专业发展能力、教师素质评价等内容，属于教师绩效体系中的重要组成要素，国家教育部门、人社管理部门长期主管的教师资格证书，可以广泛借鉴注册会计师资格、司法从业资格考试模式，推行社会化专业评价模式，引导社会性认可氛围，强化教师专业资格的职业文化，培育教师专业人士社会地位和形象。

除了教师入职资格鉴定评价以外，教师教育教学专业技能与能力评价，要鼓励教学督导组织、社会专业化评价组织、专家个人等方面积极介入考评组织，形成多方位的教师考评信源，提升教师质量。

三、教师年度绩效考评与校内考评团队结构

教师年度终结性考评作为短期评价，涉及教师当年绩效薪酬收入水平，影响大，考评争议多。相对于短期的年度考核，教师长期考评活动（职称评审、行政职务晋升）、社会荣誉评价（名师、优秀教师等）的名额极其有限，个人努力以及可控性相对较弱，很多教师往往高度关注年度绩效考评结果，因此校内考评团队结构要适应教师的价值需求和绩效文化氛围。

目前我国中小学教师年度考评团队结构中，主要包括校内行政领导、工会主要负责人、学科与年级段负责人、教师代表、学生家长代表等，学校领导的权重处于决定性地位，其次分别为学科与年级段负责人、同事评价、自我评价和学生家长评价。

随着参与式管理和学校治理机制的完善，教师年度考评团队结构面临挑战。解洪涛（2015）认为，国家文化维度变量（权力距离、个人主义、长期行为导向等）决定着教师参与学校治理的具体效果；教师参与学校治理可以激发教师的"组织公民行为"，从而提高学生对教师的满意度；教师在学校人事制度（如教师聘任、教师起薪）、教学活动（如教材选择）中有更多的参与决策权，对教育绩效的改进发挥了积极作用。所以在年度考评团队结构中，同事考评和教师自我考评的权重必须提升，行政管理者的权重要逐渐降低。

第四节 考评对象与教师绩效考评团队结构

不同考核对象，往往决定了对应的考评团队结构。长期以来，新教

师、老教师往往都是同样一把尺子来测量,并且考核者也是一样。这样的教师绩效考评就失去了应有的意义。学者提出,实施差异性的教师评价才能真正提高考核质量,即针对不同的评价对象,选择不同的考评者。这就是差异性评价或区分性评价。丹尼尔森(Danielson,2005)提出,针对新手、有问题的老教师,要选择不同的考评者,理由是传统的考评存在缺陷,具体有6个方面:①过时、有限的评价标准;②对于"良好教学"的价值和设想不能达成一致;③评价教学行为欠缺精确性;④等级化的单向交流;⑤新教师和有经验的教师没有差别;⑥管理人员有限的专业知识。这些缺陷共同作用导致了一种被动的评价氛围,造成教师与管理人员之间的互不信任。如果考核者没有正当理由就给予教师最低的考核等级,根本不允许教师有真实反映的机会,那么考核评价系统就不仅毫无意义,几乎就跟惩罚和破坏没有区别。梁红京(2007)提出区分性教师评价观点,强调对不同发展阶段的教师的评价要有区别,更强调教师应是教师评价的主体,应积极参与评价的全过程,包括评价标准的制订,认为管理者不是评价的权威,教师是实施评价的主体和核心,同事是评价的主要参与者,教育理论专家是评价的合作者。对于评价对象的区分,梁红京(2007)按照初任教师、资深教师和处于困境中的教师进行分类,提出不同的考评者组合。教师评价过程是考评者和被考评者共同建构意义的过程,是民主参与、协商和交往的过程,因而鼓励教师积极参与知识的建构,教师和其他有关人员都有机会表达自己的意见、关心的东西以及存在的问题,不受考评者价值观的限制,最大程度发挥每个教师对自己行为的反省意识和能力,进而适应人的发展,促进教师个性发展的评价体系。

上述区分性教师考核观念是比较适合绝大多数教师的,具有较强的合理性,特别是符合管理学理论中组织扁平化、员工参与决策等理论观点。随着教师绩效考评者理论的进一步发展,对于区分性考核中的考评者团队,还需要从多个方面进行考察和完善。那么教师区分标准就很重要,因为考核系统往往要对不同考核对象公平、公正的考核标准,并且建立不同的考评团队。学者提出按照新教师成长、骨干教师发展、困难教师援助的模式来进行分析，建立不同的考评团队结构。其中，对新教师应该安排多元化参与的考核者，包括学区督学、学区教师发展专家、校长助理、学科主管、同事评价；对于骨干教师的考评者则包括督学、行政管理人员；对于困难教师的考评者主要包括地方委员会、学区督学、管理人员、援助小组。

对于教师考评团队结构，应该注意考评者个人评价误差的各种类型，比如相似性误差、对比误差、分布误差、晕轮误差和角误差、首因误差、前因误差、近因误差、负面误差、溢出误差等。考评者提供绩效考评信息的动机会产生不同绩效考评行为。为此，考评者要接受不同的培训，成为高素质的考评者。对考评者的培训也分为4类：评价者误差培训；参照框架培训；行为观察培训；自我领导力培训。这些经受不同培训环节、具备高水平的考评者，也是考评者素质划分的重要变量。

第五节 教师绩效考评团队结构与考评者可信度

同样条件下，考评团队结构越合理就越有可能获得教师对绩效考核系统的认同，进而对考评者有高度的信任感。具体地，考评者如何影响考核系统认同，考核系统如何影响考评者信任度，需要进一步开展框架分析。同时，必须深入认识到，尽管教师考评团队结构取决于多个因素，但是不能仅仅考虑教师考评团队结构甚至考核系统本身，还需要综合考虑教师绩效考核系统、考评团队可信度最终能够发挥什么样的作用，特别是绩效考核系统与教师绩效薪酬制度效果的协同性。

一、考评团队结构与教师考核系统认同关系

长期以来，学者关于教师绩效考核系统效能的研究重点关注了考核

计划、考核标准、考核指标体系、考核形式、考核沟通、考核结果运用、考评者等，相对地，对于教师考评团队结构关注得比较少，即什么样的人话语权多重，在考核系统中发挥什么样的作用，对考核系统的效能提升有何影响，能否受到被考评者的信任，这些问题在教师绩效考核系统效能研究中仍然相对单薄，因此深入地研究这些问题，有助于提高教师绩效考核系统效能。这里主要分析考评团队结构与考核系统认同关系、考评团队结构与考核系统效能关系等问题。

(一) 教师绩效考核系统认同

1. 教师绩效考核系统认同的含义

尽管绩效考核体系已经在现代企业以及各种非营利组织广泛使用，但是人们在运用过程中发现，评估中总是不可避免存在误差，影响绩效考核的公正性和客观性。这些方面包括工作绩效评价标准不清，评估过程中的信息不足、评价主体的主管失误（晕轮效应、近因误差、感情效应误差、暗示效应误差、偏见误差）等（胡君辰，2004），也有逻辑误差、宽大化倾向、严格化倾向、中心化倾向等误差（方振邦，2010）。同样，学者就教师绩效管理中出现的偏差进行了比较多的讨论。

洪志忠（2014）发现，当前教师绩效评价失衡的问题源于过分注重考核的评价传统，忽视了学校管理文化的牵制。其中，教师绩效评价在学校内部的执行就涉及到了学校管理机制和文化等内在深层的逻辑。李孔珍（2013）注意到不同类型的学校在教师绩效工资政策执行方面的差异，发现组织结构特征、权力结构等微观环境因素对学校的执行方式有着重要影响，并提出，多重恰当的目的、多元而深度的评价主体、完整简约的流程、开放可行的评价技术、专业的评价标准，是教师绩效管理隐含的价值取向，决定着教师绩效评价的质量。其中的构建多元而深度的考评者具有重要意义，因为按照第四代评估理论的观点，评价是一个建构过程。雅可布松（Jacobson，1968）认为，教师评价应该是一个与教师合作评价，而不是对教师评价的过程。所以教师参与绩效管理是深度参与，在评价过程中如果涉入程度越高，越能够将自身诉求与学校管理有效结合。

刘万海（2013）发现，在当前的教师绩效评估制度中，多是自上而下的单向的评估方式，评估者与被评估者之间缺乏交流、对话，教师对于评估结果的认可度较低。可见，学者注意到绩效考核系统的认同问题，那么绩效考核系统认同的测量就成为重要的环节。

依据现有学者研究成果和本书作者的研究成果，所谓教师对于考核系统认同，是指教师内心对绩效考核系统能够测量出个体绩效的准确性、关联性的感受（畅铁民，2015）。也就是说，绩效考核系统认同具有准确性和关联性两个关键维度。准确性是指个体感觉到考核系统准确地衡量自身对组织贡献大小的程度。关联性是个体回报与其绩效之间的挂钩衔接程度，即考核系统对个体贡献的认可，和期望理论中的中介内涵一致。教师对考核系统的准确性、关联性感受越积极，对考核系统就越认同，否则教师就会反感、甚至抵触绩效考核系统，感觉绩效考核系统无论是过程还是结果都是无效的、对自己不公平的，从而难以接受教师绩效考核系统对自己的考评。因此一定程度上，考核系统能否获得教师的认同，反映着绩效考核系统效能高低。本书也将主要从教师考核系统认同程度来衡量考核系统的效能。

2. 教师绩效考核系统认同的影响因素

既然教师对绩效考核系统的认同度存在差异，就应该分析绩效考核系统认同的影响因素。学者廖泉文（2011）提出，影响考核系统效果的因素包括以下5个方面。第一，众所周知，管理者对考核的影响，包括了集中倾向、近期效应、宽容倾向、晕轮效应等。第二，人们往往忽略了的是，员工对评估考核也具有一定的影响，具体体现在：歪曲性行为，即员工希望获得较高的评估等级，主管担心自己的公正会带来员工的"仇视"，尽量去符合员工的希望；平均性行为，即"不患寡而患不均"，如果他人评估等级比自己高，则产生心理不平衡，甚至会反应过激；同时某些工作量化评估比较困难；员工行为受他人薪酬的影响也比较大，这些因素极易产生"均等思想"和行为。第三，不适当的刺激性行为。主管面对"双刃剑"问题（组织与员工之间的利益冲突），如何处理这一困难，主管更多地是向员工倾斜，从而产生不恰当的刺激性行为；主管既要提高组织效率又要降低组织成本，最简单的方法是舍弃降低成本的目标，而用提高员工评价等级和薪酬来达到提高组织效率的目的。第四，感情因素影响。这里主要是员工对主管的支持，即主管内心感谢员工对自己工作的大力支持，时间长久后对员工产生支持、回报一下的意愿。此外，历史因素方面，主管可能原来和他的下属是同一等级的员工，当自己有了一定权利时，保护曾经的"伙伴们""弟兄们"的利益似乎责无旁贷。第五，考核评估系统自身的障碍。某些评价指标难以量化，例如创新能力、忠诚度等，绩效考核过程各个环节衔接时机不对称，例如考核结果运用不及时就会影响员工的积极性。

可以看出，影响考核系统的上述因素中，作为考核成员的主管、员工自身都会因为这样那样的原因而影响考核系统效能。而同事之间，面对利益冲突，相互之间如果存在不当竞争，就可能相互诋毁对方，从而对考核公正性产生不准确的影响。至于作为考核成员的各方代表，和员工之间存在天然的"利益博弈"，可能也对员工考核准确性产生不利的影响。

总而言之，各类考评者作为利益相关者，就可能对员工考核系统效果产生这样或者那样的、难以控制的影响。尤其是位高权重的上级主管、利益休戚相关的服务对象，往往直接影响员工的考核效果。

（二）考评者权重与教师考核系统认同关系分析

考评者权重反映着每个考评者在绩效考核系统中的相对影响力，最终体现在对教师的考核等级的直接影响上。如表5-1所示。考评者的权重一旦变化，被考核教师的考核结果和等级就发生变化。因此，考评团队结构中，不仅要看什么样的人做考评者，还要看他的考核权重设计多大。这样就使考核系统具有浓郁的绩效考核文化，因为不同考评者的权重反映出学校对权力的认识、权力分配、教师对权威的敬重、干群关系等方面，体现着学校治理内涵和民主氛围，也是教师参与学校治理的重要标志。

表 5-1　某学校教师 360 度考核表

教师姓名	岗位职责评价					师德评价					教育教学工作量					班主任工作					结果	
	校长（%）	学科（%）	同事（%）	自评（%）	学生（%）	校长（%）	学科（%）	同事（%）	自评（%）	学生（%）	校长（%）	学科（%）	同事（%）	自评（%）	学生（%）	校长（%）	学科（%）	同事（%）	自评（%）	学生（%）	分数	等级
教师甲																						
教师乙																						
教师丙																						
教师丁																						

注：表中括号里的数字代表每个考核成员的评价权重，以百分比表示。各个考评者权重之和；各项分数之和为 100%。教考评教师各项得分＝各个考评者评分×考评者权重，每个教师总评分分数＝各项分数之和。

既然考评者权力、地位、考核系统公开性、考核结果都集中反映在了其影响力上,在量化关系方面就表现为考核权重。被评教师对考评者权重的感觉如果合理、适当,就可能对考核系统的关联性、准确性有比较高的认可,内心就会接受该考核系统;否则,教师内心会对考核系统的关联性、准确性有怀疑,拒绝接受该系统的测量,考核系统效能就下降。

二、考评团队结构、考核系统认同与教师考评者信任模型

1. 考评团队结构—考核系统认同—教师考评者信任关系

上文分析中,作者提出,教师考核团队构成可能影响到考核系统的认同。作者先前的实证研究结果表明,教师绩效考核系统的关联性直接影响到校长信任,并通过校长信任以及主管信任的中介,影响到同事信任,准确性则直接影响到校长信任、主管信任,并间接影响到同事信任(畅铁民,2015)。可以看出,作为考核认同系统构成要素,准确性、关联性对各个评价主体的信任机制不同。组织信任层次越高,考核系统要素的直接影响越强,如两个要素均显著直接影响校长信任,两个因素可能都不直接影响同事信任,具体参照图5-1。AC代表教师对绩效考核系统准确性感受,RE则代表教师对考核系统关联性感受。

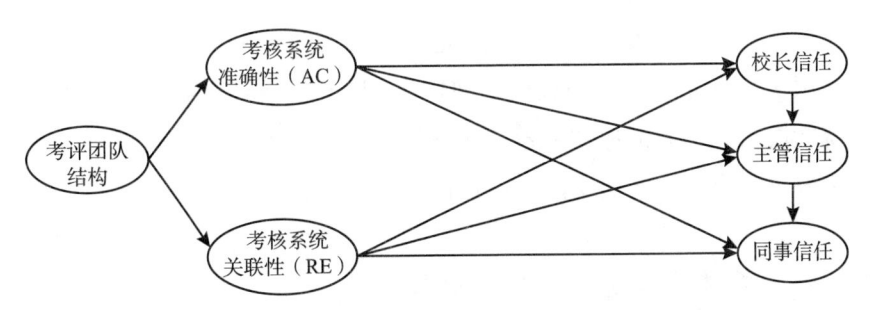

图5-1 考评团队结构—考核系统认同—同事信任假设模型

该模型中，考评团队结构包括考核团队成员来源与类型，也包括考评者各自权重；考核系统认同包括考核系统的准确性和关联性维度。该模型表明以下假定：在考核系统认同中介下，考评团队结构影响对各类考评者的不同信任，并且各个考评者可信度之间存在相互影响。

2. 考评团队结构—考核系统认同—教师考评者信任模型的价值

该模型不仅反映出教师考评团队结构与绩效考核系统效能关系，并且反映绩效管理流程对教师考评者可信度的影响机理，因此有助于从考评者信任分析新视角，来拓展教师绩效考核系统效能。

理论上，通过对组织信任理论和教师绩效管理理论的跨学科分析，为开拓教师考核系统效能前因和影响后果提供了新的分析路径，从而提出考评团队结构在教师绩效考核系统中的地位和作用研究新模式。

实践上，本模型的提出无疑强调了教师考核团队成员、权重设计的综合影响力，为推动高效能绩效考核系统提供新设计方法，有助于教师考核团队结构优化实践。

第六节 绩效考评团队结构与教师绩效薪酬偏好协同模型

教师绩效薪酬偏好受到学者广泛关注，特别是考核系统效能与教师绩效薪酬偏好关系研究，因为涉及到绩效管理与薪酬管理内在机制而成为研究热点。学者关于考核系统效能与教师绩效薪酬偏好关系虽然已经有多项实证研究结果（畅铁民，2015），鉴于考评团队结构与教师考核系统效能可能具有的内在关系，从逻辑看，考评团队结构与教师绩效薪酬偏好关系有进一步探索的理论价值。

一、教师绩效薪酬偏好内涵与性质

教师绩效薪酬偏好就是指教师对学校制定的绩效薪酬制度与项目

的评价性判断，是教师对绩效薪酬制度与项目所表现出的以认知因素为主导的具有情感和意向因素成分的心理倾向，具体包括绩效薪酬观念偏好和绩效薪酬项目偏好两种。前者反映与固定工资制度比较，教师对绩效薪酬观念的偏好，后者指教师对各类绩效薪酬项目的偏好（畅铁民，2015）。薪酬偏好模型明确显示出不同薪酬制度对不同个体的吸引力（Cable，1994），为开展分选效应研究直接提供了心理学支持结论（格哈特，2005）。该模型的相关结论在分选效应模型中得到了验证。

教师绩效薪酬偏好研究取得了一些实证结果。例如，伯鲁和普吉斯凯（Ballou，Podgursky，1993）研究发现，按照偏好程度从高到低顺序，教师偏好的绩效薪酬分别是基础性绩效薪酬（职位、学校位置决定）、团队绩效薪酬、奖励性绩效薪酬、知识/技能薪酬（比如任教数学和科学课程奖励）；米勒诺沃斯基（Milanowski，2007）证实教师绩效薪酬偏好顺序是个人绩效薪酬、知识与技能薪酬、团队绩效薪酬；畅铁民（2013，2014，2015）证实教师绩效薪酬偏好构成依次是基础性绩效薪酬、奖励性绩效薪酬、知识与技能薪酬、团队绩效薪酬。可以看出，总体上教师支持绩效薪酬制度理念，但是对于知识技能薪酬、团队绩效薪酬项目教师的偏好程度比较低，对于基础性绩效薪酬项目、奖励性绩效薪酬项目的偏好程度比较高。

从理论上看，教师绩效薪酬偏好本质是绩效薪酬的分选效应，即绩效薪酬制度影响了教师队伍构成，使能力强、追求成就、不惧风险的个体支持、拥护绩效薪酬制度，因此随着绩效薪酬制度的完善，教师队伍质量应逐渐改善提升。但是教师绩效薪酬制度偏好（即分选效应）会受到制度、个体能力、考核方式等因素的影响，所以不同绩效薪酬项目会对不同个体具有不同的吸引力。教师绩效薪酬制度也同样会产生如此效果。

二、教师绩效薪酬偏好影响因素

（一）个体绩效薪酬偏好影响因素

相关学者对个体绩效薪酬偏好影响因素的研究表明，文化特征对个体绩效薪酬偏好存在影响，即不确定性规避与固定薪酬偏好之间存在显著的正相关关系，集体主义价值观与团队绩效薪酬、资历薪酬偏好同样显著正相关（A. Banu Goktan, 2011）。布雷兹（Bretz, 1994）发现偏好个性化工作和贡献的个体更偏好个体导向的薪酬制度，所以个体愿意选择认可自己的努力和贡献的工作单位。个体薪酬偏好能否与用人单位的薪酬制度特征匹配，直接影响到双方的雇佣关系能否建立与持续。

（二）教师绩效薪酬偏好影响因素

关于教师绩效薪酬偏好的影响因素研究，目前学者主要集中在个体特征、价值观（Cable, 1994；Ballou, 1993；Milanowski, 2007；畅铁民, 2011, 2013）、组织信任（畅铁民, 2014）等方面的因素的影响机制方面。学者证实，在封闭式目标的绩效考核模式下，衡量个人绩效的标准是客观固定的，所以个体对绩效结果的可控性更强，故选择绩效薪酬体系的几率更大。相反，在开放式目标的考核模式下，绩效的衡量标准并没有事先确定，员工只能全力以赴地争取更高绩效，但对最终考核结果的可控性较低、不确定性更高，所以选择风险性绩效薪酬体系的几率更小（Hollensbe, 2000）。总体上，考评团队结构的影响研究目前仍然相对欠缺，薪酬专家呼吁在绩效薪酬效果研究中应更多考虑绩效考核的作用（Gerhart, 2009；Rynes, 2005；贺伟，龙立荣, 2011）。

三、考评团队结构—考核系统认同—教师绩效薪酬偏好协同模型

前文分析表明，教师绩效薪酬偏好与绩效考评者、考核系统效能、

考评者组织信任之间可能存在关系。已有研究结果表明，考评者组织信任会影响教师绩效薪酬偏好（畅铁民，2015）。考评者信任模型展示了考评团队结构与考评者信任关系，因此，从逻辑上可以推测：考评团队结构既然影响到考评者信任，考评者信任又影响到教师绩效薪酬偏好，那么，考评团队结构很可能通过绩效考核系统认同、考评者信任的中介，影响教师绩效薪酬偏好。因此本书构建了考评团队结构—考核系统认同—教师绩效薪酬偏好协同模型（见图5-2）。

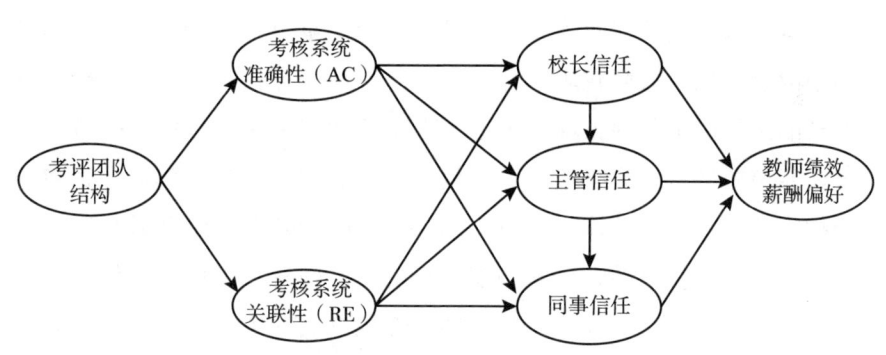

图5-2 考评团队结构—考核系统认同—同事信任—教师绩效薪酬偏好假设模型

在该模型中，通过验证考评团队结构、考核系统认同、考评者信任与教师绩效薪酬偏好之间的关系，将揭示教师绩效薪酬效果是否受绩效管理体系的多重影响，即从考评者、考核系统效能再到考评者信任，反映出教师对于考核团队成员的认同，对于考评者所形成的考核结果属性的认同，即教师认同考核系统结果的关联性、准确性。所以教师是否拥护、偏好绩效薪酬制度，受到绩效考核系统中核心要素，即考评团队成员可信度的影响。

教师绩效考评者的影响范围超过了考核系统的自身，教师绩效考评者如何选择、对绩效考核系统效果会产生什么影响受到学者的关注。近年来，本书作者已经证实了考核系统认同与绩效薪酬制度相关性，拓展了绩效管理与绩效薪酬制度内在机制的研究范围，但是考评团队结构可能通过考评者的组织信任来影响教师对绩效薪酬制度的态度，自然更深入地推进了教师绩效管理与教师绩效薪酬管理两大模块效果之间的内在关系研究，使得绩效管理影响范围、影响方式往前推展到考评团队结构层次上。

　　这样的关系对于教师人力资源管理体制和业务运行实际情况产生什么样的影响，自然值得关注。历史上，长期以来人们流传的尊师重教理念、"千里马长有，伯乐不长有"的观念，今天看来，考评者的影响对教师待遇追求、教师对自身价值认可的理论源泉也正在于此。考评团队结构中缺乏伯乐，教师将不信任考评者，不信任考核系统能够准确测评出自己的工作成绩，对于未来自己能够得到什么样的回报就缺乏信心，对于依靠绩效考核结果来给自己回报的薪酬制度也更缺乏信心了，更难以拥护支持绩效薪酬制度。所以，国内外教师绩效薪酬制度效果存在各种争议，恐怕不仅是绩效薪酬制度自身的设计问题，更可能是绩效薪酬制度运行轨道，即考评者、考核标准、考核方式、考核沟通反馈等系统要素构成的运行"轨道"出现了偏差，导致绩效薪酬制度这样的"列车"如何不出偏差？

　　但是应该看到，考评者对教师绩效薪酬偏好的影响可能是间接的，因为考核团队自身活动范围只局限在绩效管理体系内部，不对绩效薪酬管理系统进行直接调控，所以考核团队结构的间接性影响可能也是人们长期忽略其对薪酬管理发挥作用的原因。

　　自然地，教师考评者不仅仅是对薪酬管理制度效果产生影响，对教师人力资源队伍建设、学校内部控制与治理也产生影响，但是限于本书范围，不再赘述。

本 章 小 结

　　本章立足于教师考评团队结构及影响的一般框架设计目标，分别就教师考评者权重结构特征与影响因素、教师考评团队结构模型、绩效考评文化与教师绩效考评团队结构、考评对象与教师考评团队结构、教师考评团队结构与考评者可信度进行整合性分析，提出了考评团队结构与教师绩效薪酬偏好协同模型，围绕绩效文化变量影响，结合考评团队结构要素、考评任务与对象等变量，从绩效考评系统与绩效薪酬效能系统的协同性视角，对教师考评团队结构提出了新的设计理念和框架，为教师人力资源管理效能提升提供了新理论模式。

第三篇 实证与应用研究

第六章

绩效考评团队结构对教师绩效薪酬偏好影响实证研究

第一节 引　　言

为了推进义务教育学校绩效工资制度顺利实施，教育部《关于做好义务教育学校教师绩效考核工作的指导意见》要求健全义务教育教师（以下简称"教师"）考核组织，增强考核结果的公信力。各个地方教育主管部门要求义务教育学校绩效考核组织成员（即考评者）应具有广泛的代表性，要求教师代表由民主选举产生。部分省（市）的政策还明确规定，教师代表人数不得少于考核小组总人数的50%。但是目前国内学校在绩效考评者选择实践中仍存在着考评者单一、基层教师代表过少的不足（范先佐，2011）；大多数学校采用自上而下的单向考核方式，教师对于评估结果认可度较低（刘万海，2013）；考评者的专业性不够，能力不足，教师不信服考核结果（宁本涛，2014），那么以教师绩效考核结果为依据的绩效薪酬制度效果就可想而知。可见，教师考评团队结构、对绩效考评者的信任构建以及教师绩效薪酬制度效果之间的关系就需要深入研究。

第二节　理论回顾与假设

一、教师考评团队结构对考核结果的影响

教师绩效考评者（以下简称"考评者"）或者教师评价主体，是指那些参与教育评价活动的组织与实施，按照一定的标准对评价客体进行价值判断的个人或团体。他们在评价中控制活动的方向与进程，对确定评价问题、选择评价方法、使用评价结果起决定性的作用。目前学术界存在着教师单元化考核、多元化考核、区分性考核、标准化考核等观点。其中，单元化考核观点主张由学校领导或校外专家担任考评者，考核对象只能被动接受考核（王斌华，2005）。多元化考核观点主张，对于教师的绩效考核活动，应由专家、领导、同事、考核对象、学生和学生家长共同担任考评者，并且合理分配考评者的权重（陈玉琨，1999），以重视教师的参与权、知情权和监督权（靳玉乐，2014）。区分性考核观点强调，对于不同教师，应该安排不同的考评者，以便从不同角度考核教师绩效（丹尼尔森，2005），为此教师代表应占绩效考核系统的半数以上（张德锐，1992；张忠山，2006）。教育部《关于做好义务教育学校教师绩效考核工作的指导意见》要求教师自评与学科组评议、年级组评议、考核组评议相结合，充分发挥校长、教师和学校在绩效考核中的作用。从考评者实际影响看，校长、主管往往有更多的考核信息渠道，但是在教师内心往往感觉自我评价信心更高，同事的评价公平可靠，认为上级评价不客观。因此提出以下假设：

假设1：按照从高到低的顺序，各类考评者对绩效考核结果的实际影响依次为校长考核、主管考核、同事考核、教师自我考核。

假设2：按照从高到低的顺序，各类考评者对绩效考核结果的潜在影响依次为同事考核、校长考核、自我考核、主管考核。

二、考评团队结构与教师绩效考核系统认同关系研究

考评团队结构不仅反映出考核组织层面的内在属性，而且对教师绩效考核系统的认同影响更重要（王斌华，2005；张忠山，2006；Danielson，2000）。教师绩效考核系统认同是指教师接受、认可绩效考核系统的程度，反映着绩效考核系统的效能（Danielson，2000）。绩效考核系统认同主要包括准确性和关联性两个因素，其中准确性是指人们感觉到绩效考核系统能够准确衡量个体对组织的贡献程度，关联性是指个体所得与其绩效之间所存在的密切关系（Mayer，1999）。从代理理论看，义务教育学校是多任务、多委托人、几乎垄断的组织（Dixit Avinash，2002），教学对象特殊性、教学过程复杂性以及教学行为的规范性导致教师考核要比其他职业更困难。由于传统单一的校长考核准确性差，教师对绩效考核冷漠（Murnane，1986；Peterson，2000；Milanowski，2001）。相对地，标准化考核公平、准确，教师对标准化考核认同度和考评者信任度也较高（Heneman，2006）。国内研究表明，多元化考核是达成教师绩效考核系统有效性的因素，包括考评者在内的绩效考核环境对考核方案、绩效工资政策的执行方式有重要影响（李孔珍，2013）。这些研究在性质上展示了考评者与教师绩效考核系统效能之间的关系。

三、教师绩效考核系统认同与考评者信任关系研究

学者强调，教师对绩效考核系统的认同可能影响对考评者的组织信任。组织信任理论强调，信任是一方愿意受另一当事人行为的伤害（Mayer，1995）。运用认同度高的绩效考核系统，能够提高个体对高层

管理的信任，并且个体对上级能力、善意和诚实感，调节着考核系统认同感和上级信任感之间的关系（Mayer，1999）。教师如果认同绩效考核系统的话，将接受考核结果，信任和尊重考评者。相反，如果教师对绩效考核系统反应消极的话，他们将很少关注考核，应付了事，不认同绩效考核系统，拒绝考核结果，反对把考核结果和教师发展的包括激励在内的各项人事决策挂钩，不信任管理层，士气下降，甚至希望离开所在学校（丹尼尔森，2005；Milanowski，2001）。研究证实在较大规模的学校内，教师人情关系不强，强调个人绩效考核业绩划分，教师偏好个人绩效薪酬（李孔珍，2013）。针对绩效考核系统认同要素对各个考评者信任的影响关系，提出如下假设：

假设3：教师对不同考评者的信任度存在差异。

假设4：考评团队结构通过考核系统认同影响教师对绩效考核的满意度。

假设5：考评团队结构影响教师绩效考核系统认同，并在考核系统认同中介下影响考评者信任。

四、考评者信任与教师绩效薪酬偏好关系研究

（一）教师绩效薪酬偏好构成

教师是否支持和偏好绩效薪酬受到学者的关注。薪酬偏好反映个体对薪酬的愿望与偏爱（Cable，1994；格哈特，2005），其中绩效薪酬偏好表明着个体对组织的绩效薪酬观念、绩效薪酬项目的偏好，是绩效薪酬分选效应理论的应用心理学研究范式。所谓绩效薪酬分选效应，是指组织的绩效薪酬决策能够通过吸引、选择和淘汰过程对员工队伍结构产生影响（Milanowski，2007）。研究表明，与固定工资制度比较，教师更偏好绩效薪酬观念和绩效薪酬项目，其中，最喜欢个人绩效薪酬，其次分别是知识/技能发展薪酬、团队绩效薪酬（Milanowski．2007）；也有研究表明，教师最偏好基础性绩效薪酬（依据教师岗位、学校位

置所决定），其次分别是团队绩效薪酬、奖励性绩效薪酬、知识/技能薪酬（Ballou，1993）。教师绩效薪酬偏好构成还缺乏一致的研究结论。

根据第三章教师绩效薪酬偏好文献的主流观点可以看出，国外同类学校教师绩效薪酬项目主流发展趋势强调，教师知识与技能发展薪酬、团队绩效薪酬项目已经成为主流项目（Milanowski，2003），立足我国中小学教师绩效薪酬制度现实的绩效薪酬项目体系，本文提出：

假设6-1：教师拥护和偏好绩效薪酬理念。

假设6-2：按照从高到低的偏好程度，教师喜欢基础性绩效薪酬、奖励性绩效薪酬、知识与技能发展薪酬、团队绩效薪酬。

学者认为，对考评者的组织信任可能影响教师绩效薪酬偏好。研究显示，组织信任影响个体态度、行为及工作结果（Mayer，1995；Costigan，1998；李宁，2006）。绩效考核客观性越低，越需要信任来保障绩效薪酬的作用（Lawler，1981）。研究表明，考评者信任与教师绩效薪酬偏好正相关（St-Onge，2000；Siegall，2001）。教师认可标准化考核，将乐意把标准化考核作为绩效薪酬制度基础（Heneman，2006；Milanowski，2003；Kellor，2005）。

这些结果表明，建立在绩效考核系统认同基础上的考评者信任可能对教师绩效薪酬制度效果具有影响和保障作用。

综上所述，教师考评团队结构可能影响绩效考核系统认同，绩效考核系统认同、考评者信任可能影响教师绩效薪酬偏好。因此有理由推测，教师考评团队结构、绩效考核系统认同、对考评者信任和教师绩效薪酬偏好之间存在作用机理。

提出如下假设：

假设7：考评团队结构在考核系统认同、考评者信任中介下影响教师绩效薪酬偏好。

第三节 数据来源和研究方法

一、数据来源

本研究对浙江省部分中小学教师进行了问卷调查。共发放问卷400份,收到有效问卷333份。这些教师的分布情况为:男性占26.6%,女性占73.4%;20~25岁占7.9%,26~30岁占29.6%,31~40岁占53.5%,41~50岁占6.0%,51岁及以上占3.0%;硕士及以上学历占0.9%,本科学历占90.6%,专科及以下占8.5%;高级职称占20.4%,中级职称占45.7%,初级职称及以下占33.9%。

问卷调查主要内容包括教师考评者类型与权重构成、考评者对考核结果的影响程度、教师绩效考核系统认同与绩效考核系统满意度、考评者的信任与教师绩效薪酬偏好等内容。

二、变量测量

1. 考评者及其构成测量。将教师考评者设置为校长、主管、同事三类,各类考评者的构成按照各类考评者人数占考评者总数的比例来测量。

考评团队结构的信度为0.901,结构效度检验运用验证性因子分析方法,检验结果为:$\chi^2/df = 0.289$,RMSEA $= 0.025$,CFI $= 0.978$,TLI $= 0.956$,SRMR $= 0.013$。可见考评团队结构信度和效度满足要求。

各位考核者实际和潜在影响力均采用Likert五点量表形式,"1"代表"很强","5"代表"很弱"。

2. 各个考评者对教师绩效考核结果影响测量。各类考评者对教师绩效考核结果的影响程度按照李克特（Likert）5点量表进行测量，1表示"影响程度最小"，5表示"影响程度最大"。

3. 绩效考核系统认同测量

绩效考核系统的准确性测量利用学者 Mayer–Davis（1999）准确性量表。该量表项目原有8个，包括"该系统对您的技能考核非常准确""该系统重点考核您做了多少工作"等。净化测量项目后，量表信度为0.852。结构效度检验运用验证性因子分析方法，检验结果为：χ^2/df = 4.52，RMSEA = 0.022，CFI = 0.910，TLI = 0.905，SRMR = 0.051。

绩效考核系统的关联性测量运用 Mayer–Davis（1999）关联性量表，该量表有3个项目，包括"是否增加薪酬取决于您的绩效""如果有好的业绩，您的工资将增加"等。净化测量项目后，量表的信度为0.865，结构效度检验运用验证性因子分析方法，检验结果为：χ^2/df = 1.01，RMSEA = 0.020，CFI = 0.951，TLI = 0.932，SRMR = 0.020。

可见准确性和关联性量表的信度和效度符合要求。

4. 教师对考评者的信任测量

本研究采用梅耶（Mayer，1999）的信任量表测量教师对各类考评者的信任，选择性地裁减了梅耶（Mayer，1999）的问卷。在保留原来信任维度（能力、善意和诚信）的基础上，经过预测保留了每个信任维度负载最高的前两个项目。

对考评者的信任度按照李克特5点量表测量，1表示"信任度最小"，5表示"信任度最高"。

校长信任的量表信度为0.93，结构效度检验运用验证性因子分析方法，检验结果为：χ^2/df = 4.27，RMSEA = 0.023，CFI = 0.904，TLI = 0.901，SRMR = 0.046。

主管信任的量表信度为0.939，结构效度检验运用验证性因子分析方法，检验结果为：χ^2/df = 7.87，RMSEA = 0.075，CFI = 0.912，TLI = 0.903，SRMR = 0.049。

同事信任的量表信度为0.918，结构效度检验运用验证性因子分析方法，检验结果为：$\chi^2/df = 7.86$，RMSEA = 0.080，CFI = 0.921，TLI = 0.905，SRMR = 0.047。

量表的信度和效度符合要求。

5. 教师绩效薪酬偏好测量

绩效薪酬偏好运用自己所设计的量表进行测量。量表以简短的情形描述，提供5种加薪方案，分别是个人基础性绩效薪酬（与教师岗位职责表现情况挂钩）、个人奖励性绩效薪酬（按照工作业绩）、知识/技能薪酬（根据教师掌握的知识水平、技能水平支付）、团队绩效薪酬（按照团队绩效）、年度加薪（不与绩效联系，工作表现达到能够保留工作程度就每年增加一定比例工资）。请每个教师对这5个方案进行评价。

首先，确定教师对这5个薪酬项目的需求偏好，即不对5个薪酬项目的喜好互相比较，请教师按照对各个薪酬项目需求偏好的愿望、喜好与期许，对项目进行偏好等级评价。采用李克特5点量表形式，"1"代表"很不同意"，"5"代表"很同意"。

其次，确定教师对5个薪酬项目的顺序偏好，即在相互比较情况下，依据个人喜好和愿望，按照从高到低的偏好程度对5个薪酬项目进行偏好排序，取值从1到5，分别代表"最不喜欢"到"最喜欢"。

最后，确定绩效薪酬比较偏好，请教师以固定工资项目条件下本职工作的吸引力为比较对象，分别评价每个绩效薪酬对应的工作吸引力大小，从而测量每个绩效薪酬项目的比较偏好。采用Likert5点量表形式，"1"代表"吸引力很不强"，"5"代表"吸引力很强"。

综合以上三方面偏好测量结果，对4个绩效薪酬项目进行综合偏好排序，形成教师绩效薪酬偏好构成。

三、研究方法

1. 开展各个变量的描述性统计，进行考评者对考核结果的影响排序分析、考评者的信任构成与可信度考核；

2. 开展考评团队结构、绩效考核系统认同与教师绩效考核满意度相关分析；

3. 开展考评团队结构与考评者信任之间的回归分析；

4. 开展考评团队结构、绩效考核系统认同、组织信任结构方程模型检验；

5. 开展考评团队结构、绩效考核系统认同、组织信任、绩效薪酬偏好的结构方程验证。

运用SPSS19.0软件和Stata12.0软件进行统计分析计算。

第四节　统 计 结 果

一、考评者影响排序

1. 考评者中一线教师人数占比选择

目前一线教师人数实际占比。描述统计显示，教师认为，目前一线教师实际占比19.95%；一线教师人数应该占比49.6%。可以看出，总体上我国基层一线教师在考评者中的比例明显偏低。

2. 考评者对教师绩效考核结果的实际影响描述性统计

最重要的实际影响力中，校长考核、主管考核、同事考核和自我考核之间的比例分别60.3%、19.8%、7.4%、5.9%。因此各类考核者的实际影响力如果以自我考核为1的话，那么校长考核、主管考核、同事考核和自我考核的实际影响力之比为10：3：1：1（依四舍五入简化计）。

各类考核者对教师绩效考核效果的实际影响均值如下：校长考核为1.72，主管考核为2.04，同事考核为3.21，教师自我考核为4.40。

综合上述描述统计分析，按照考评者对教师绩效考核结果的实际影响高低排序，依次为校长考核、主管考核、同事考核、自我考核。

以上描述统计结论支持了假设1。

3. 考评者对教师绩效考核结果的潜在影响描述性统计

描述性统计结果表明，最重要的潜在影响力中，校长考核、主管考核、同事考核和自我考核之间的比例分别23.4%、7.8%、41.1%、34.6%。因此按照潜在影响力，以主管考核为1，那么同事考核、自我考核、校长考核和主管考核的潜在影响力比例约为5:4:3:1（依四舍五入简化计）。各类考核者的潜在影响顺序为同事考核、自我考核、校长考核和主管考核。

再从各类考评者对教师绩效考核效果的潜在影响均值来观察，同事考核为2.91，校长考核为3.10，自我考核为3.15，主管考核为3.17。顺序为同事考核、校长考核、自我考核、主管考核。

综合按照考评者对教师绩效考核结果的潜在影响高低排序，依次为同事考核、校长考核、自我考核、主管考核。这一结论支持了假设2。

以下研究将重点就教师对各类考评者的信任展开讨论，因此主要选择校长、主管和同事考核三类考评者的构成及其影响进行分析。

二、考评者信任度描述统计结果

1. 考评者信任度的大小比较

李克特5点量表测评结果显示，同事信任度最高（3.519），其次分别为校长信任（3.368）、主管信任（3.261）。

2. 考评者信任要素比较

李克特5点量表测评出各考评者的信任要素结果。从信任的能力角度看，同事能力为3.56，校长能力为3.49、主管能力为3.39；从信任的善意角度看，同事善意为3.43，校长善意为3.11，主管善意为3.03；从信任的正直角度看，同事正直为3.42，校长正直为3.38、主管正直为3.25。

综合上述统计结果，教师对同事的信任度最高，其次分别为校长信任、主管信任。假设3得以证实。

三、考评团队结构—考核系统认同—考核系统满意度检验

1. 考评团队结构—考核系统认同—考核系统满意的相关性结果

考评团队结构（Evaluation Composition of Management，以下简称 ECM）、考核系统认同的准确性（Accuracy，以下简称 AC）、关联性（Relevarce，以下简称 RE）和考核系统满意（Evaluation Satisfaction，以下简称 ES）四个变量的相关性分析见表6-1，各个变量之间均显著相关。

表6-1　　　考评团队结构、考核系统认同与绩效
考核满意度相关性（N=333）

	M	SD	1	2	3	4
1. 考评团队结构（ECM）	2.7437	0.90979	1			
2. 考核系统准确性（AC）	2.7303	0.90870	0.581**	1		
3. 考核系统关联性（RE）	2.8388	1.10451	0.545**	0.611**	1	
4. 绩效考核满意度（ES）	2.4755	0.99957	0.705**	0.637**	0.616**	1

注：** 在0.01水平（双侧）上显著相关。

2. 教师绩效考核满意度与考评团队结构、绩效考核系统认同的回归分析

建立教师绩效考核满意与考评团队结构、考核系统准确性、考核系统关联性回归模型，检验结果如下：

$$ES = 0.440^{**} ECM + 0.241^{**} AC + 0.229^{**} RE + \xi$$（** 表示在0.01水平上显著）

3. 考评团队结构、绩效考核系统认同与教师绩效考核满意的结构方程模型

为了进一步验证教师考评团队结构、绩效考核系统认同及教师绩效

考核满意三者关系,建立考评团队结构、绩效考核系统认同与教师绩效考核满意结构方程模型,见图 6-1。该模型拟合参数为:$x^2/df = 5.73$,RMSEA = 0.090,CFI = 0.926,TLI = 0.908,SRMR = 0.058。参数表明,该模型拟合良好,再次支持了假设 2、假设 3。

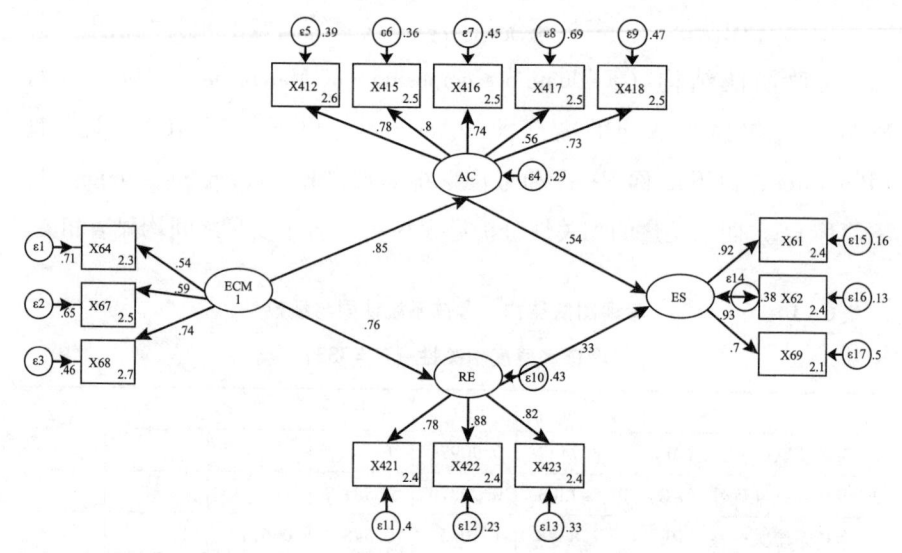

图 6-1 考评团队结构、考核系统认同与绩效考核满意关系模型

综合相关性分析、回归分析与结构方程模型结果,可以看出,教师对考核系统的满意受到考核系统准确性、关联性的直接影响,受到考评团队结构的间接影响。因此验证了假设 4,即考评团队结构通过考核系统认同影响教师对绩效考核的满意。

四、考评团队结构—考核系统认同—考评者信任关系检验

为了检验考评团队结构—考核系统认同—考评者信任关系,本书进行了相关性分析、回归分析和结构方程模型检验,以检验考评团队结构是否在考核系统认同中介下影响对各类考评者的信任。

1. 考评团队结构—考核系统认同—考评者信任的相关分析

相关性分析结果表明，考评团队结构、考核系统准确性、关联性、主管信任、同事信任相互之间均显著相关，可以进一步开展回归分析。具体见表6-2。

表6-2　　考评团队结构—考核系统认同—考评者信任相关性

	1	2	3	4	5
1. 考评团队结构（ECM）	1				
2. 考核系统准确性（AC）	0.611**	1			
3. 考核系统关联性（RE）	0.581**	0.545**	1		
4. 同事信任（CT）	0.283**	0.256**	0.265**	1	
5. 主管信任（MT）	0.481**	0.394**	0.426**	0.547**	1

注：** 在0.01水平（双侧）上显著相关。

相关性结果支持假设5。

2. 考评者信任与考评团队结构、绩效考核系统认同的回归分析

回归分析结果如下：

校长信任模型：$HT = 0.289^{**} ECM + 0.340^{**} AC + \xi$

主管信任模型：$MT = 0.315^{**} ECM + 0.355^{**} AC + \xi$

同事信任模型：$CT = 0.167^{**} ECM + 0.183^{**} AC + \xi$

信任模型中，HT（Headmaster Trust）、MT（Management Trust）、CT（Colleague Trust）分别代表教师对校长信任、主管信任、同事信任，ECM代表考评团队结构，AC、RE分别代表绩效考核系统认同的准确性、关联性。

可见，校长信任、主管信任、同事信任均显著受到考评团队结构、绩效考核系统准确性的影响。回归分析支持了假设5。

3. 考评团队结构、绩效考核系统认同与考评者信任的结构方程模型检验

鉴于考评团队结构—考核系统认同—考评者信任的相关分析结果证

实了变量之间均显著相关，所以考核系统的关联性可能会间接影响考评者信任，因此就需要运用结构方程模型，以更全面检验考评团队结构、考核认同、考评者信任关系。

（1）考评团队结构—绩效考核系统认同—同事信任模型。拟合参数为：χ^2/df = 354.989/55 = 6.45，RMSEA = 0.083，CFI = 0.918，TLI = 0.903，SRMR = 0.047。可见拟合效果较好。

（2）考评团队结构—绩效考核系统认同—主管信任模型。拟合参数为：χ^2/df = 444.406/55 = 8.08，RMSEA = 0.096，CFI = 0.907，TLI = 0.890，SRMR = 0.053。可见拟合效果较好。

（3）考评团队结构—绩效考核系统认同—校长信任模型。拟合参数为：χ^2/df = 430.300/55 = 7.82，RMSEA = 0.094，CFI = 0.907，TLI = 0.890，SRMR = 0.059。可见拟合效果较好。

可以看出，不仅考评团队结构影响考核系统认同，影响考评者的信任，并且考评者之间的信任相互有影响。结构方程模型结论进一步验证了假设5。

综合上述相关性分析、回归方程、结构方程模型分析结果，均证实了假设5，即考评团队结构影响教师绩效考核系统认同，并在绩效考核系统认同中介下影响考评者信任。

五、教师考评团队结构—考核系统认同—组织信任—绩效薪酬偏好关系研究

（一）教师绩效薪酬偏好结果

1. 需求偏好

基础性绩效薪酬、奖励性绩效薪酬、知识/发展薪酬、团队绩效薪酬的需求偏好均值分别为 4.35（标准差为 1.012，下同）、4.01（1.117）、3.93（1.088）、3.77（1.196）。因此，教师绩效薪酬项目的需求偏好按照从高到低，依次为基础性绩效薪酬、奖励性绩效薪酬、知

识/技能发展薪酬、团队绩效薪酬。

2. 绩效薪酬的比较偏好测量

绩效薪酬比较偏好要求教师对每个绩效薪酬项目与固定工资下的工作吸引力比较,从而相对确定绩效薪酬项目的比较偏好。教师对基础性绩效薪酬、奖励性绩效薪酬、知识/技能薪酬和团队绩效薪酬的比较偏好分别为 4.13(1.270,标准值,下同)、3.44(1.090)、2.93(0.966)和 2.35(1.008)。因此从高到低,绩效薪酬项目比较偏好依次是基础性绩效薪酬、奖励性绩效薪酬、知识/技能发展薪酬、团队绩效薪酬。

3. 薪酬的顺序偏好评价

薪酬的顺序偏好是按照教师选择喜欢的薪酬项目比例进行评价。本研究综合首选、次选比例之和(即把项目选作为第一喜欢项目和第二喜欢项目的比例之和),从高到低教师依次对基础性绩效薪酬、奖励绩效薪酬、知识/技能薪酬、团队绩效薪酬选择的比例分别是 80.6%、32.9%、12.6%、8.6%。因此从高到低,教师的绩效薪酬项目顺序偏好依次是基础性绩效薪酬、奖励性绩效薪酬、知识/技能薪酬、团队绩效薪酬。

综合分析薪酬项目的三方面评价结果,教师首先喜欢基础性绩效薪酬,其余依次是奖励性绩效薪酬、知识/技能发展薪酬、团队绩效薪酬。这一统计结果支持假设 1。

绩效薪酬偏好量表的测量一致性信度(α 系数)为 0.83,绩效薪酬偏好量表结构效度的验证性分析检验结果为:

$\chi^2/df = 6.51/15 = 0.43$,RMSEA $= 0.030$,CFI $= 0.987$,TLI $= 0.984$,SRMR $= 0.019$。

统计分析结果表明,按照绩效薪酬偏好从高到低的程度,教师依次偏好基础性绩效薪酬、奖励性绩效薪酬、知识与技能发展薪酬、团队绩效薪酬,并拥护教师绩效薪酬理念,证实假设 6-1、假设 6-2。

（二）考评团队结构—考核系统认同—组织信任—绩效薪酬偏好关系分析结果

1. 教师考评团队结构—考核系统认同—组织信任—绩效薪酬偏好相关性分析

具体相关性分析结果见表 6-3 所示。

表 6-3　　　教师考评团队结构—考核系统认同—
组织信任—绩效薪酬偏好相关性

	1	2	3	4	5	6
1. 考评团队结构（ECM）	1					
2. 考核系统准确性（AC）	0.581**	1				
3. 考核系统关联性（RE）	0.545**	0.611**	1			
4. 同事信任（CT）	0.265**	0.283**	0.256**	1		
5. 主管信任（MT）	0.426**	0.481**	0.394**	0.547**	1	
6. 绩效薪酬偏好（PFP）	0.127*	0.102	0.087	0.142**	0.084	1

注：* 在 0.05 水平（双侧）上显著相关；** 在 0.01 水平（双侧）上显著相关。

相关性分析表明：考评团队结构与其他变量均显著相关；考核系统的准确性、关联性与同事信任、主管信任均显著相关；同事信任与绩效薪酬偏好显著相关；考核系统准确性、关联性和绩效薪酬偏好不显著相关；主管信任与绩效薪酬偏好不显著相关。

2. 考评团队结构—考核认同—组织信任—绩效薪酬偏好结构方程模型分析

为了更准确地揭示出考评团队结构、考核系统认同、组织信任与教师绩效薪酬偏好之间的关系，建构了相关结构方程模型。在经过多次修正后，检验模型如图 6-2 所示。该模型结果表明，考评团队结构显著影响教师对考核系统认同，并且通过考核系统准确性、关联性影响到主管信任和同事信任；主管信任、同事信任显著影响到教师绩效薪酬偏好，其中同事信任直接影响绩效薪酬偏好，主管信任则通过同事信任间接影响绩效薪酬偏好。模型拟合参数为：$\chi^2/df = 929.178/88 = 10.56$，RMSEA = 0.083，CFI = 0.883，TLI = 0.870，SRMR = 0.058，CD = 0.848。模型拟合程度比较好。

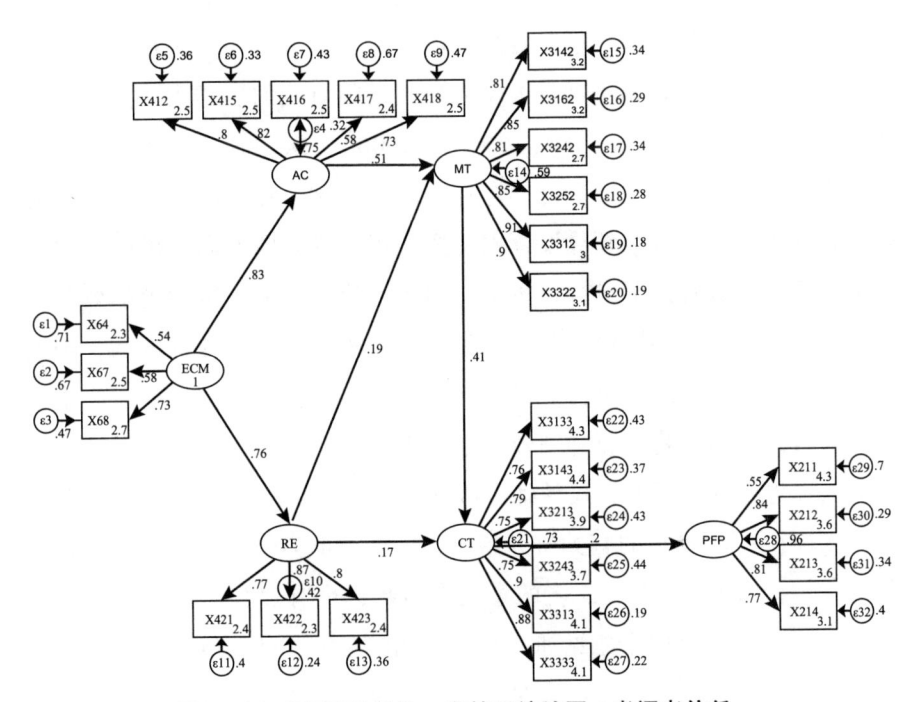

图 6-2 考评团队结构—考核系统认同—考评者信任—教师绩效薪酬偏好关系模型

第五节 结 果 讨 论

本研究围绕教师考评团队结构及其对考核系统认同、对考评者信任以及对教师绩效薪酬偏好的影响，通过多项统计分析方法，构建和验证多个结构方程模型，6个假设都得到支持。

一、各类考评者对教师绩效考核结果的影响

虽然教师认为在教师评价中发挥更大作用的应该是同事考核,然后才是由下而上的各级领导考核,同事以及教师自身应该对教师绩效考核结果产生更重要的影响,但是在现实的考评者影响排序中,校长考核以及主管考核的实际影响仍然是大于同事、教师自我的影响力。这一结论与国内学者的研究结果一致(张忠山,2006)。从教师的视角看,考评者的现实影响与其潜在影响之间存在着较大差别。在目前的教师评价实际中,由上而下的各级领导发挥着主要作用。具体到不同的考核方式和目的来看,在教师的形成性评价中,同行评价、专家小组评价的效果最可行;如果是终结性评价,结果将和教师薪酬待遇直接挂钩的话,则以上级对部属的评价最为可行。可以看出,目前的教师评价主要以终结性评价为目的,结果将和教师绩效薪酬直接挂钩。

从理想或者期望的一线教师占考评团队结构的比例来看,我国台湾学者张德锐(1992)的有关研究指出,考核委员会中教师代表与行政人员的比例,以3∶2、3∶1二者的意见占多数,也有部分受试者支持2∶1或1∶1的比例。这四个意见加起来约占九成左右,可见研究者大多认为考核委员会中教师代表应占有半数以上(张忠山,2006)。本调查的结果中教师把同行评价视为教师评价最重要的方面,也在一定程度上反映出这种意愿。表明本研究结果与学者的观点一致。

二、考评团队结构产生的信任度差异机理

本研究显示,考评团队结构在考核系统认同中介下对各个考评者的信任存在影响,造成教师对同事信任最高,其余依次为校长信任、主管信任。该结论与国内外学者的结果一致(Mayer,1995;李宁,2006),如学者认为,绩效考核过程将影响员工对组织的信任(Cummings,

1983），在考核系统中运用自我评价将和信任正相关。进一步地，如果把考核结果反馈给被评价者，信任将增强。对考评者信任度的影响因素中，考评团队结构以及考核系统认同度的影响方式不同。

三、考评团队结构影响考评者信任与教师绩效薪酬偏好

本研究证实，不同考评团队结构导致教师对考评者的信任差异，考评者的信任显著影响教师绩效薪酬偏好。该结果与国内外学者的相关研究观点高度一致，即薪酬制度效能和高层信任有关，员工对高层领导信任和组织薪酬制度效果正相关（Ballou，1993；McCauley，1992），公平的绩效考核制度与高层领导信任相关。支持了劳勒提出的"基于主观标准的工资制度成功率低"观点（Lawler，1981），因为员工不相信监督者能够准确地评价他们的绩效，评价越主观，所需要的信任度就越高，没有对上级的高度信任，下属不会相信工资真的是公平地按照绩效为基础得到的。

本 章 小 结

本章针对义务教育教师绩效考评者对教师考核结果的实际影响与潜在影响，运用多项统计分析方法，获得以下实证结果：

绩效考评团队中，一线教师实际占比19.95%，一线教师人数应该占比49.6%；校长考核、主管考核、同事考核和自我考核的实际影响力之比为10:3:1:1，按照从高到低的影响排序，各类考评者对绩效考核结果实际影响排序依次为校长考核、主管考核、同事考核、教师自我考核；同事考核、自我考核、校长考核和主管考核的潜在影响力比例约为5:4:3:1，各类考评者对绩效考核结果的潜在影响排序依次为同事考核、校长考核、自我考核、主管考核。

教师考评团队结构通过考核系统认同影响教师对绩效考核的满意度，显著地影响教师对绩效考核系统的认同，并在考核系统认同中介下影响对考评者的信任。最后证实，考评团队结构在考核系统认同、考评者信任中介下影响教师绩效薪酬偏好。

本实证研究贡献主要体现在以下几个方面：首先，揭示出教师考评团队结构对考评者信任的影响机理，明确了考核系统认同的中介作用；其次，验证了考评团队结构、考核系统认同性及考评者信任作为考核系统运行总体框架，对教师绩效薪酬偏好的影响机理，从而为教师绩效管理系统与绩效薪酬系统效果的内在耦合机制提供了新证据。在实践上，本研究成果对完善义务教育教师绩效考评者队伍，提高教师考核系统认同，促进教师对绩效薪酬制度的拥护和认可，均具有积极的作用。

第七章

教师绩效考评团队结构影响案例研究

第一节 教师绩效考评团队结构多元化案例

教师考评团队构建涉及到多方面要素的协同性和效能。本节结合相关媒体披露的教师社会道德污点评价与专业职称评审争议、"合肥女教师挤车"事件、个别高校教师对学生性骚扰行为事件、名校"文科院士"评聘等案例，分析我国教师考评团队构建模式和评价结果，即谁有权力来决定教师考评，考评团队成员的作用大小或影响权重分配问题。本节先介绍案例基本情况，然后结合前文讨论的考评团队建设模式进行案例分析。

一、案例基本情况

(一) 案例：社会各界质疑高级教师师德

2018年1月13日，新华社记者报道：上海某中学教师在高级教师资格评审公示期间受到质疑。该教师曾于2015年在医院与医生发生肢体冲突，网友对其师德提出非议。闵行区教育局 12 日作出回应，认为该教师不存在师德问题。

1. 网友不满"打人教师"评职称①

争议当事人为上海闵行区一中学语文教师××，其名字出现在"2017 年度上海市中小学教师高级专业技术职务任职资格评审委员会（闵行）评审通过人员名单公示"页面中。

根据闵行区警方提供消息，2015 年 9 月 26 日，××与上海国际和平妇幼保健院的一位医生因取化验报告一事引发冲突，后经调解双方达成协议，作为纠纷案结束。而根据当时××所在学校的声明，××当时"处事不冷静，客观上给医生造成身体伤害，确实很不应该，也很后悔"。

××评职称的公示名单上网后遭非议，不少网民再次发出当时事件现场照片，谴责教师动手打人的过激行为，"师德应该作为评职称的基础标准，应不予考虑"。也有网民认为，不能永远关上大门，只要悔改应当给予当事人机会。

闵行区教育局 12 日表示，××"高级教师专业技术职务任职资格"申报与评审工作符合程序，当事人不涉及违反师德问题。

2. 专家建议全面评估涉事者师德师风

根据闵行区所提供的评审程序，第一部分为专业测试，第二部分为面试答辩，第三部分为综合评审，都以学科类技能评价为主。经全体评委投票表决后，××等 51 位教师具备高级教师任职资格。

此外，闵行区教育局提供的一份情况说明称，学校和教育局未接到家长和学生对其有违师德规范等方面的投诉，其未涉及《中小学教师违反职业道德行为处理办法》所规定的相关问题。

相关专家认为，对于曾在社会上因道德问题引发争议的教师，在岗位、职称、奖励等评审中，应对当事人师德进行全面评估。

---

① 潘旭，吴振东，仇逸. 殴打医生的女教师，如今想评高级职称，网友吵翻了 [N]. 新华社. 2018-01-13.

近年来，教育部就师德问题连续发文，其中包括《关于建立健全中小学师德建设长效机制的意见》《中小学教师违反职业道德行为处理办法》《关于建立健全高校师德建设长效机制的意见》等，明确提出建立健全大中小学教育、宣传、考核、监督、奖惩相结合的师德建设长效机制，将师德表现作为岗位聘用、职称评审、评优奖励等的重要指标，实行一票否决。

如《中小学教师违反职业道德行为处理办法》就规定，体罚学生、有偿补课、歧视学生等10类校内行为被列为违反师风师德。

上海师德研究与评价中心主任王正平曾多次参与上述教育部文件讨论制订，他认为，实际评审时，对师德评估不能仅限于这10类行为，所谓身正为师，对教师的道德要求高于常人，因此文件和规定不可能面面俱到。

华东师范大学教育学部教授吴遵民说，师德师风建设在具体落实时按评分的量化指标，比如违反哪一项扣除相应得分。"如果是校外行为，专家在评审时应视具体情况而定，不能因为是校外行为而无视，也不能因为事情过去了就不计较。"

3. 如何约束课堂外的教师的"任性"问题

其实上述案例的社会讨论只是冰山一角。新闻媒体报道了以下热点：合肥一女教师在火车站台上因等人而无视工作人员劝阻，用身体阻挡车门关闭，造成列车晚点。事件发生后，涉事人已被停职，学校作深刻检查；原北京航空航天大学博士生导师、长江学者×××因存在对学生的性骚扰行为而被取消行政职务和教师资格。

课堂外的教师行为该如何规范约束？根据教育部相关文件，中小学教师违反师德师风的行为包括体罚学生、有偿补课、歧视学生等10类与教育教学直接相关的行为，而高校教师的师德行为的"7条红线"还包括了"不得对学生实施性骚扰或与学生发生不正当关系"。

目前全国根据教育部的相关文件，建立了相应的师德建设制度，并将师德作为聘任和考核重要依据。然而，从教育部的中小学"10类行为"高校"7 条红线",到地方规定,都甚少涉及教师校外的道德行为。

王正平说,师德相比一般道德有更高要求,教育部门规范了校园内的师德,校园外的道德衡量可引入社会评价。

21 世纪教育研究院副院长熊丙奇说,建议在学校管理与教师评价中,引入教师委员会与家长委员会,通过教师委员会与家长委员会共同参与制订教师评价标准,实行教师同行评价、学生家长评价,丰富评价参与方,实现师德师风的全过程评价。①

(二)案例:愿文科资深教授担起人文价值的社会期待②

日前,清华大学举行了首批文科资深教授证书颁发仪式,包括李学勤、陈来在内的 18 位教授获此殊荣,不少媒体将此看作相当于"文科院士"的荣誉。目前,如两院院士的国家级文科院士制度尚未成型,各大院校推出自己的"文科院士",不失为一种探索。

"文科院士"又一次被拉回舆论视野。在清华大学之前,包括北京大学、中国社会科学院、复旦大学等高校也逐步推出文科资深教授荣誉。在 2017 年 3 月,全国政协委员、华中师范大学党委书记马敏提出,尽快设立"文科院士"。马敏认为,当前中国文科院士制度的缺失是对文科学者的一种制度性歧视,折射出"重理轻文"观念依然未泯。

从社会意义层面看,文科学者与自然科学学者面貌稍有不同。如果说自然科学由于门槛较高,其学术价值多在本领域内认定的话,那么人文社会科学领域则因为与社会深度勾连,他们的著作、言论相当大一部分在社会上广为解读,他们的价值厘定更像是校方认定、同行评议、舆论清议等多重坐标轴之下的综合判断。这也是为什么清华的"文科院士"出台后,舆论对当选"院士"的成果、言行颇多回顾、讨论,对已当选或未当选的学者也提出自己的看法与期待。

如果说,自然科学的规律判断更多的是一种事实性的探索,那么人

---

① 资料来源:http://news.sina.com.cn/c/2018-01-13/doc-ifyqptqv8804951.shtml。
② 易之. 愿文科资深教授担起人文价值的社会期待[N]. 光明日报. 2018 年 01 月 25 日.

文社会科学则更含有价值观启蒙的意味。文科，究竟该承载何种价值，向何种方向启蒙，也恰恰是近代百年中国学界反复思索的问题，这也与文科在19、20世纪的命运起伏相互勾连。清华大学的文科，就是一幅微观的呈现。19世纪末20世纪初，清华文科堪称一面旗帜，当时就有梁启超、陈寅恪、王国维、赵元任四位名声显赫的"清华国学四大导师"，除梁启超、王国维去世较早外，陈寅恪与赵元任均入选了后来第一届中央研究院院士。20世纪50年代的院系大调整中，清华的文科并入其他学校；今天，清华大学开始授予首批文科资深教授。文科，在不同的时代语境下，其价值认定、方向选择屡次变迁。直至当下，文科院士要不要评、标准如何、程序设计等等问题，不仅在学界，在广义的舆论场也是个极为受关注的问题，某种程度上这也是"文科价值重塑"这一问题的延续。

因此，人们对"文科院士"的期待，不只是学术成果著作等，更是社会价值的引领，人格操守的风标。它最理想的结果，应当是共识合流的呈现，校方、学界、舆论等能达致合意。人们期待这种合流能成为常态，合流的前提也格外重要，那必然是社会对人文价值的认定明晰透彻，人文学者该有怎样的学术表现与人格范式，已经形成具有稳定性的期待。[1]

二、案例分析

近年来，包括影视体育明星、公务员、社会公众人物、医生、律师、教师等职业人士在内的道德评价延伸到个人总体形象、职业形象的事件屡见不鲜。这些职业人士具有较高的社会性、影响作用大。而社会荣誉称号的评价更引起广泛的讨论，受到各阶层的不同反响。

---

[1] 光明网，作者：易之 http://news.gmw.cn/2018-01/25/content_27445337.htm。

1. 社会性职业人士的评价特征

第一，公众或社会责任比较重的职业人士属于社会精英，处于具备社会公众好评的焦点位置，理应成为社会道德的引领者和示范者。第二，这些职业人士一旦出现危机事件，往往成为社会公众谴责、新闻媒体负面曝光的热点，且社会危害性要比其他职业人士的危害更大。第三，这些职业人士的专业成就、对社会贡献往往比较大，甚至为权威人士，个人职业成功付出的代价也极大，一旦身败名裂，往往自身及家庭遭受巨大的伤害。第四，社会评价信源广泛，具有比较全面的评价效果，对于纠正狭隘的评价有益，日益获得社会化认同。第五，目前政府、组织机构层面的评价标准与流程更为专业化，社会评价机构正日益参与评价。比如中小学教师评价，已经逐渐引入教师委员会与家长委员会，通过教师委员会与家长委员会共同参与制订教师评价标准。第六，本案例对全体社会责任比较重的职业人士提供了良好的警示效果和规范作用。

2. 案例焦点

（1）职评案例的焦点。

从案例的评价争议焦点看，对上海市中学语文教师××职称考评显然是本书前面提出的综合模型的运用，存在的争议显示我国中小学教师绩效考评模式正进入转型阶段，从部门职业道德操守合规性、学校内短期专业能力评价为主，日益向社会公德合规性、职业长期综合职业能力为主的方向转型。××职称考评遇到的社会评价与学校内部、教育部门行业评价的关注差异，正是专业评价社会化转型的一个典型代表。随着社会专业机构和信息社会发展，公众的主动、外部参与日益明显，可以预计这样的案例今后会越来越多，对于当事人的压力也自然更大，学校、教育主管部门宜早做准备，主动吸引社会专业机构、大众和家长委员会尽早参与教师评价。

作者认为，从我国社会转型与进步新时代、落实学校公平发展绩效观等方面综合考察，无论结果是什么，全社会高度关注这一事例，就已经为教师考评团队多元化建设提供了很好的参考价值。

（2）学术称号评价案例的焦点。

荣誉或专业标志称号的评价，要严格遵从同行评议的准则。虽然高校教师学术称号与中小学教师学术称号会有区别，教师的学科差异也不存在可比性，但是不难想象，中小学教师学术称号也将面临类似的考评者认知差异。从高校情况来看，继清华大学之后，相信有不少学校都会跟进授予"文科院士"。这种褒奖，是对一个学者的学术成果带有总结性质的认定，但同时也不妨视作社会意义的另一重起点。愿他们承载起人文价值的社会期待，其认定人选经得起历史检验，并能够引领社会成员涵养出风骨凛然的精神气质。

那么对于中小学文科类教师学术称号的评价，相信也会在知名的中小学产生影响，进而引起学者争鸣和社会关注。相信本书对中小学教师绩效考评主体的分析模式，有助于对这些同类案例的分析和运用。

三、案例启示

（一）教师考评团队的社会评价权重正日益得到重视

教师考评团队结构已经逐步扩展到全社会，并且社会利益相关者的评价权重正日益扩大，过去政府部门、学校"一言堂"的时代正在悄然变化。这个过程正突破学校、部门的界限，日益满足社会大众利益相关者对教师绩效、教师职业发展的多维诉求。社会力量作为考评团队的重要构成已经不是需要不需要的问题，而是怎么安排合理的评价权重，以促进教师绩效提升、学校效能提升、人民群众对高质量教育满意度提升。随着网络社会的进一步发展，未来网络评价也可能会更主动成为教师绩效考评的又一不可忽视的力量。

（二）完善教育事业发展评价规划和评价法规

加强教育评价改革不仅是建设创新型国家、培育创新人才的内在需要，也是解决教育评价积弊的迫切需要（邱均平，2011）。《国家中长期教育改革和发展规划纲要（2010~2020年）》的颁布为教育评价改革指明了方向，并提出了系列改革方案和举措，是教育评价改革的行动纲领。在促进评价主体社会化方面，需要进一步规范社会评价制度，积极创造有利条件，鼓励更多的社会机构和单位参与到教育评价活动中来，加强教育监督和管理，辅助政府进行宏观管理，促进学校教育质量的提高，充分发挥社会力量参与教育决策和管理的作用，保障评价结果的公正、客观和准确。

要不断完善和建设教育评价制度、评价政策法规体系，逐步建立中国特色的教育评价制度与政策体系，保障教育评价依法、合规、高效、科学和民主，避免教育评价和社会事业发展脱节。因为学校、教师评价是教育质量保障的重要因素，是广大人民群众高质量生活的重要组成部分，对于建立创新型国家有直接的促进作用，也是人才队伍建设的重要保障和激励机制。

我国现行教育评价存在目标比较狭窄、方法相对陈旧、主体比较单一、结果呈现过于简单等弊端，不能适应新的历史阶段教育发展的新需求，需要制度性转变。教育评价制度具有多重功能，当前需要强化教育评价的推进性功能，促进教育的改革和发展，实现教育目的和目标的综合性功能。需要优化发展性教育评价，着力改进学校的增值评价、教师的绩效评价和学生的综合素质评价。需要制订和完善教育评价标准、探索并完善教育质量评价的手段和方法、加强教育评价专业机构的组织和队伍建设来加强教育评价的专业化建设（谈松华，2017）。

（三）积极塑造教师绩效考评内涵的良好社会评价环境

（1）大力培育全社会尊师重教、优先发展教育的良好风尚，构建教育系统与社会系统之间互相正向促进、正向扶植的良性包容互利机制，促进教师绩效社会影响规范化和理性化，避免"一竿子打翻一船人""一个教师形象代表教师队伍整体"的扭曲性社会评价风气。

（2）构建教育主管部门效能、学校效能战略。教育主管部门、学校要建立明确的效能建设战略，才能为教师评价团队工作职责提供参照，也才能真正促进教师绩效提升。

（3）不断完善教师绩效评价的社会参与体系。绩效文化是互通的，不能够在单独的学校、教育体系内部自我欣赏，要将教师的成绩、教师的作用和贡献，用适的手段和媒体，与全社会充分地交流，也要虚心接受社会各界的意见。

（四）积极做好教师绩效改革的实验性研究，降低绩效考评成本

（1）我国教育部门应该积极主动推动教师考评团队建设，早日出台相关政策，形成政策保障机制，考评团队建设需要教育主管部门按照教育管理规律，在新时代科教强国战略导引下，建设配套的团队建设扶持政策。

（2）教师绩效考评不能让教师成为实验品，尽可能减少考评成本，获得教师对绩效考评系统的全面认同。

（3）考评结果要得以合理运用、指导教师的绩效改进活动，不能够忽视教师绩效薪酬偏好目标。否则绩效考评与绩效薪酬制度就可能形成"两张皮现象"。

第二节　美国中小学教师同行评价 PAR 小组及其效果案例

约翰逊（Johnson，2012）围绕同行评价的潜力，进行了深刻的研究，发现人们对教师的同行评议有争议。有人说同行评价侵犯了校长的合法地位，就像教学领袖一样。另一些人则认为，因为同行评价者是教师，他们可能会有偏见或不愿意做出艰难的决定。许多教师发现，同行评估的前景让人不安是因为它违背了平等主义的职业规范，即假设"我们都是平等的"。一些传统教师工会成员拒绝接受同行评议，则认为这是一项让教师彼此对立的计划。

目前美国各地都在实施各种教师考评系统。人们正在重新审视同行评价。这是因为，首先，同行评价者可以减少对管理者稀缺时间的需求，提供校长可能缺乏的专业知识，将教师的视角引入评估过程，使教师能够更好地控制自己的职业。其次，如果没有明确的证据表明他们具有丰富的专业知识，以及来自管理者的大力支持，同行评价者可能没有足够的可信度来确保教师同事接受其判断和建议（Donaldson，2009）。那么同行考核有可能获得广泛应用并且逐步提高教师评价结构吗？还是说，成功还是有问题的？

（一）调研7个学区

同行帮助和审查计划（Peer Assistant and Review Program，PAR）在美国一部分地区能够提供指导和帮助。在PAR计划中，同行考核者（通常称为咨询教师）离开教学岗位3~5年，为15~20名教师提供丰富的、个性化帮助。服务对象中，大多数教师都是新手，但也有经验丰富的教师，后者需要改进教学工作。

咨询老师用几个月的时间为每位服务对象提供集中的、个性化的帮助后，来评估服务对象是否符合学区的绩效标准。随后，咨询教师向负责监督该项目的联合劳动管理委员会提交一份报告。在一些地区，PAR小组依靠咨询教师的报告作为对教师的唯一官方评价。在其他地区，PAR小组在校长评估的同时审查咨询教师的报告。在所有地区，咨询教师的报告是委员会决定任命或辞退教师的主要文件。

学者研究了2007~2008年度的7个学区的PAR方案。参观这些学区，审查当地的政策，并采访25~30名参与者和利益相关者，他们分别是咨询教师、工会领导人、地区行政人员、校长和小组成员。

实施项目的地区保留了更多的新手教师，也解雇了很多表现不佳的教师，包括终身教职和非终身教师。这些地区的大多数咨询教师都表示，他们发现自己的工作充满挑战和回报。因为他们是在一个严格的、有竞争力的过程中被选中的，PAR是由教师工会赞助的，教师们信任和尊重咨询教师。咨询教师在三年任期后，将返回教学岗位。教师们仍然会把他们视为在教师岗位证明自己并努力工作的同事。

（二）咨询教师的选择过程

教师往往对 PAR 项目持怀疑态度。PAR 小组的开放、广告宣传和严格的遴选过程，不仅能够选择出高超技能的合格咨询教师队伍，而且整个选择过程具有合法性。

对咨询教师职位的竞争通常是激烈的，每个咨询教师职位至少有 10 名申请者。从资格来看，咨询教师必须有 5～7 年的成功教学经验，并提供同事和管理者的推荐。为了证明他们能够写出清晰而有说服力的报告，候选人还需要提交一个报告样本，或者要求在测试情况下回答写作大纲。

然后，PAR 小组要进一步考评入围者。在一些地区，往往在未宣布的情况下就可能参观这些入围者所在的教室。在面试过程中，工会领导人和地区行政人员围绕学区教学标准，提问候选人如何协助教学效果差的教师。

这种竞争激烈的选择过程产生高素质的教育精英。一个地区的校长说："咨询师就像超人"。

（三）建立明确的指导方针

PAR 的咨询教师有明确的指导方针，例如，该项目制定了一个正式的程序，对表现不佳的终身教师进行干预，这可能会导致他们被解雇。当一个校长把一个老师转到 PAR 上的时候，他的表现不令人满意，大多数 PAR 小组指派一个咨询老师来调查这个推荐是否合理。通常咨询老师会见校长，宣布进行课堂观察，并准备报告的小组。

计划大纲规定要在多长时间，咨询老师应该如何服务教师，他们应该提供什么样的帮助，如何进行评价与观察，应该做什么样记录。

（四）教学标准和评估准则依据

在大多数地区，把教学标准嵌入到评估工具中，其中包括每个标准的详细评估量表。咨询师们依靠这些量表标准来帮助他们确定良好的教学，帮助教师努力改进，并解释和证明他们的评价。

不能重新雇用某个教师需要勇气和信心，特别是在咨询老师花了相当多的时间和精力帮助那个老师有所进步之后。考虑到学区的标准，咨询教师可以做出艰难的决定，并向他们的老师解释清楚。一位咨询师说，在评估过程中，标准是作为客观的第三方要求的，是独立于她的喜好和所帮助老师的。另一位咨询师解释说，如果没有明确的标准，她的评估就会基于直觉或者偏见。

PAR 小组要求咨询教师证明所有陈述都有基于标准的具体证据，这样就保证了每个人的评价都是公平的。例如，证据可能包括教师在课堂上使用的确切单词，他们给学生的作业，课程的顺序和组成部分，描述他们如何与学生互动，或者学生的考试成绩，意见和传闻不能够作为可接受的证据，因此整个过程有相当大的可信度。

（五）提供丰富的培训和支持

对于一个咨询师来说，成为一个专家，仅仅足智多谋还是不够的。为了有效地指导和评估需要帮助的教师，咨询教师还需要理解所服务的教师，需要知道如何与同事建立信任关系，需要处理各种各样的案例，同时还要记录和完成报告。一位咨询老师描述了她面临的挑战："这是一个巨大的学习曲线。咨询教师是学校的领导。这是对自我的挑战，因为你必须在这份工作中学习很多"。大多数咨询师都没有循序渐进的过程，没有实践。从工作的第一天起，咨询教师就需要开始承担复杂的责任。

为了帮助他们应对这些挑战，在暑假或其他时间，咨询师需要接受经验更丰富的咨询师培训，以便获得更丰富的策略。一位咨询师说，她学会了"当你试图让他们相信你的时候，如何与他们建立融洽的关系，以及如何利用这种关系帮助他们找到自己的道路。"咨询师也对这些标准有了深入的了解，并通过观察和评估教学方法，无论是在实际的课堂还是在视频中，然后将他们的评价与一名咨询老师所称的每个标准的"校准培训"进行比较。

咨询师还必须学习管理那些伴随其职责的后勤工作，如安排观察会议、记录、撰写报告。大部分的学习都是在非正式的情况下进行的。

在向PAR小组报告教师的工作量之前，咨询师们与同事们排练了他们的演讲。在一个地区，咨询师轮流扮演小组成员，他们在模拟演示的时候回答尖锐的问题。

各个地区的案例资料记录了富裕、实际、正在进行的培训的价值。一个咨询师的描述很典型："我认为这是一个非凡的专业发展经验。我学到了很多，我甚至都不敢相信。如何在一个团队中一起工作，如何成为一个更好的作家，如何成为一个更好的沟通者，关于绩效指标、教学策略的设计，等等。我觉得自己是一个好的领导者，在人际关系中更有同情心"。另一位咨询师则认为："我不可能孤立地做这件事，各个方面的支持都是重要的"。

（六）PAR小组提供的监督

咨询师发现他们的工作具有挑战性。对大多数人来说，最难的部分是提交一份负面报告，这可能会导致老师被解雇。一名咨询老师抓住了别人认为自己尖锐的责任感："在你的手中有一个人的职业生涯"。

PAR小组的上司督导经常给顾问们提供信心和决心来履行他们的职责。专家小组要求通过书面和面对面形式，咨询教师定期报告所服务的教师进展。书面报告至少包括对教师实际活动的描述、教师如何达到标准或不符合标准的具体情况，以及对教师的总结评价。在大多数地区，咨询教师每年会在PAR小组前展示他们的案例，然后回答提问。

一位咨询师解释说，如果她声称一位接受辅导的教师情况已经得到改善，那么小组成员将会进行考察，以得到更多的进步证明。另一位咨询师解释说，每当他报告说一名教师没有达到标准，他就必须准备回答小组成员经常提出的一些棘手的问题："你做了什么来帮助她？你为她录像了吗？你给她的是什么资源？学校的结构是怎样的？她是否有一个帮助团队，每周都和她一起工作？她的辅导老师如何帮助她？"

（七）专注于评估和协助

这些地区的经验告诉我们，如果关键措施到位，比如开放和严格的选择、明确的绩效指导、明确的教学标准、持续的培训和有效的监督，那么同行考评就能发挥作用。

然而,同行考评的好处取决于咨询师不仅提供评估,而且还能够提供支持。同事协助和审查辅助对于提高所有教师的专业责任意识至关重要,因为他们接受专家指导,努力达到高标准,并与他人讨论他们的实践。

政策分析人士建议学区使用评估程序,保留最好的教师,解雇最差的教师(Hanushek,2009)。然而,这种方法浪费了一个难得的机会。PAR 小组不仅是为了确保留住那些合适的教师,而且是为了支持教师提高教学水平,丰富学校校园文化。

本 章 小 结

教师考评团队结构设计模式要符合国情民意,在政府政策法规范围内,遵循科技教育事业发展规律,对教师绩效进行公平、公正、公开、民主、有效的评价,才有利于教师队伍建设与专业化发展。本章选取国内权威媒体披露的典型教师考评团队结构及效果案例,借鉴前面各章的理论回顾、实证研究结论,对这些案例经过、案例焦点和启示进行了较全面的分析,获得有益的案例分析结果。

为了更深入了解美国基础教育教师同行评价与辅导计划的实际效果,本章选择美国中小学的同行帮助和审查计划(PAR)进行案例分析,以更明确显示考评团队结构中同行评价小组结构与效果关系。本部分案例展示出 PAR 小组中咨询教师的选择过程、明确的指导方针、教学标准和评估准则依据、所提供的培训和支持、监督、评估和协助等业务活动,显示出该类同行评议成员的多维评价和效果。

上述所讨论的教师考评团队结构与效果案例,均和国家文化背景、教育领域改革战略目标高度相关,有较高的案例研究价值。

第八章

教师绩效考评团队结构优化与建设模式

  教师绩效考评团队建设模式是指为了提高绩效考评系统和绩效薪酬效能，依据考评者构成与考评系统效能、教师绩效薪酬偏好关系，对教师考评团队构建目的、构建内容、构建方式进行的设计与实施框架安排。

  教师绩效考评团队是逐渐发展和形成的。早期教师考评以行政管理为主导，经过长期的教育改革，目前教师绩效考评团队正逐渐建构起民主参与式的教师绩效考评团队。本书对教师绩效考评团队设计与策略分析，是基于教师绩效薪酬制度效果的匹配视角来讨论的，即不仅仅满足绩效管理理论和体制需求，满足学校效能建设和教师效能建设需求，体现教师绩效考核文化，更要促进教师绩效薪酬制度和人力资源管理其他环节的协同发展。

第一节 学校绩效文化与考评团队构建

一、人才考评团队建设的历史借鉴

  人才考评团队建设对于我国科学、教育的影响，历史上可以从早期科举制度利弊得出一些启发。

清代沿袭明制，士人要想学而优则仕从政，必须要经过童子试、乡试、会试、殿试的层层考核。殿试是最高级别的制科考试，由皇帝在大殿亲自典试，决出最终的名次，名列一甲第一名即为状元，第二名为榜眼，第三名为探花；名列二甲的赐进士出身；三甲为同进士出身。但是，皇帝的政务俗务都很忙，时常无暇旁顾，多数是委派亲近的大臣代替典试，皇帝只审核最终的结果。所以，阅卷官的性情品格、朋徒交往，乃至一时的喜怒，都有可能决定考生一生的命运（青丝，2013）。科举制度之所以在中国历史上存在1300年之久，定有其存在的理由，亦即合理成分或者合理内核（李克玉，2007）。科举制度的合理内核主要体现为：考生来源的开放性和广泛性；考试权利和录取标准的统一性；考试管理环节的严肃性；考生在考场上的竞争及考官判卷的公平公正性；科目设置的多样性；多途取士，不拘一格的灵活性等。近代有识之士，如龚自珍、魏源、冯桂芬、王韬、马建忠、郑观应、薛福成、康有为、梁启超、严复等地主阶级改革派和资产阶级改良派，他们并不反对科举制度，而是反对八股取士制度，要求改革科举制度，主张废八股、改试涉及国内外时事及史事的策论；增设科目，多途取士；在常科以外，另设特科，以造就和选拔适应社会发展所需要的新型人才，来实现强国、御侮、救亡图存的蓝图。这本是明达之论，可是，晚清执掌实权的统治者，却不顾改革派的一再呼吁和要求，一味顽固地推行八股取士制度，并且弄得越来越糟，严重阻碍了近代科学的发展和新型人才的造就，越来越成为社会进步的障碍物。

学者杨国强（2014）认为，自封建变为郡县，帝王治天下则不得不选官。以儒学的贤人政治为理想，选官则不能不尚贤。因此，先出的察举和后起的科举，主旨都在"选贤与能"。但与由少数人选少数人的察举制度相比，科举制度既用"以试为选"变以人选人为以文选人，又用"怀谍自列"变少数人受选为多数人受选。选官过程的广泛性、普遍性、公共性和公开性都使得公平成为这个过程里的要义和要害。

学者王兴亚（2006）认为，全面推行考官责任追究制，是清代严格考试管理、治理考试舞弊行之有效的举措，严密的法令法规，与加大查处力度相结合，有效地维护了考试的客观、公平、正义的原则，为营造良好的考试氛围提供了历史借鉴。不可因科举制度最终被废除而忽视它在中国考试管理方面的积极作用。乡试、会试与殿试均不设专职，不设常设机构，一律由临时考试机构组织实施，其人员组成有主考官、同考官、提调官、监试官、供给官、收掌官、弥封官、誊录官、对读官、受卷官和巡绰官、监门官、搜检官等，而且对该机构各官的职责作出明确的规定。清代考官责任追究制的特点包括：立法完善；追究对象是考试机构中的全体成员；追究的范围是考试过程中出现的各种问题；追究的基本形式是处罚，包括行政处罚和刑事处罚两种；考试责任追究为朝廷所重视。

学者姚红（2002）认为，宋廷始终把防止大官僚垄断取士权、严禁他们徇私舞弊作为科举改革的重点，这是值得称道的。宋代通过一系列的科举改革，逐渐形成了一套完整、严密的考官制度，因此考校试卷比较公正，从而保证了有才能的寒门之士能够通过科举之路踏上仕途，这就有利于人才的选拔。

科举制度作为历史上最具权威的、决定考生终身命运的机会，仍然吸引无数优秀学子参加该类考核。所以，考评者从普通的考官，最高到皇帝，都发挥了考官的作用。那么在新时代，作为教师的考评者构成，其构成模式和策略如何设计，就有重要的意义。尤其是，结合前文的实证研究结论，围绕教师对绩效薪酬制度偏好的要求，在考评者构成设计策略、实现模式和优化等方面，就有考评管理体制改革实践推进意义了。

二、学校绩效文化建设内涵与层次定位

本书在第二章中，就学校效能建设进行了文献梳理。结合学校绩效

文化如何建构教师考评团队，需要从理论、实践方法和效果等方面进行策略分析。

有什么样的绩效薪酬制度，往往可能就决定着什么样的学校绩效文化。目前国家高度重视公平、有质量的教育，就包括建立科学、合理的教师绩效考评机制，核心就是学校绩效文化和各级政府的教育政绩观的科学理性精神。

社会化考评机构对学校绩效文化的影响要格外重视。因为社会考评机构有自身的绩效观念和战略目标，强调自身机构的独立性、专业性和社会服务职责，因此对学校绩效文化内涵的认识未必和学校、政府教育主管部门认识完全相同，那么专业性社会考评机构参与到教师绩效考评团队后，就要充分发挥专业机构的职能和特色，同时要给社会专业机构理解、认识学校绩效的更多资料，彼此要熟悉，否则社会考评专业机构未必能够发挥出对教师的绩效考评效果。社会专业考评机构参与度高低、考评权重大小要依据教师绩效考评性质和任务量多少均衡选择。

学校绩效文化和绩效观念有较大的异同，尤其是学校绩效文化也和绩效薪酬制度有关。学校绩效文化更强调以下几个方面：

（1）宏观绩效目标方面，每个学校认为该学校要为国家繁荣、民族振兴提供什么样的教育服务，要为每个学生成人、成才提供什么样的贡献，学校要把这一目标形象化、人格化、故事化、定格化，每个学生都清晰地、终身记忆在心，努力进取。

（2）在中观绩效方面，学校能够清晰、公平地为社会、家庭、师生、同类学校提供杰出的教育教学规划，能够塑造民族文化和世界先进文化精粹基础上的情感、心智训练习惯，产生具体化、吸引人的"培育成就塑像"，即可视的、可触摸的、可模仿的行为主导规范，能够吸引学生掌握坚实的学科和课程知识基础与实践技能，学生能够爱社会、爱家庭、爱自然、爱人、爱自己，学生有较强的自尊和成就感；教师有职业成就感和工作动力，有良好社会形象和代言人权威，能够对自己的任务绩效、周边绩效有更高追求；学校有良好的社会形象和地位、为人尊崇、历史感浓郁,培育校园组织文化和人才成就的贡献能够充盈社会、造福大众。

(3)微观层面上,在教育教学业务和服务项目的绩效内涵中,始终围绕学校战略能力提升、师资队伍质量、学生能力发展、学校教育质量、课程质量、学校治理成就开展评价。这样才能将学校的发展与常规的人力资源战略、教师队伍建设战略衔接起来。

三、学校绩效文化与考评团队建设协同机制

学校绩效文化模式、教师绩效薪酬偏好导向一定程度上决定着教师考评团队建设路径和成就。

李永生(2013)认为,学校效能评价是对学校进行的一种宏观水平的综合评价,目的是确定在一定时间内,学校经过努力所取得的"实际进步程度"。引入学校效能概念来评价学校工作绩效是国际上兴起的一种评价探索。我国中小学学校效能评价,主要从政治学、经济学和社会学三个取向上综合考虑影响学校教育发展的因素,运用相关评价方法,形成评价结果。建立符合我国当前中小学工作绩效发展实际和社会需要的学校评价模型,其中学校效能评价的主要指标应包括:教育目标达成、教育输入与输出以及关键人群满意度等。

1. 学校绩效文化与教师考评团队成员公开/保密策略

在明确学校绩效考核文化基础上,教师考评团队工作目标要正式写入学校关于教师绩效考评的各种文件、制度中,通过会议、资料分发、学校文件专题展示等方式,做到众所周知。至于考评成员构成情况,建议将确定的考评组名单公布于众,保障教师的知情权。个别学校认为考评组成员保密有利于公平、公正考评的思路是不合乎现代教育评价理论和国家政策方针的。未来趋势中,被评价的教师甚至可以选择考评者,所以考评者保密已属无意义,一定程度甚至影响教师对考评组的信任。

自然，学校可以依据自己的实际情况，相机决定是否公布考评组成员及构成名单。但是无论公布还是保密，都应该事先和全体教师开诚布公做好沟通，避免教师对学校无谓的对抗，扩大教师对考评团队结构的知情权，增强对考评成员的信心和信任。

如果实施考评组名单保密策略，则必须对校内教师一视同仁，采取制度措施，杜绝泄露考评组成员任何信息的可能性，防止不公平考评行为。

2. 学校绩效文化与考评团队行为方式的匹配方式

考评团队行为方式体现着学校绩效考核工作的形象与结果。考评成员的行为方式是考评岗位工作分析的重要组成部分，往往能够外显化，也是学校绩效考评文化的重要内涵。比如考评者准时上下班、认真记录、准确点评、诚恳与考评对象交流、精心观察学生上课状态、礼貌待人、尊重他人等等，都可以看作为良好的考评者工作行为方式，无疑增加教师考评团队整体素质、能力和效果的认同，提升对考评成员的好感和信任度。考评组成员言行举止不仅代表个人的形象和水准，更代表着整个考评团队在教师心目中的权威、公正、准确、可信的裁判者形象，因此考评者行为是否端正、举止适当，体现着学校绩效考核文化的严谨、客观、以人为本的内在约束。

3. 学校绩效文化与考评团队标识匹配

教师考评团队标识选择是为了将考评团队符号化、形象化，易识别，从而能够得以清楚的辨析，正如体育运动场地的裁判员一样，有特定的服饰、专门的位置和权威。考评团队应该合理地做出明晰的团队专门标识，代表着考评组织、考评成员的地位、办公室场所、职责、权力与定位、专门的议事场合等标志性信息，从而避免干扰、增加权威、便利记录、利于团体交流、社会化沟通。总之，考评团队标识作为学校（或其他考核机构）长期运用的专门符号、场地和宣传物，应该专门设计，进行必要的保管和整理，以便运用和高效发挥特定考评技能。在标识方案设计与选择方面，要与本学校的绩效考核文化定位协同，不能脱离实际，盲目追求"高大上"的形式主义。具体地，如果学校绩效考核文化具有浓郁的低权力距离、高集体主义特征，那么在考评团队成员标识、办公机构、考评标志物等方面要对应于民主氛围强、权重均衡等特征。再比如，为了凸显公平、准确评价的学校绩效考核意义，相关考评场所可以适当地布置象征公平、精准的图案标志，强化考评团队特定性质，增强考评过程规范性。

4. 学校绩效文化与考评团队评价内容的匹配

教师绩效考评内容是考评团队评价成败的关键。在教师绩效考核制度经过各个环节讨论并通过全体教师同意后，考评内容决策也会受到学校绩效文化的影响。学校总体绩效目标决定着教师绩效内涵与目标，学校绩效考核文化特征必然制约着教师评估价值观、评价标准、评估方法、评估结果运用、教师绩效改进等核心考评内容特征，也自然要通过考评团队成员来具体操作、落实，从而也就确定了考评团队成员的具体职责、任务、难点和重点。

5. 绩效考核文化与考评团队沟通方式的匹配

不同学校绩效考核文化包含着对教师绩效提升的动力和压力要素，也规划了考评团队与被评价教师之间的沟通机制。尤其是考评结果各类沟通、考评依据异议、考评复议、教师投诉等环节顺畅与否，都会受到学校绩效考核文化制约。

绩效沟通策略和考评团队成员结构、考评质量有密切关系，具体分析如下：

（1）在以教师为考核主体的绩效文化导向下，沟通策略制定就要在考核全程、核心环节、关键公示、反馈与修改、监督和责任追究等方面，对全体考评成员进行较规范的沟通培训，并提供较完备的沟通工具、平台和技术保障措施。

（2）要高度关注教师自我评价机制与展示，做好考评团队与教师自我评价结果的衔接，构建自我评价与考评团队评价相互印证、交流平台，避免"二张皮"现象，最大程度促进自我评价与考评团队考核结果的一致性，提高教师对考评全过程的满意度。

6. 学校绩效文化与考评团队的危机管理策略

一定程度上，教师绩效考评活动在教师之间、教师与行政管理层之间存在着矛盾，甚至产生各种考评危机事件。为了避免考评矛盾的激化问题，学校绩效考核文化要包括危机应对意识、和谐发展意识和校园治理观念，尤其是在考评团队建设中，不断强化考评成员的危机沟通、危机应对、公共关系策略的训练，避免教师绩效考评出现大的危机事件。

7. 学校绩效考核文化与社会专业评估机构考核活动的匹配

社会专业评估机构在教师绩效考核过程中往往独立地、专业地发挥自身的考评技能，因此在教师考评理念、考评标准与考评方法、考核结果分析与运用方面，很可能与被评价教师所在学校的绩效考核文化存在冲突，比如考核过程鉴定公开性、考核指标权重依据与公平感觉，都可能存在人际差异，从而导致所聘请的社会专业机构评价参与活动与学校绩效考核文化之间冲突。

二者协调手段包括：（1）社会专业评估机构要主动服务学校，争取教师对专业社会机构的高度信任感；（2）正式评估之前先熟悉彼此的规则、程式、公开公平的操作措施，尽可能融合彼此观念；（3）社会专业考评机构要建立与学校绩效考核工作的长期合作导向，拥有一批热爱教育评价的专业评估人员，无疑将会增强机构的评估准确性。

第二节　教师绩效考评团队效能提升路径

教师的绩效考核活动独特之处，在于教育教学活动是团队性质。每个人对于学生学术成就的贡献虽然可以通过多种测量方法（比如附加值、工作量、职责完成、个人素质与技能测量等方法）间接考评，但是教育的本质绩效是教师团队共同实现的，具有团队工作性质。所以对教师个人绩效的考评者、教师团队绩效的考评者两方面都要综合考虑，这样的考评团队设计是挑战性任务。

一、教师考评团队"惰化效应""助长效应"及其策略

鉴于基础性绩效薪酬仍然可能会是未来教师绩效薪酬的主要构成，因此对于考评者的选择必然要熟悉个人绩效和团队绩效评价理论。特别是教师团队绩效薪酬偏好弱化、存在"社会惰化"效应条件下，考评团队成员的选择和结构安排更为重要。

（一）防止和降低"社会惰化"效应的策略

"社会惰化"效应（social loafing）是指，完成累计工作的人越多，每个人的贡献往往就越少（Karau，1993）。这里就涉及到团队工作中每个人的贡献评价，教师工作包括浓郁的团队色彩，所以团队绩效薪酬尽可能避免"搭顺车"，就需要在考评者构成上合理设计，考评者对于教师团队绩效的考评要准确、客观，就需要来自一线基层教师广泛参与，才能有更大的保障。

学者认为，出现社会惰化的原因可能有三个：社会评价、社会认知和社会作用力。具体来说，首先存在社会评价的作用。在群体情况下，个体的工作是不记名的，他们所做的努力是不被测量的，因为这时测量的结果是整个群体的工作成绩，所以，个体在这种情况下就成了可以不对自己行为负责任的人，因而他的被评价意识就必然减弱，使得为工作所付出的努力也就减弱了。第二，社会认知的作用。在群体中的个体，也许会认为其他成员不会太努力，可能会偷懒，所以自己也就开始偷懒了，从而使自己的努力下降。第三，社会作用力的作用。在一个群体作业的情况下，每一个成员都是整个群体的一员，与其他成员一起接受外来的影响，那么，当群体成员增多时，每一个成员所接受的外来影响就必然会被分散，被减弱，因而，个体所付出的努力就降低了（陈春花，2016）。

应该强调的是，社会惰化不是普遍的现象。研究表明，文化在决定

人们是否出现社会惰化现象中扮演着十分重要的作用。社会惰化是文化价值的表现，群体文化中强调个人主义，个体的利益就会支配着群体的绩效，但是如果群体文化中强调集体主义，群体利益就会支配着群体绩效。因此要避免教师团队社会惰化，可以从以下几个方面进行努力：

1. 教师贡献可识别化

许多研究表明，社会惰化产生的原因是群体中的个体认为他们的贡献不可识别（格林伯格，2011）。所以当每个个体对工作的贡献能够被识别出来时，个体就感觉到了压力。因此当教师对学生成就发展（累计性工作的贡献）能够识别出来，那么社会惰化就可以避免：如果惰化者害怕被发现的话，那么他们就不会惰化了。对于教师来说，每个教师对于学生学业成就、学科和学校发展的贡献如何识别出来，如何得到合理的展现，需要做什么样的考评和结果沟通，如何让每个教师的贡献得到同事、家长、甚至社会的认可，真正落实尊师重教，就需要进一步细化学校对于教师工作成果的考评、考评结果认同与展现。要让每个教师的贡献可识别化，就需要考评者做更细致、持续的公共关系工作。具体可以采取以下多种方式，比如，按照事先确定的沟通方法，在特定范围内，运用特定渠道，不仅公布整个群体的工作成绩，而且还公布每个成员的工作成绩，使大家都感到自己的工作是被监控的，是可评价的。每个成员自我评价在团队业绩中的独特贡献，与自己的贡献计划目标比照，找出上级与自己评价的差距。

2. 把教师工作设计得更重要、更有趣

相关研究已经表明，当人们要完成的工作对组织来说非常重要时，他们就不可能惰化。当工作非常有趣时，人们就很少出现惰化。教师工作日益受到全社会的尊重，教师同时能够在教学工作中获得良好的感受，工作满意度必然提升，日益在社会中获得高地位，内心对教师职业认同度高，社会惰化将减少。长期以来，教师工作分析和评价是我国基础教育的弱项，长期落后于发达国家教师职位分析理论和实践，造成了教师团队工作的认识盲区和评价盲区。

3. 奖励个体对群体绩效的贡献

如果对群体绩效做出应有的贡献但是没有得到奖励或者认同的话，将降低自己的努力程度以求得内心的公平。按照期望理论，教师所得要和其对团队贡献有合理的关联，才能有显著的激励效应。

4. 使用惩罚威胁措施

对于团队中的偷懒行为，要事先在团队绩效管理和奖惩制度中明确有关的惩罚事项，使得全体成员明确：在团队中存在哪些偷懒行为，不同的偷懒将遭到什么样的严厉的惩罚，形成明确的惩罚制度和案例。

在教师团队中，要让每个教师明确，个人什么样的行为将影响学校、学科、班级的团队绩效目标，会给学生造成什么样的后果，并以大量的案例进行事先的沟通。

5. 帮助群体成员认识他人的工作成绩

使人们了解不仅自己是努力工作的，他人也是努力工作的。强化团队成员的社会认知，增强彼此的组织信任度，也将有利于考核系统的效能提升。

6. 不要将教师团队规模设计的过大

如果是一个大群体，就可以将它分为几个小规模的群体，使得更多的教师能够接受到外在影响力的影响。

（二）提升社会助长效应（social facilitation）的策略

所谓社会助长效应，是指个体受他人意识影响（包括他人在场或与别人一起活动）造成行为效率的提高，以强化教师绩效考核监督者的效果。比如运用教师宣誓制度方法强化教师的角色认知，提高工作效率，原因就是当众通读《教师誓词》，会产生社会助长作用，有利于外部规范顺利转化为教师个体的内部动机，使之兑现承诺。

二、教师考评团队效能提升要求

团队效能可以表现为生产结果、成员满意感、继续合作能力，也可以包括团队产出的产品绩效标准、提高团队成员共同工作能力的过程；或者包括团队业绩效能、员工态度和行为结果；也可以包括团队的周边绩效和任务绩效（陈春花，2016）。影响团队效能的因素主要涉及：团队沟通、团队气氛、目标认同、团队特征（异质性、成员熟悉度、团队规模）、团队领导行为和组织支持。具体到教师考评团队效能，同样存在自身改善空间，就是说，考评团队成员不仅要科学、公正地评价教师的绩效，考评团队成员自身的效能建设策略同样值得重视。具体包括明确的目标、适度的团队规模、适宜的团队结构、合理的奖惩机制、团队培训、成员之间信任。

1. 教师考评团队目标

有了明确具体的、现实可行的团队目标，才能将艰难的教师考核任务落实在团队行动上，能够产生具体的工作目标，将教师考评团队构建为一个强有力的整体，因为考评团队业绩目标将界定该团队的工作成就，为教师考核过程、教师考核结果、教师绩效考核结果沟通、教师绩效提升与改进提供明确的支持；教师考评团队目标确定将约束考评团队内部的沟通和方法、结论的合理冲突；考评团队目标能够促进全体考评者集中精力，完成各自的任务。

2. 适度规模

教师考评团队的规模要适度，一般限制在 5~25 人之间，这样能够形成较强的团队凝聚力、忠诚感和相互信赖感。

3. 考评团队结构

教师考评团队分为团队领导和一般考核成员。尽可能实现考评成员能力、角色、性别、年龄的合理搭配，达到团队系统功用最大化。特别是，考评团队建设中要注重考评者的价值观、教育背景、考评者退出机制等要素。

4. 考评团队的可信度

本书第六章实证研究结果表明，教师对同事的信任度最高，其次分别为校长信任、主管信任。按照从高到低的顺序，各类考评者对绩效考核结果的实际影响依次为校长考核、主管考核、同事考核、教师自我考核，而各类考评者对教师绩效考核结果的潜在影响依次为同事考核、校长考核、自我考核、主管考核。因此，构建考评团队一定要重视教师代表的规模和比例，才能提高教师绩效考核系统效能。

第三节　与教师绩效薪酬偏好匹配的考评团队结构策略

从教育评价技术层面看，绩效评价主体能力欠缺，教师不信服评价考核结果导致教师绩效薪酬偏好弱化，原因在于教师绩效考评成员多为教育行政人员，普遍缺乏评价技术的专业培训，导致评价信度不高和教师评价标准模糊化。由于绩效考核标准很难囊括教师的所有工作，非专业人员在实施教师绩效考核上常常会"顾此失彼"（宁本涛，2014）。因此要基于教师绩效薪酬偏好，采用不同的考评团队结构，提升教师绩效薪酬制度效果。

一、与团队绩效薪酬偏好匹配的教师考评团队策略

本书第六章的实证研究结果表明，教师对团队绩效薪酬偏好程度不高。这里有必要强调一下，我们国家目前教师绩效薪酬制度虽然没有明确提出团队绩效薪酬这个项目，但是教师基础性绩效薪酬项目的主要依据，就是教师所在地区的社会总体经济发展实力，反映当地全体劳动者的共同绩效，具有团队绩效特征。其次，目前政策要求基础性绩效薪酬还要反映教师的岗位职责完成情况，即遵守工作纪律、履行岗位职责，完成学校规定的教育教学任务的情况，这样就需考评教师个人绩效。可见，基础性绩效薪酬既包含着地方性经济发展水平蕴含的团队绩效因素，也体现着岗位职责完成状况的个人绩效（工作过程与行为），所以

本书结论之一是教师最偏好基础性绩效薪酬，一定程度表明了教师对团队绩效薪酬、个体绩效薪酬偏好的融合性偏好。西方国家教师绩效薪酬项目设计比较泾渭分明，我国教师的基础绩效薪酬项目体系还需要精准完善。此外，我国教师奖励性绩效工资包括班主任津贴、教育教学过程奖励、家访工作情况奖励、出勤考核奖励、人均奖等，仍然混杂着个体奖励性绩效薪酬和团队奖励性绩效薪酬。因此同样需要精准区分，以便开展考评团队结构的对应设计。

教师团队绩效薪酬偏好往往体现出教师集体主义文化倾向。团队绩效管理过程要展现出教师团队绩效计划、监控、考核、沟通和提升效果特征。与团队绩效薪酬偏好相对应，教师考评团队结构设计就要注意以下几个方面。

1. 团队绩效类型与范围

学校发展战略成就、学校各类业务活动战略、学校各类教学教育目标、校本教育教学绩效、学校社区贡献、学校形象与各类先进表彰、学校优秀教师团队、优秀学术团队、学校人才团队发展绩效等，都是团队绩效类型，具备团队绩效特征。这些绩效是全体教师共同劳动创造的，属于团队绩效。

2. 考评团队结构

与团队绩效薪酬偏好对应，考评团队结构主要包括：教学督导、所在地区人社保障部门、学校行政管理层、教师代表、学生与家长代表、社会专业考评机构代表。因为要观测的绩效依据相对更广泛，所以考评团队以均衡权重结构为主，以便为学校成绩发展提供更广泛的评价意见和绩效提升途径。

3. 考评者能力构成和信任度策略

团队绩效考核难度比较大，尤其是界定团队贡献中每个教师的贡献尤其困难，考评者的能力和可信度策略主要包括以下几点。

（1）考评者要有良好的团队考评经历和成果；

（2）能够不断学习、实践和创新学校团队绩效考核理论，熟悉学校、教师团队绩效内涵、考核技巧与特征；

（3）跟踪教师团队绩效考评结果的实际改进效果，持续提供专业咨询建议。

（4）具有正义感、责任感、丰富的考评经验，具备公认的专业成就和声望。

二、与个人绩效薪酬偏好匹配的教师考评团队结构策略

个体绩效薪酬偏好是教师对于个人奖励性绩效薪酬、知识与技能发展薪酬、个人基础性绩效薪酬项目偏好的总称，即绩效薪酬基准是按照个体绩效来计量支付的。本书第六章实证研究表明，教师总体上对个体绩效薪酬偏好强于团队绩效薪酬项目。

针对个人绩效考评时，绩效考评团队构建需要按照各级教育主管部门的相关规定，在考评目标、考评标准、考评依据、考评结果及沟通、考评纠纷争议处置等方面有章可依，有严格的操作规则。因为教师绩效考评内容日益丰富，教师个体绩效考评范围越来越宽泛。

（一）个人绩效考核项目

1. 教师短期（年度）考核项目

教师绩效考核项目应该包括哪些，不是简单罗列就可以的，需要依据各级政府教育主管部门制定的绩效考核政策，按照学校起草并经过教职工代表大会通过的考核项目进行考核。目前我国义务教育学校教师绩效考核政策所规定的教师绩效考核项目均为短期的项目，考评项目如下所示。

教师履行《义务教育法》《教师法》《教育法》等法律法规规定的教师法定职责，以及完成学校规定的岗位职责和工作任务的实绩，包括师德和教育教学、从事班主任工作等方面的实绩。

师德主要考核教师遵守《中小学教师职业道德规范》的情况，特别是为人师表、爱岗敬业、关爱学生的情况。在考核中，要明确规定，教

师不得以任何理由、任何方式有碍完成教育教学任务，不得以非法方式表达诉求、干扰正常教育教学秩序、损害学生利益，并将此作为教师绩效考核合格的必备的基本要求。

教育教学主要考核教师从事德育、教学、教育教学研究、教师专业发展的情况。德育工作是每个教师应尽的责任，要结合所教学科特点，考核教师在课堂教学中实施德育的情况；教学工作重点考核教学工作量、教学准备、教学实施、教学效果，以及组织课外实践活动和参与教学管理的情况；对教学效果的考核，主要以完成国家规定的教学目标、学生达到基本教育质量要求为依据，不得把升学率作为考核指标，要引导教师关爱每个学生，特别是学习上有困难或品行上有偏差的学生。教育教学研究工作重点考核教师参与教学研究活动的情况。教师专业发展重点考核教师拓展专业知识、提高教育教学能力的情况。

班主任是义务教育学校教育教学工作中的重要岗位。班主任的工作任务应作为教师教学工作量的重要组成部分，要鼓励教师尤其是优秀骨干教师积极主动承担班主任工作，使他们有热情、有时间、有精力，高质量高水平做好班主任工作，当好学生的人生导师，促进学生德智体美全面发展。要强化对班主任工作的考核，重点考核其对学生的教育引导、班级管理、组织班集体和团队活动、关注每个学生全面发展的情况。

2. 教师长期绩效考核项目

主要是教师职称评审考核项目。这方面全国各地存在比较大的差别。本书前文中介绍了浙江省中小学教师职称评审项目，这里不再赘述。但是需要注意以下事项：

（1）要注意考评项目的边界范围。比如师德考评项目，要具体明确师德考评具体政策范围、师德考评详细事项。要注意考评项目时间期限、考评依据做到事先有统一、公开透明的项目明细制度，以保障考评的公平性、合理性。

（2）考评团队结构要精心安排，要明确界定决策层、执行层成员的权重。特别是学校行政管理者一定要按照考评制度要求发挥自己的作用，不能够暗示或者指导其他考评者。

（3）考评过程中的各项公示制度内容、反馈要精准实施。对于考核结果，要按照事先确定的沟通方式，与教师充分交流，具体反馈方式要体现学校绩效文化和制度要求。

（4）做好考评危机计划和处置。教师长期考评涉及到丰富的心理活动，对被评价教师往往产生比较大的压力和心理焦虑感，要及时发现、预警和处置教师考评危机事件，避免出现教师人力资源管理危机。

3. 个人荣誉称号考评项目

教师个人获得的荣誉称号项目考评，涉及到社会地位、个人尊严、职业发展标志等社会荣誉，所以教师往往非常重视该荣誉，比如全国、省、区、市（县）优秀教师荣誉称号，各级政府颁发的科教项目奖励称号，都对教师个人具有极其重要的激励效应，因此此类评价团队结构要显著地体现以下重点：（1）政府相关部门决策者的影响力；（2）尊重资深教育教学专家的影响力；（3）社会民意代表意见的影响力；（4）教师自我肯定和发展愿望；（5）各个学校、地区考评者的均衡，不能只集中在某个学校或地区，否则容易产生一边倒的考评团队，失去考评过程的公平性。

（二）绩效考评成员组成策略

个人绩效薪酬偏好导向下，考评者应该是基层一线资深同事教师、学科或年级组直线主管、教育专家、学生及家长代表、社会专业机构等。学校高级行政管理者可以适度参与。这样安排的理由是，更有利于促进教师个人绩效薪酬偏好，形成更适配的效果，具体见图 8-1。

（1）考评者要对教师个人绩效及其考评标准更熟悉，更了解一线教师个人教育教学素养、学科技能与业务水平细节、学生成就发展等绩效特征，因此考评者应该更接近个体教师；同时在辨析、运用个人绩效考评标准方面，必须经常接触一线教师教学活动现场，这样的考评者才能有发言权，才能更好地执行考核评价标准。对于学生成绩进步中教师具有什么样的增值贡献，这些考评者也才有能力来准确、公正地评价。

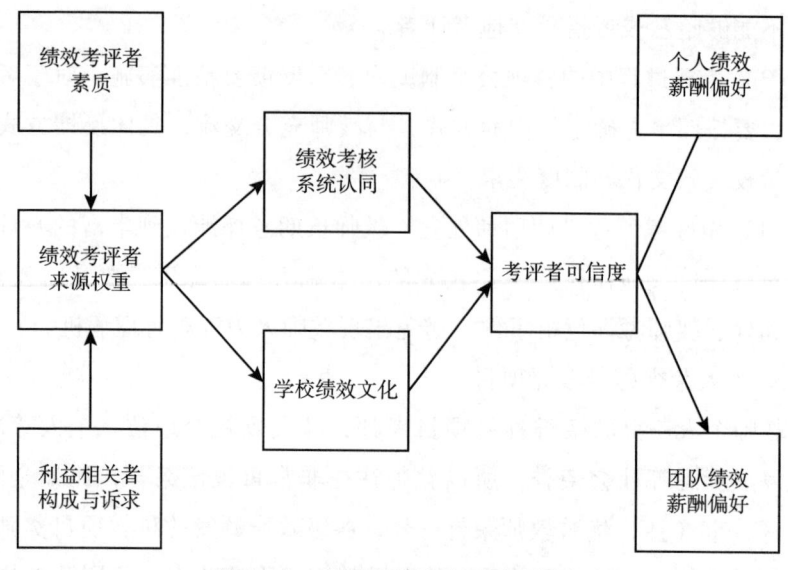

图 8-1　考评团队结构及影响模式

（2）个人教育教学绩效提升主要依靠这些考评者给予帮助。比如资深同事的经验技能分享、教育教学专家的职业生涯指导、基层主管"传帮带"都可以直接提升教师个人的工作能力，能够显著提高教师个人的工作热情，缩短教师对权威评价者的抵触和内心忐忑感，更能够在时间、教学资源不足的情况下提高个人教育教学绩效。

（3）考评者培训通常是围绕个体教师绩效考评进行专业训练，因此考评者素质结构更有利于评价教师个人绩效。

（4）直接主管往往在教学任务安排、教师培训、信息反馈等方面具有优势，在考评团队中，发挥着独特的作用。

（三）考评者权重策略

要提高考评团队结构与教师个人绩效薪酬偏好的适配性，考评权重设计中要高度重视资深同事、专家学者的评价权重，对于各级直接主管适度即可，学生与家长考评意见可以适当参照。考评者权重选择要特别关注以下几个方面。

（1）权重要避免"一言堂"。考评团队中，无论是谁的权重，都不能够产生"一言堂"的效果,否则是对考评团队其他成员的极大不尊重,也会伤害教师对绩效考评系统的认同感。

(2) 对教师绩效考评,除了教育部门明确规定外(比如教师道德一票否决制),不仅评价标准不能够互相影响,考评者之间也不能够互相影响,否则失去考评者独立的意义,也影响考评者的尊严和作用,尤其将损害被考评者的合法权益。

(3) 考评团队构成是持续改善的过程。不能够指望一开始就构建起完美、理想的教师绩效考评团队。教师绩效考评团队的成员选择、培训、扶持和建设,更是教师队伍建设的重要环节。各个考评成员的权重规则也要随着考评团队发展而合理调整,而非一成不变。

(4) 社会化专业考评机构服务供需活动要严格按照市场交易机制运行,各类专业性社会评价机构要提供高质量的教师绩效评价服务,学校和政府教育主管部门则按照市场机制和服务购买合同支付合理的费用。

本 章 小 结

教师绩效考评团队结构优化与建设模式是落实教师考评团队结构设计理论的重要实践举措。本章立足文化要素的影响力,分别开展学校绩效文化与考评团队构建协同模式、教师绩效考评团队效能提升路径、教师绩效薪酬偏好匹配的考评团队结构策略分析,并提供了可操作性建议和结构优化方法。

第九章

研究结论与展望

第一节 研究结论

本书得出了以下研究结论：

（1）绩效考评团队中，一线教师实际占比19.95%，一线教师人数应该占比49.6%；校长考核、主管考核、同事考核和自我考核的实际影响力之比为10∶3∶1∶1，同事考核、自我考核、校长考核和主管考核的潜在影响力比例为5∶4∶3∶1；按照从高到低的影响排序，各类考评者对绩效考核结果实际影响排序依次为校长考核、主管考核、同事考核、自我考核，各类考评者对绩效考核结果的潜在影响排序依次为同事考核、校长考核、自我考核、主管考核。

（2）教师对不同考评者的信任度存在差异。教师对同事的信任度最高，其次分别为校长信任、主管信任。

（3）教师考评团队结构通过考核系统认同影响教师对绩效考核的满意度。

（4）教师考评团队结构影响教师绩效考核系统认同，并在考核系统认同中介下影响考评者信任，并且考评者之间的信任相互有影响。

（5）教师偏好绩效薪酬制度，按照从高到低的偏好程度，依次偏好基础性绩效薪酬、奖励性绩效薪酬、知识/技能发展薪酬、团队绩效薪酬项目。

（6）教师考评团队结构显著影响教师对考核系统认同，并且通过考核系统准确性、关联性影响到主管信任和同事信任；主管信任、同事信任显著影响到教师绩效薪酬偏好，其中同事信任直接影响绩效薪酬偏好，主管信任则通过同事信任间接影响绩效薪酬偏好。

第二节　对策建议

当前，国家重视中小学教师绩效工资制度完善与改进工作，其中，2017年中共中央办公厅、国务院办公厅在《关于深化教育体制机制改革的意见》中要求完善中小学教师绩效工资制度，改进绩效考核办法，使绩效工资充分体现教师的工作量和实际业绩，可见，中小学教师绩效考核工作任重道远，改革任务仍然十分复杂、繁重。针对上述研究结论，本书提出如下对策与建议。

我国教师绩效评价走过了风风雨雨的六十余年，虽然其中过程多有波折迂回，当前面临的情势复杂多变，但还是可以从中总结出一些发展的规律，比如外部因素（如政治、经济）深刻影响教师绩效评价，教师评价制度化、专业化的程度越来越高，教师评价改革与课程改革、教育教学、学校效能改革相伴而行，教师评价功能从管理为主到强调发展，教师绩效评价受到学校组织性质的影响，教师绩效考核与教师绩效薪酬管理制度存在密切关系等。限于篇幅关系，本书在这里仅提出教师考评团队建设对策与建议。

一、构建教育评价战略框架和支撑体系

我国教育评价、学校评价战略是政府治理教育体制的重大举措。基础教育体系评价仍然还需要不断发展与完善,其中教育评价团队战略迫切性日益显著。

做好教师考评团队建设需要大力弘扬"伯乐相马"精神。唐代文学家韩愈在《马说》中这样表述:"世有伯乐,然后有千里马,千里马常有,而伯乐不常有"。"伯乐"之名就演化为"慧眼识英雄"者。今天教师绩效评价团队建设不仅仅是绩效管理考核技术方面的问题,还必须在教育评价、学校效能与评价战略中明确考评者队伍建设关键环节的作用。

(1)教师考评团队要作为我国中小学教师队伍建设中的关键资源。长期以来忽视教师考评者队伍建设,尤其是对社会专业化评价机构、评价专家学者队伍以及学校内部评价者培训等工作缺乏足够的重视。

(2)教师考评团队队伍建设要先行。在考评团队建设和发展战略实施过程中,考评队伍建设要先行一步,因为他们既是建设对象,也是建设主体。他们要承担评价任务,也往往承担评价制度的制定工作。如何结合教师绩效考评项目、被评教师岗位、绩效薪酬制度效果要求,进行系统培训、开发,要对考评团队建设进行全程规划,尤其要确认考评者培训目的。培训规划包括如下内容:每个考评者要认识到绩效考评对教师绩效、学校绩效乃至学校人力资源管理的地位和作用;统一考评者对于教师绩效考评指标和考评标准的理解;促进考评者理解教师绩效考评的具体考评方法,熟悉教师绩效考评全流程;避免考评者误区的产生,使得考评者了解如何尽可能地消除误差与偏见;帮助管理者学习如何进行绩效反馈和绩效指导。

(3)考评队伍建设要有教育评价制度保障和教育绩效文化体系支撑。教师绩效考评制度保障、教育绩效文化对于教师绩效考核标准以及教师绩效考评指标体系设计都有重大的影响,进而对教师考评团队来源

有指导作用和挑选要求，不熟悉教师绩效考评标准和方法，就难以形成有效的评价。

（4）要重视考评队伍的支撑体系建设。教育绩效评价制度、学校绩效评价、教师绩效评价的考评指标设计，要重视教育体制、学校建设和教师队伍建设的战略和规划，要明确学校各个学科组、年级组职能和各科教师的岗位职责；明确学校、教师的绩效短板和不足，即需要把握好一个原则，"要什么，考什么；缺什么，考什么"。这些缺失辨析还要重视教育绩效文化、学校绩效文化内涵，形成明确的绩效制度运行轨道，教师考评队伍建设要成为绩效文化的有机构成和主要载体，代表着教育体制、学校整体形象和教师队伍素质鉴定者的角色。

二、考评者要积极参与教师考评系统建设

考评者要积极参与到教师绩效考评指标体系的设计方法、指标体系设计程序、教师关键绩效指标设计流程建设中，从而促进教师对考核系统的认同。这些具体工作包括：

考评者要主动参与到制度建设中，协助学校建立教师KPI（关键考评指标）体系，掌握目标分解法、关键分析法、标杆分析法等方法来提取教师关键绩效指标。按照学校绩效文化内涵，依据学校教育管理目标，选择好本学校要参考的学区领先的最佳学校是哪个、国内领先地位的最佳学校有哪些、国际同类领先地位的中小学校的绩效标准以及教师绩效标准，以便对应安排合适的考评者进行学习和开展评价。

考评者协助学校、教育部门完善教师关键绩效指标的程序和步骤建议如下：

第一步，利用教育教学关系图分析教师教育教学工作产出，即明确某个岗位教师对学校内部教育教学活动的工作产出，全面掌握为每个学生、每个项目所提供的教育教学活动项目和构成，分析每个学生、教师团队成员对教师工作产出的满意度标准，以设定考评标准来确认教师个

人的绩效。

第二步，提取和设定绩效考评指标。运用 SMART 方法提取关键绩效考评指标（Specific 是具体的，Measurable 为可以衡量的，Attainable 是可以达到的，Relevant 是相关性，Time-bound 是有时限的）。通常关键绩效指标可以区分为教师工作数量指标、教师工作质量、费用指标和时间指标四种类型。

第三步，根据提取的教师关键考核指标设定考评标准。考评指标是指从哪些方面对教师工作产出进行衡量或评估，而考评标准是指各个考评指标在数值上应当达到什么样的水平。考评指标所要解决的问题是，需要对被考评教师"什么样"的绩效进行考评，考评标准所要解决的问题是，要求被考评的教师做得"如何"、"怎样"，完成了"多少"工作任务。只有合适地界定了绩效指标，设定教师绩效考评标准就成为比较容易的事情。随后，则要确定教师先进的标准水平、平均的标准水平、基本的标准水平。

第四步，审核关键绩效指标和标准。在设定了教师绩效考评标准后，要进一步对这些关键绩效指标和标准进行审核，确认这些关键绩效指标和标准能否全面客观地反映出教师的工作绩效，是否具有科学性、可行性、可测性和实用性，从而为教师考评者选择和发挥良好作用提供必要条件。具体审核教师关键绩效指标要围绕以下五个要点：①教师的工作产出是否为最终产品；②考评团队各个成员对同一个绩效指标和标准进行评价时，其结果是否具有可靠性和准确性；③关键绩效指标的总和是否可以解释被考评教师80%以上的工作目标；④教师关键绩效指标和考评标准是否具有可操作性；⑤关键绩效指标的考评标准是否预留出可以超越的空间。

第五步，要不断修改和完善教师关键绩效指标和标准。教师 KPI 初步设定后，需要对教师绩效管理活动进行跟踪调查，对 KPI 体系进行补充、修改，提高 KPI 指标体系的科学性、可行性和准确性。考评团队成员在 KPI 调整、完善过程中，需要通过各种渠道采用有效手段，对教师个体绩效资料信息进行数据采集和文字资料整理，查明在执行教师KPI体系过程中，每个教师在各项绩效指标的实际状态如何，是否达到预期考评体系的要求和效果，需要对考评体系进行什么样的休整，考评者要及时将结果反馈给考评领导小组，以便调整KPI体系。

这里本专著高度支持储朝晖（2017）提出的慎做"名师"、争做"良师"的观点，特别是他提出良师两个最重要的标准（第一个标准是获得学生认可；第二个标准是做好教师的动因是基于教师内在的自我完善与追求，而非靠外部驱动），也符合本专著验证的教师绩效薪酬偏好结论，因为个人自我完善与绩效回报的追求，是自己内心的选择。当然，对照教师关键绩效指标设计以及评价标准设置，各个学校要按照教育主管部门的原则要求，结合本学校绩效文化、学校战略，经过教师代表大会确定考核指标和标准体系。

三、提升教师考评团队可信度的对策

考评团队可信度是本专著建构的理论模型中的关键部分。本专著已经证实，考评团队结构会影响到教师对考核系统认同以及对考评者信任度的影响。具体地，提升教师考评团队可信度可以采用以下对策。

1. 克服团队成员心理效应误差

这里主要包括考评者的晕轮效应（晕轮效应是考评者对某一方面绩效的评价影响了对其他方面绩效的评价）、偏松或偏紧倾向（考评人员倾向于对某些教师的工作绩效做较高的评价，而对另一些教师却倾向于较低的评价）、居中趋势（在确定评价等级时，许多评价人员容易造成一种居中趋势，使得大多数教师的考核得分在"平均水平"的同一档次，并往往是中等水平或良好水平）、近因效应（考评者对教师的近期行为表现往往产生比较深刻的印象，从而对整个考核期间的工作表现缺乏长期了解和记忆，以"近"代"全"，只是对最后一阶段的考核）、偏见效应（受经验、教育、世界观、个人背景以及人际关系等因素导致的考评者固定思维对考核评价结果形成刻板影响)、对比误差（考评者对某一教师的评价受到之前的考评结果的影响)。

2. 提高教师考核系统关联性和准确性

要提高考核系统的关联性就要做到：为教师绩效管理提供依据；明确考核结果与教师物质利益、精神利益、心理获得感等方面的衔接机制，做到考核结果可见、可用、可得、可比、可变；反馈及时；及时兑现承诺；考核项目与周期妥当，不频繁、不过多考评，力争少耗费教师的精力、时间；考核方法、考评工具多样化，根据教师实际，采用交错排序法、强制排序法、关键事件法、目标管理法等方法；可以采取离散的形式进行教师绩效考核，即当每位教师在学科、学期工作完成后，就对这位教师实施绩效考核。这样可以把教师业绩考核工作的负担分散到平时的工作中，避免集中评价阶段，考评者面对过多的考评工作量而出现过失的现象。

3. 第三方教育评价建设对策

短期内，我国还难以有哪一家或几家独立的第三方教育评价机构，能够成长发展到足以独撑门面的状态。解决第三方评价主体缺位问题，既需要机构愿意承担这方面责任，也需要相应的评价机构具备专业资质和社会认可度。在起步阶段，需要众多相对弱小的第三方教育评价机构建立联络、交流、合作平台，改变各自为战局面，以合作促进中国第三方教育评价发展。更重要的是政府和这些教育评价机构之间达成默契。第三方教育评价机构一方，需要逐渐明确职能定位，尽可能不越位；政府一方需要划清政府部门与专业评价机构的职能边界，改变包揽一切的现状，逐渐有序地向第三方教育评价机构放权；社会上，包括各类中小学在内的对第三方评价结果的使用方，要学会识别、选择对自己有用的评价结果。

4. 考评团队成员的退出对策

制定学校考评团队成员管理政策，明确各类不适合的考评成员行为和惩罚措施，对于考评成员素质、能力等方面达不到要求者，考评者行为和结果存在重大失误者，存在以权谋私而导致教师对其信任度和满意度严重不足者，要按照制度规定，经过严格程序进行调整和补充。

5. 考评者对教师绩效的全面评价要准确

教师考评团队中的每个考评者，都要遵循职业操守和责任感，从公平、公正、良知和道德准则等方面约束自己，对每个被评价教师的业绩信息进行客观评定，特别是准确界定被考评者绩效资料、绩效范围、绩效评定等级，这关系到每个被评价教师的利益和制度的严肃性、权威性。要从制度建设上对每个考评者评价行为做出规范，明确奖惩标准。

四、考评团队与绩效薪酬制度效果的适配对策

本书提出考核系统效能与绩效薪酬效能脱节问题，是目前教师人力资源管理中突出需要解决的重要现实问题。在已经证实的模型中，教师考评者构成通过考核系统认同度影响到考评者信任度，最终影响到教师的绩效薪酬偏好。这样的结果为解决两系统脱节提供了相应的解决思路和路径、方法与措施。

1. 改进、完善教师绩效薪酬制度

目前我国教师绩效薪酬制度还存在不少的问题，还有完善的必要性和空间。总体上，教师职业声望低，薪酬少，社会地位低；进行行业比较，教师薪酬低，职业吸引力弱；与公务员比较，教师身份与权益缺乏保护，地位低。中小学绩效薪酬制度存在的主要问题更为复杂：缺乏绩效薪酬战略指导，绩效薪酬目标、理念、项目体系和强度之间协调性差；绩效薪酬制度理念与教育评价、学校效能评价理念割裂；城乡教师绩效薪酬制度差异不符合中国国情；绩效薪酬不能够反映教师工作量和实际业绩；教师绩效工资制度沟通环节存在诸多障碍，教师对制度存在疑惑，是造成部分教师对绩效工资制度反感的重要原因；绩效工资制度的财政投入保障力度欠缺，造成教师绩效工资难以落实，特别是奖励性绩效工资难以兑现，造成各个地方绩效工资标准参差不齐；最主要的是，教师绩效工资没有体现教师的实际业绩和工作量。具体建议如下：

（1）继续强化尊师重教传统，提高教师社会地位；

（2）塑造和实施科教强国战略，加大省级统筹力度确保经费充足，通过提高教师工资在教育投入中的比例，大幅度提高教师薪酬水平；

（3）深化绩效工资结构改革，加强专业指导，提供多种方案选择。具体地，我国关于绩效工资的政策研究还很不够，目前还没有一个关于教师薪酬政策的国家研究中心或民间研究机构，各地在制定教师绩效工资方案时非常缺乏专业的指导。我国教师绩效工资改革急需加强相关领域的专业研究，开发内容和形式多样的绩效工资方案，通过地方试点和追踪研究，总结和改进方案，再由地方教育部门和学校根据自身实际情况选择使用，并由专业机构负责提供指导和培训。

2. 强化绩效管理系统对绩效薪酬制度效果的支撑保障机制

制度毕竟是要实施的，是需要绩效管理系统保障的。研究结果显示，美国教师绩效评价推崇的主要是工作激情及感召力，而我国教师绩效评价倡导的则主要是职业道德与职务奉献，这彰显了不同文化传统下的教育观和教师评判观。教学是一项复杂而艰巨的工作。教学工作的长期性、多样性和差异性，要求教师绩效评价不仅要关注教师教育教学的过程，而且要关注教师在教育教学工作中的行为表现、教学反思和工作主动性，这是教师绩效评价理论与实践研究中非常重要的变化和进步。

目前教师绩效考核存在如下问题：教师绩效考核制度不尽完善，考核内容过于繁杂、琐碎，教师需要投入过多精力来应对各类考评；考评团队构成存在领导"一言堂"现象，一线教师参与程度不高；考核结果与教师绩效工资关联不密切；教师对考评者信任度差；教师对绩效考评系统认同度低，等等。至于绩效考核与绩效薪酬制度效果衔接方面还存在如下问题：二者关系存在割裂现象；绩效考核系统不完备，造成绩效薪酬效果低下；我国教师绩效考评系统设计水准有待提升；教师考评团队建设需要加强；社会对教师绩效还存在不理解；绩效文化、绩效工资观念还存在比较大的误区；绩效工资制度激励效应和分选效应还比较低，高质量人才长期从教意愿还有待强化；绩效考评系统关联性、准确性还有待提升；我国各地的教师绩效评价多从德、能、勤、绩四个方面入手，在具体标准上却非常模糊，且操作复杂；而评价结果也多要求一定比例的优秀、良好、合格和不合格等级。这种强迫性的比例分配既缺乏学校适应性，也易造成教师间的矛盾。

因此提出以下建议：

（1）在绩效薪酬水平、精神荣誉、心理情感保障等方面，密切衔接教师绩效考评结果，确保教师对绩效考核结果的合理预期，确保优绩优酬，落实绩效薪酬各项制度。

（2）开发教师绩效评价标准。为了保障绩效评价的科学性，急需开发全国性的教师绩效标准，交流学习国内外先进教师绩效考核经验、方法，鼓励各个专业机构和专家学者建立绩效考评社会专业组织，指导各地的教师绩效评价实践。

（3）推动教育主管部门、学校组建学区考评团队联盟。这样将节约考评团队成员各项人工成本，强化考评队伍专业技能，提高考评效能，优化考评队伍，同时由于将大量日常的常规基础性教学业绩、技术性考核工作交由专业性的考评团队联盟执行，考评的客观性、公正性和可信度会提高。

（4）采取鼓励措施，强化教师深度参与绩效考核标准全过程，保障教师绩效管理知情权、畅通申诉渠道，保障教师合法权益。

（5）建立学校绩效文化，塑造教师良好的工作职责、教学成果贡献氛围，引导教师积极向上的工作态度，强化教书育人的良好风尚。

（6）在全社会开展教师绩效沟通系列活动，形成全社会关心教育绩效、理解教师职业性质、支持教师职业发展活动的良好氛围。

第三节 研究不足与未来研究方向

本专著主要围绕教师考评团队结构与教师考核系统效能、绩效薪酬效果关系进行实证研究，验证了本书提出的理论假设，对于教师绩效管理与绩效薪酬制度之间的内在关系进行了比较深入的探讨，为后续的绩效薪酬分选效应理论研究提供了实证研究结论。但是不可忽视的是，我国教师绩效考评政策、绩效薪酬制度仍然处于完善过程之中，教师对于制度理解、学校绩效文化建设、考评团队建设都还在摸索之中，所以绩效薪酬分选效应还需要更多的理论研究成果。

一、研究局限

首先，研究模型尚需要进一步完善。本书讨论的模型主要聚焦于教师考评团队结构与考核系统满意度、考评者可信度、绩效薪酬偏好之间的多样关系，对于相关调节变量的影响研究内容较少，比如，教师个体特征，学校组织特征的调节效应，教师薪酬水平的调节效应都应该再继续讨论。

其次，调研范围还需要进一步拓展。本研究对象没有面向全国中小学教师，而是着眼于东部、中部若干省市教师样本，可能就存在研究结论的普适性问题，应该拓展到更多的调研对象和地区，以便适合较多的地区对象。

最后，还需要在研究手段方面做更积极的突破，比如运用多层线性模型分析各种类型教师、不同类型学校和学区、各种不同社会经济发展水平地区特征因素的影响；运用更多的系统分析方法，讨论考评者构成与各种绩效薪酬模式契合性，从而拓展考核系统和绩效薪酬系统效能的多样性匹配模式。

此外，文化视角下绩效薪酬效果研究的分析也应该重点关注。

二、未来研究方向

党的十九大报告提出，我国教育改革已经进入新时代，教师绩效管理、绩效薪酬改革也面临着深层次矛盾。未来开展更切合我国中小学教育体制改革实践活动特征的绩效管理改进、绩效薪酬制度完善的研究，更是责无旁贷的时代要求。具体地，未来研究要侧重以下几个方面：

新时代教师绩效考评主要矛盾与解决机制，尤其是新教师绩效考评内容、考评方式与教育体系效能、学校效能建设之间的关系协调性，对教师考核系统效能是否产生影响，从而开展未雨绸缪的预研，以便提出预防策略。因为新教师对于绩效考评工作的态度、职业认同性、长期从教的职业生涯规划都有鲜明的时代特征，他们的职业发展诉求、对于中小学教育的情感、技能投入、深造都有强烈的个性动机，迫切需要开展针对性研究。

我国政府在新时代必然在教师薪酬收入水平方面有较大的改善，那么这一因素对于教师绩效薪酬偏好的调节效应必然是重点研究对象，因为收入水平不同，教师对绩效薪酬体系的偏好态度可能会有比较显著的差异，对绩效薪酬分选效应理论就将提供更丰富的研究背景。

文化视角下教师的绩效薪酬偏好结构如何发生变化，是充满理论价值和高度吸引力的研究课题。因为我国义务教育体制正经历巨大的变革，学校绩效文化、教师考核文化、绩效薪酬制度的心理效果必然需要融合，否则在崎岖不平的运行轨道上，再完善的制度也难以发挥应有的作用。

实施乡村振兴战略过程中，特别要实施城乡义务教育一体化均衡发展战略，乡村教师绩效薪酬偏好的变化以及教师队伍的发展也是特别值得关注的。长期存在的乡村教师低薪酬、职业吸引力低下等矛盾，在未来如何进行提升，是另一个需要高度关注的热点问题，也是世界各国乡村教师队伍发展实践过程中的难点，可以预期乡村教师绩效薪酬制度效果的研究将有利于改善乡村教师供需状况，促进乡村教师质量的提高。

附录　考评团队结构与教师绩效薪酬偏好调查问卷

尊敬的各位老师：

您好！为了了解您对教师考评团队及绩效工资的看法和建议，我们组织了这次调查，感谢您参与调查。问卷中问题的回答没有对错之分，您只要把实际状况和想法如实填写即可。我们承诺不会公开您问卷的任何个人信息，请您放心回答。

对您给予的大力帮助深表谢意！

教师考评团队建设与绩效薪酬偏好研究课题组

第一部分　个人情况

请您在合适的选项上画√。

1. 请您告诉我们有关您个人的一些基本情况

您的性别：男（　　）；女（　　）

年龄：20~25岁（　　）；26~30岁（　　）；31~40岁（　　）；41~50岁（　　）；51岁以上（　　）。

您目前的最高学历/学位是：博士（　　）；硕士（　　）；本科（　　）；专科（　　）；中师（　　）；其他（　　）。

您的专业技术职务（职称）是：高级（　　）；中级（　　）；初级（　　）；其他（　　）。

2. 您所在学校是：小学（　　）；初中（　　）；完全中学（　　）；一贯制学校（　　）；其他（　　）。

3. 您的教龄是_____年。

4. 您本学期平均一周的课时数是（　　　）节。

5. 您上月工资总额是：2499 元以下（　　　）；2500～4999 元（　　　）；5000～7499 元（　　　）；7500～9999 元（　　　）；10000 元及以上（　　　）。其中基本工资占_____%，绩效工资占_____%。

第二部分　加　薪　方　案

1. 以下是几种加薪方案。请按照您自己增加工资的愿望，对每个方案进行评价。数字 1 表示很不愿意；2 不愿意；3 不确定；4 愿意；5 很愿意。请在选择的数字下面画√。

评价项目	1	2	3	4	5
1. 基础性绩效工资（依据地区经济发展水平、物价水平和岗位职责）					
2. 奖励性绩效工资（依据工作量和实际贡献）					
3. 个人知识/技能发展工资（技能达到要求者，按照基本工资增加一定比例）					
4. 团队绩效工资（依据所在团队绩效情况，按照基本工资增加一定比例）					
5. 年度加薪（工作表现达到岗位职责要求，每年按照基本工资增加一定比例）					

2. 请您比较下面五个加薪方案，按照自己喜欢程度进行评价，并将数字填入括号中，其中："最不喜欢"＝1；"不喜欢"＝2；"不确定"＝3；"喜欢"＝4；"最喜欢"＝5。

基础性绩效工资（　　　）；奖励性绩效工资（　　　）；知识/技能发展工资（　　　）；团队绩效工资（　　　）；年度加薪（　　　）。提示：括号中的数字不得重复。

3. 请您与年度加薪方案分别比较、评价其他四种加薪方案的吸引力。其中，"很无吸引力"＝1；"无吸引力"＝2；"相同吸引力"＝3；

"有吸引力"=4;"很有吸引力"=5。

基础性绩效工资（   ）；奖励性绩效工资（   ）；知识/技能发展工资（   ）；团队绩效工资（   ）。提示：括号中的数字不得重复。

第三部分　您对各类绩效考评人员的素质评价

每个小题后面，数字1表示很不准确；2不准确；3不确定；4准确；5很准确。请根据您对学校内各级绩效评价者的能力、善意和正直感受，在对应的空格中画√。

项目	校长	主管领导	同事	学生
1. 能力	1 2 3 4 5	1 2 3 4 5	1 2 3 4 5	1 2 3 4 5
1.1 他非常有能力完成工作				
1.2 大家都知道他能够心想事成				
1.3 他掌握很多工作方面知识				
1.4 您对他的技能非常有信心				
1.5 他有提高您工作业绩的专业能力				
1.6 他的素质是非常合格的				
2. 善意	1 2 3 4 5	1 2 3 4 5	1 2 3 4 5	1 2 3 4 5
2.1 他很关心您的幸福				
2.2 您需求什么对他很重要				
2.3 他不会故意做伤害您的事情				

续表

项目	校长					主管领导					同事					学生				
2. 善意	1	2	3	4	5	1	2	3	4	5	1	2	3	4	5	1	2	3	4	5
2.4 他很留神对您很重要的事情																				
2.5 他总会想办法帮助您																				
3. 正直	1	2	3	4	5	1	2	3	4	5	1	2	3	4	5	1	2	3	4	5
3.1 他有强烈的正义感																				
3.2 相信他信守承诺																				
3.3 他努力与别人公平相处																				
3.4 他的行为并非始终如一的																				
3.5 您喜欢他的价值观																				
3.6 他有良好的准则来指导行动																				

第四部分 您对教师绩效考评体制的认同情况

在每个小题后面,数字1表示很不准确;2不准确;3不确定;4准确;5很准确。请根据您对绩效考评体制的实际情况感觉,在对应的空格中画√。

4.1 对教师的绩效考评体制的准确性感受

评价项目	1	2	3	4	5
1. 该体制对您技能的评价非常准确					
2. 重点考评你做了多少工作					

续表

评价项目	1	2	3	4	5
3. 重点评价你在工作中犯了多少错误					
4. 上级是否喜欢您很重要					
5. 重点评价您在工作中投入多少努力					
6. 重点评价您做了多少分外之事					
7. 重点评价您是否寻找办法为学校节约金钱					
8. 对学校提供良好建议将提高您的评价结果					

4.2 对教师的绩效考评体制与薪酬关联性的感受

评价项目	1	2	3	4	5
1. 是否加薪取决于您的绩效					
2. 如果在学校有良好的业绩,您的工资将提升					
3. 如果您工作得好,晋升机会将增加					

第五部分　您对考评人员的信任感

每个小题后面,数字1表示很不准确;2 不准确;3 不确定;4 准确;5 很准确。请根据您对绩效考评人员的信任状况,在对应的空格中画√。

对考评人员的信任感

项目	校长					主管领导					同事					学生				
	1	2	3	4	5	1	2	3	4	5	1	2	3	4	5	1	2	3	4	5
1. 彼此可以自在地分享想法、感受和期待																				
2. 可以自由自在地讨论工作难题,他愿意倾听																				

续表

项目	校长					主管领导					同事					学生				
	1	2	3	4	5	1	2	3	4	5	1	2	3	4	5	1	2	3	4	5
3. 如果其中一人离开，彼此都会有失落感																				
4. 如果谈论我的困扰，他会关怀并协助我																				
5. 在工作中，一直给予彼此情感上的支持																				
6. 他以专业精神、奉献精神完成工作																				
7. 以他个人的经历来说，足以担当现在职位																				
8. 相信他不会因为疏忽而使我的工作有麻烦																				
9. 大部分人，都觉得他是可靠的工作伙伴																				
10. 与他一起工作过的人，都会信赖他的能力																				
11. 要想了解他，就必须观察他的各个方面																				

第六部分　您对学校目前绩效考评体制和绩效工资制度的态度

在每个小题后面，数字1表示很不准确；2不准确；3不确定；4准确；5很准确。请您根据实际情况，在对应的空格中画√。

评价项目	1	2	3	4	5
1. 对目前的教师评价标准满意					
2. 对目前的教师评价过程和评价结果满意					
3. 目前的考评人员都了解教师情况					

续表

评价项目	1	2	3	4	5
4. 目前考评小组中一线教师代表人数超过一半					
5. 目前学校选择考评人员时重视职位因素					
6. 目前学校各级领导在考评小组的人数比例超过一半					
7. 来自学生的评价得到应有的重视					
8. 目前的考评人员都具备了相应的评价知识、技能和能力					
9. 目前绩效工资制度让自己工作积极性更高					
10. 实施绩效工资后,您的工资水平与本地公务员工资水平基本一致					

第七部分 您对目前所在的学校和工作的态度

在每个小题后面,数字1表示很不准确;2不准确;3不确定;4准确;5很准确。请您根据实际情况,在对应的空格中画√。

评价项目	1	2	3	4	5
1. 作为该校教师,我很自豪					
2. 该校是我的首选工作单位					
3. 我跟朋友赞扬自己的工作单位					
4. 我不后悔在目前的学校工作					
5. 该校激发了我的潜能					
6. 我的价值观与单位一样					
7. 为留在本校,我可以做各种工作					
8. 单位的工作气氛能使我专注于我的工作					
9. 在单位我需要时刻提防别人,做好自我保护					
10. 在学校,总有问题让我不能够集中注意力在自己的工作上					

续表

评价项目	1	2	3	4	5
11. 在学校，我需要花很多时间收集信息来保护自己的利益					
12. 在学校，如果不注意周围情况，不知道会有什么事情发生在自己身上					
13. 我不需要担心学校里的明争暗斗					

第八部分　考评人员的影响

1. 考评人员对教师绩效考评结果的影响排序。

A. 校长；B. 主管领导；C. 同事；D. 学生；E. 自我评价

按照考评人员对考评结果的影响力从大到小的顺序，您认为应该是（只写字母）：

但是现实情况的排序是（只写字母）：

2. 目前绩效考评小组中，来自一线教师人数占（　　）%，各级领导人数占（　　）%。

3. 您认为绩效考评工作中，校领导的影响力应该占（　　）%，直接主管领导影响占（　　）%，同事影响应该占（　　）%，学生的影响力应该占（　　）%。

4. 考评人员结构应该和各个年级任教的教师对应。您认为对（　　）；错（　　）。

5. 考评人员应该掌握相关学科知识和教学方法。您认为对（　　）；错（　　）。

参考文献

[1] 安雪慧：《义务教育学校教师绩效工资政策效果分析》，载《中国教育学刊》2015年第11期。

[2] 蔡永红、黄天元：《教师评价研究的缘起、问题及发展趋势》，载《北京师范大学学报（社会科学版）》2003年第1期。

[3] 蔡永红、梅恩：《美国中小学教师绩效工资改革的沿革、特点及启示》，载《比较教育研究》2012年第8期。

[4] 畅铁民：《义务教育教师绩效薪酬偏好研究》，经济科学出版社2013年版，第6~36页。

[5] 畅铁民：《组织信任与教师绩效薪酬偏好》，中国社会科学出版社2014年版，第70~76页。

[6] 畅铁民：《考核认同与义务教育教师绩效薪酬偏好研究》，经济科学出版社2015年版，第113~117页。

[7] 畅铁民：《教师绩效薪酬偏好及影响因素分析》，载《山西高等学校社会科学学报》2011年第7期。

[8] 畅铁民：《人格特征对青年义务教育教师绩效薪酬偏好的影响》，载《绍兴文理学院学报》2012年第8期。

[9] 畅铁民：《义务教育教师绩效薪酬偏好人格影响模型研究》，载《绍兴文理学院学报》2013年第12期。

[10] 畅铁民：《绩效考核系统认同、组织信任与员工绩效薪酬偏好》，载《河南社会科学》2015年第7期。

[11] 陈玉琨、李如海：《我国教育评价发展的世纪回顾与未来展

望》，载《华东师范大学学报（教育科学版）》2000年第1期。

[12] 陈宝生：《让教师成为让人羡慕的职业——深入学习贯彻习近平总书记在八一学校看望慰问师生时的重要讲话精神》，人民日报2016年12月8日。

[13] 陈春花、杨忠、曹洲涛：《组织行为学》（第三版），机械工业出版社2016年版，第88~90页。

[14] 储朝晖：《慎做"名师"，争做"良师"》，载《教育家》2017年第8期。

[15] 崔明哲、吴维库、金占明：《领导风格、民族文化与组织承诺之间的关系研究》，载《科学学与科学技术管理》2010年第12期。

[16] 杜旌、穆慧娜、刘艺婷：《集体主义的确阻碍创新吗？一项基于情景作用的实证研究》，载《科学学研究》2014年第6期。

[17] 范国睿：《基于教育管办评分离的中小学依法自主办学的体制机制改革探索》，载《教育研究》2017年第4期。

[18] 范先佐、付卫东：《义务教育教师绩效工资改革：背景、成效、问题与对策——基于对中部4省32县（市）的调查》，载《华中师范大学学报（人文礼会科学版）》2011年第6期。

[19] 方振邦、罗海元：《战略性绩效管理》，中国人民大学出版社2010年版，第33~54页。

[20] 凡勇昆、邬志辉：《我国城乡义务教育资源均衡发展研究报告——基于东、中、西部8省17个区（市、县）的实地调查分析》，载《教育研究》2014年第11期。

[21] 高巍、张亚林：《美国最新教师评价系统TEAM及其启示》，载《教育研究与实验》2017年第1期。

[22] 高兵、杨小敏、雷虹：《管办评分离的本质探析与实现路径》，载《教育评论》2015年第3期。

[23] 葛孝亿、唐开福：《社会组织参与教育评价的制度障碍及其突破》，载《教育发展研究》2016年第8期。

[24] 郭桂周、于海波：《美国农村教师短缺困境及其补充策略》，载《比较教育研究》2012年第6期。

[25] 郭子其：《教师评价的问题及对策》，载《中小学教师培训》2017年第4期。

[26] 贺伟、龙立荣：《薪酬体系框架与考核方式对个人绩效薪酬选择的影响》，载《心理学报》2011年第10期。

[27] 胡咏梅、施世珊：《相对评价、增值评价与课堂观察评价的融合——美国教师评价的新趋势》，载《比较教育研究》2014年第8期。

[28] 胡伶：《地方教育行政部门的职能转变——基于公共治理视角的分析》，载《教育发展研究》2010年第12期。

[29] 侯颖、王建军、王庆军：《韩国企业文化分析——基于霍夫斯坦德文化分析模型》，载《内蒙古科技与经济》2007年第1期。

[30] 姜蕴：《基于学生成绩的美国中小学教师奖励性绩效工资考核制度研究——以丹佛市教师职业津贴（ProComp）和纽约市教师绩效工资（SPBP）为例》，载《外国教育研究》2017年第6期。

[31] 蒋平、魏红梅：《中美教师绩效工资改革研究：因素分析理论框架的视角》，载《教育发展研究》2013年第5期。

[32] 焦师文：《教育部教师工作司坚持发展性评价方向，推进教师考核评价改革》，载《中国高等教育》2014年第10期。

[33] 靳玉乐、郎园园：《中小学综合素质评价主体选择问题探讨——基于利益相关者视角的分析》，载《当代教育科学》2014年第4期。

[34] 李孔珍：《义务教育不同类型学校绩效工资政策执行分析》，载《教育研究》2013年第5期。

[35] 李先军：《美国中小学教师绩效工资制度的成功经验及其启示》，载《外国教育研究》2013年第5期。

[36] 李宁、严进、金鸣轩：《组织内信任对任务绩效的影响效应》，载《心理学报》2006年第5期。

[37] 李跃雪、邬志辉：《城镇化背景下乡村教育发展策略：国际经

验与启示》，载《比较教育研究》2016年第3期。

[38] 李斌辉：《教师绩效评价与传统文化的冲突和圆融——基于文化维度理论的分析》，载《教育发展研究》2014年第4期。

[39] 李永生：《学校效能评价：一种评估中小学工作绩效的工具》，载《教育研究》2013年第7期。

[40] 李克玉：《科举制度合理内核初探》，载《商丘师范学院学报》2007年第10期。

[41] 梁红京：《区分性教师评价》，华东师范大学出版社2007年版，第23~25页。

[42] 廖泉文：《人力资源管理》，高等教育出版社2011年版，第38~45页。

[43] 刘莹：《基于教师专业发展的教师评价机制研究》，载《教师教育论坛》2016年第5期。

[44] 刘万海，王龚：《教师绩效评估制度的有效性探询：人性假设的视角》，载《教育发展研究》2013年第12期。

[45] 刘昕：《差异性国家文化对于潜在举报人造成的伦理困扰》，载《理论导刊》2015年第1期。

[46] 刘波、方晓田：《民间教育评估机构的运行环境及其优化》，载《当代教育科学》2015年第21期。

[47] 刘佳：《"管办评"分离的构建与协同机制研究》，载《中国教育学刊》2015年第9期。

[48] 刘利民：《新形势下我国基础教育管办评分离思考》，载《中国教育学刊》2015年第3期。

[49] 赖德信：《教师工资差异及其对教师流动的影响分析——以北京市中小学为例》，载《教师教育学报》2014年第6期。

[50] 米锦平、代建军：《当前我国中小学教师绩效评价的问题及反思》，载《教育科学研究》2011年第8期。

[51] 毛利丹：《中小学教师评价研究——基于教师的视角》，华东

师范大学 2016 年博士论文。

[52] 孟卫青：《义务教育学校奖励性绩效工资制度设计的研究》，载《教育研究》2016 年第 2 期。

[53] 宁本涛：《教师绩效工资实施的弱激励效应分析——以西部 Q 市 Y 区为例》，载《中国教育学刊》2014 年第 4 期。

[54] 南纪稳：《教师评价素养的现状、问题与提升策略》，载《教师教育论坛》2016 年第 5 期。

[55] 欧阳文珍：《教师宣誓的心理学分析》，载《中国教育学刊》2000 年第 5 期。

[56] 蒲蕊、柳燕：《教育管办评分离中政府、学校和社会的角色》，载《教育科学研究》2016 年第 12 期。

[57] 蒲蕊：《论教育治理中的社会参与》，载《中国教育学刊》2015 年第 7 期。

[58] 庞丽娟、韩小雨：《我国农村义务教育教师队伍建设：问题及其破解》，载《教育研究》2006 年第 9 期。

[59] 仇勇：《360 度绩效反馈的本土实践困境与应用对策——基于不同指标和目的的考核主体选择》，载《中国人力资源开发》2014 年第 18 期。

[60] 史华楠：《教育管办评分离的条件、目标和策略分析》，载《中国教育学刊》2015 年第 7 期。

[61] 宋洪鹏、赵德成：《把脉中小学教师绩效考核——基于绩效管理的视角》，载《中国教育学刊》2015 年第 8 期。

[62] 孙炳海、申继亮：《美国教师评价的发展历程与评价模型研究述评》，载《比较教育研究》2009 年第 5 期。

[63] 谈松华：《关于教育评价制度改革的几点思考》，载《中国教育学刊》2017 年第 4 期。

[64] 王兴亚：《清代考官责任追究制》，载《考试研究》2006 年第 3 期。

[65] 吴振利：《中小学教师评价权的个案调查与探讨》，载《内蒙古师范大学学报》2001年第5期。

[66] 王斌华：《教师评价：绩效管理与专业发展》，上海教育出版社2005年版，第22～33页。

[67] 解洪涛、李洁、陈利伟：《参与式治理、社会文化与学校的教育绩效——基于PISA数据的东亚国家学校治理差异研究》，载《清华大学教育研究》2015年第3期。

[68] 薛海平、唐一鹏：《理想与现实：我国中小学教师工资水平和结构研究》，载《北京大学教育评论》2017年第4期。

[69] 徐玉特：《基础教育管办评分离：困境与破解》，载《教育科学研究》2015年第7期。

[70] 徐问笑：《尊师重教是中华文明的重要传承》，学习时报2016年12月8日。

[71] 姚红：《宋代省试考官述略》，载《江西社会科学》2002年第10期。

[72] 袁媛：《义务教育质量由谁评价：现实与可能》，载《现代教育管理》2012年第12期。

[73] 袁敏敏：《基础教育教师的绩效考核和绩效工资亟待制度创新》，载《上海教育评估研究》2016年第6期。

[74] 杨国强：《论科举制度力尚公平的历史内容和历史矛盾》，载《华东师范大学学报（哲学社会科学版）》2014年第4期。

[75] 杨建芳：《基础教育教师收入对师资供给的影响》，载《教育学报》2009年第2期。

[76] 郑伯壎：《企业组织中上下属的信任关系》，载《社会学研究》1999年第2期。

[77] 张忠山：《上海市部分中学教师评价现状调查》，载《上海教育科研》2006年第10期。

[78] 张德锐：《台湾小学教师评鉴之研究》，台湾出版社1992年版。

[79] 张光进、廖建桥：《我国知识员工绩效考核现状及启示》，载《软科学》2013年第2期。

[80] 周益斌：《教育改革与发展需要教育评估发挥更大作用》，载《上海教育评估研究》2015年第1期。

[81] 赵德成：《中小学教师对绩效评估的知觉及其与职业承诺的关系》，载《教育学报》2014年第2期。

[82] 赵渊、孙朝仁：《管办评分离：基于学校视角调查分析与政策建议——江苏省连云港市管办评分离制度调查报告》，载《江苏教育研究》2015年第2期。

[83] 褚宏启、贾继娥：《教育治理与教育善治》，载《中国教育学刊》2014年第12期。

[84] 张志坚：《韩国中小学教师评价新制度研究》，载《基础教育发展》2013年第1期。

[85] 巴里·格哈特（Barry Gerhart），萨拉·L. 瑞纳什（Sala L. Rynes）：《薪酬管理——理论、证据与战略意义》，朱舟（译），上海财经大学出版社2005年版，第34~43页。

[86] 丹尼尔森（Danielson. C），麦格里（McGeal. T. L.）：《教师评价——提高教师专业实践能力》，陆如萍，唐悦译，中国轻工业出版社2005年版，第35~45页。

[87] 格林伯格：《组织行为学（第五版）》，格致出版社2011年版，第34~46页。

[88] Aitkin, M. and Longford, N. 1986. "Statistical modelling issues in school effectiveness studies." *Journal of the Royal Statistical Society* 149 (1): 1 – 43.

[89] Alan Ping Yan Chow, Edwin King Por Wong, and Alexander Seeshing Yeung. 2002. "Teacher's Perceptions of Appraiser – Appraisee Relationships." *Journal of Personnel Evaluation in Education* 16 (2): 85 – 101.

[90] Alkin, Marvin C., Vo, Anne T., and Christie, Christina A.

2012. "The Evaluator's Role in Valuing: Who and with Whom. " *New Directions for Evaluation* 2012 (133): 29 – 41.

[91] Alves, W. M. and Rossi, P. H. 1978. "Who should get what? Fairness judgements of the distribution of earnings. " *The American Journal of Sociology* 84 (3): 541 – 564.

[92] Anthony Milanowski. 2003. The Criterion – Related Validity of the Performance Assessment System in Cincinnati. March, CPRE – UW Working Paper SeriesTC: 03 – 05.

[93] Anthony Milanowski. 2007. "Performance Pay System Preferences of Students Preparing to Be Teachers. " Education Finance and Policy Spring 29 (2): 111 – 132.

[94] Anthony T. Milanowski, Herbert G. and Heneman III. 2001. "Assessment of teacher reactions to a standards-based teacher evaluation system: A pilot study. " *Journal of Personnel Evaluation in Education* 15 (3): 193 – 212.

[95] Anthony T. Milanowski, A. The varieties of knowledge and skill-based pay design: A comparison of seven new pay systems for K – 12 teachers, Education Policy Analysis Archives, 11 (4). 2003, January 29. Retrieved [date] from http: //epaa. asu. edu/epaa/v11n4/.

[96] Anderson, R. L. , and Terborg, J. R. 1988. "Employee Beliefs and Support for a Work Redesign Intervention. " *Journal of Management* 14 (3): 493 – 503.

[97] Ballou, Dale, and Michael J. Podgursky. 1993. "Teachers' Attitudes Toward Merit Pay: Examining Conventional Wisdom. " *Industrial and Labor Relations Review* 47 (1): 50 – 61.

[98] Ballou, Dale. 2001. "Pay for Performance in Public and Private Schools. " *Economics of Education Review* 20 (1): 51 – 61.

[99] Banker, R. D. , Lee, S. – Y. , Potter, G. , and Srinivasan,

D. 1996. "Contextual analysis of performance impacts of outcome-based incentive compensation." *Academy of Management Journal* 39 (4), 920 – 948.

[100] Becker, Gary S. *Human Capital: A Theoretical and Empirical Analysis with special Reference to Education*, Third Edition. Chicago, IL: The University of Chicago Press. 1993.

[101] Berk, R. A. *A Guide to Criterion – Referenced Test Construction*. Baltimore: The Jons Hopkins University Press. 1984

[102] Berger, C., Olson, C., and Boudreau, J. 1983. "Effects of Unions on Job Satisfaction: The Role of Work – Related Values and Perceived Rewards." *Organizational Behavior and Human Performance* 32 (3): 289 – 324.

[103] Bryk, Anthony S., and Barbara Schneider. *Trust in Schools: A Core Resource for Improvement*, American Sociological Association's Rose Series in Sociology. New York: Russell Sage Foundation. 2002.

[104] Booth, A. L., and Frank, J. 1999. "Earnings, productivity, and performance-related pay." *Journal of Labor Economics* 17 (3), 447 – 463.

[105] Brockner, J., Grover, S., Reed, T., and Dewitt, R. 1992. "Layoffs, Job Insecurity, and Survivors' Work Effort: Evidence of an Inverted – U Relationship." *Academy of Management Journal* 35 (2): 413 – 425.

[106] Brophy, J. E. and Good, T. L. *Teacher behaviour and student achievement*, in M. R. Wittrock (Ed) Handbook of Research on Teaching. New York: McMillan. 1986.

[107] Cable J. and Wilson N. 1989. "Profit-sharing and productivity: an analysis of UK engineering firms." *Economic Journal* 99: 366 – 376.

[108] Cable, D. M., and Judge, T. A. 1994. "Pay preference and job search decisions: A person-organization fit perspective." *Personnel Psycholog* 47 (2), 317 – 347.

[109] Castetter, W. B. *The Personnel Function in Educational Administration* (5*th edn*). New York: Macmillan. 1992.

[110] Charters, W. W., and Waples, D. *The Commonwealth Teacher Training Study*. Chicago: University of Chicago Press. 1929.

[111] Cherasaro, Trudy L.; Brodersen, R. Marc; Reale, Marianne L. and Yanoski, David C. *Teachers' Responses to Feedback from Evaluators: What Feedback Characteristics Matter?* REL 2017 – 190. Regional Educational Laboratory Central, 2016.

[112] Choi, Hee Jun; Park, Ji – Hye. 2016. "An Analysis of Critical Issues in Korean Teacher Evaluation Systems." *Center for Educational Policy Studies Journal* 6 (2): 151 – 171.

[113] Clark, T. A., and McCarthy, D. P. 1983. "School Improvement in New York City: The Evolution of a Project." Educational Researcher 12 (4), 17 – 24.

[114] Clugston, M., Howell, J. P., and Dorfman, P. W. 2000. "Does cultural socialization predict multiple bases and foci of commitment?" *Journal of Management* 26 (1): 5 – 30.

[115] Clotfelter, Charles T., Elizabeth Glennie, Helen F. Ladd, and Jacob L. Vigdor. "*Would Higher Salaries Keep Teachers in High – Poverty Schools? Evidence from a Policy Intervention in North Carolina.*" Working Paper 12285. Cambridge, MA: National Bureau of Economic Research. 2006.

[116] Clotfelter, Charles T., and Helen F. Ladd. "*Recognizing and Rewarding Success in Public Schools.*" In Holding Schools Accountable: Performance – Based Reform in Education, edited by Helen F. Ladd (23 – 63). Washington, D. C.: Brookings Institution. 1996.

[117] Cole, G. A. *Management Theory and Practice* (5*th edn*). London: Letts Educational. 1996.

[118] Coleman, J. S; Campbell, E. Q; Hobson, C. J; McPartland,

J. , Mood, A. M. , Weinfeld, F. D. , and York, R. L. *Equality of Educational Opportunities*. Washington, DC: US Government Printing Office, 1966.

[119] Costigan, R. D. , Ilter, S. S. , and Berman, J. J. 1998. "A multi-dimensional study of trust in organizations. " *Journal of Managerial Issues* 10 (3): 303 - 317.

[120] Cuban, L. 1990. "Reforming again, and again, and again. " *Educational Researcher* 19 (1): 3 - 13.

[121] Cummings, L. L. *Performance-evaluation systems in context of individual trust and commitment.* In F. J. Landy, S. Zedrick, and J. Cleveland (Eds.), "Performance measurement and theory. " Hillsdale. NJ: Erlbaum: 89 - 93. 1983.

[122] Daly, P. 1991. "How large are secondary school effects in Northern Ireland. " *School Effectiveness & School Improvement* 2 (4): 305 - 323.

[123] Danielson, C. , and McGreal, T. L. *Teacher Evaluation to Enhance Professional Practice.* Alexandria, VA: Association for Supervision and Curriculum Development. 2000.

[124] Darling - Hammond, L. , Wise, A. , and Pease, J. R. 1983. "Teacher Evaluation in the Organizational Context: A Review of the Literature. " *Review of Educational Research* 53 (3): 285 - 328.

[125] David Reynolds, Daniel Muijs, and David Treharne. 2003. "Teacher Evaluation and Teacher Effectiveness in the United Kingdom. " *Journal of Personnel Evaluation in Education* 17 (1): 83 - 100.

[126] Dean, J. W. and Snell, S. A. 1991. "Integrated manufacturing and job design: Moderating effects of organizational inertia. " *Academy of Management Journal* 34 (4): 776 - 804.

[127] Dickinson, J. and Sell - Trujillo, L. *Fair pay and pay determination, in Taylor - Gooby, P. (Ed.), Choice and Public Policy*, Macmillan,

Basingstoke. 1998.

[128] Dirks, K. T., Cummings, L. L., and Pierce, J. L. *Psychological Ownership in Organizations: Conditions Under Which Individuals Promote and Resist Change, in Research in Organizational Change and Development* (*Vol.* 9), eds. R. Woodman and W. Pasmore, Greenwich, CT: JAI Press, 1 – 23. 1996.

[129] Dixit Avinash. 2002. "Incentives and Organizations in the Public Sector. An Interpretative Review." *The Journal of Human Resources* 37 (4): 696 – 727.

[130] Dolton, Peter, and Wilbert van der Klaaw. 1999. "The Turnover of Teachers: A Competing Risks Explanation." *Review of Economics of Statistics* 81 (3): 543 – 52.

[131] Donaldson, Morgaen. L. *So long, Lake Wobegon? Using teacher evaluation to raise teacher quality.* Center for American Progress. 2009.

[132] Dore, R., Boyer, R. and Mars, Z. The Return to Incomes Policy, Pinter Publishers, London. 1994.

[133] Dornstein, M. 1985. "Perceptions regarding standards for evaluating pay equity and their determinants." *Journal of Occupational Psychology* 58 (4): 321 – 330.

[134] Duckett, I. 1991. "Promoting Appraisal Through an Active Staff Development Programme." *School Organization* 11 (2): 153 – 169.

[135] DU Levine, and DU. 1990. "Unusually Effective Schools: A Review and Analysis of Research and Practice." *School Effectiveness & School Improvement An International Journal of Research Policy & Practice* 1 (3): 221 – 224.

[136] EA Hanushek, and SG Rivkin. 2010. "Using Value – Added Measures of Teacher Quality. Brief 9." *National Center for Analysis of Longitudinal Data in Education Research* 100 (2): 267 – 271.

[137] Edmonds, R. R. 1979. "Effective Schools for the Urban Poor." *Educational Leadership* 37 (10): 15 – 24.

[138] Eddy, Rebecca M, and Berry, Tiffany. 2009. "The Evaluator's Role in Recommending Program Closure: A Model for Decision Making and Professional Responsibility." *American Journal of Evaluation* 30 (3): 363 – 376.

[139] Elizur, D., Borg, I., Hunt, R., and Beck, I. M. 2010. "The Structure of Work Values: A Cross – Cultural Comparison." *Journal of Organizational Behavior* 12 (1): 21 – 38.

[140] Ellett, C. D. *Emerging Teacher Performance Assessment Practices: Implications for the Instructional Supervision Role of School Principals.* In W. Geenfield (ed.), Instructional Leadership: Concepts and Controversies. Boston, Allyn, Bacon. 1987. 302 – 327.

[141] CD Ellett, and C Teddlie. 2003. "Teacher evaluation, teacher effectiveness and school effectiveness: perspectives from the USA." *Journal of Personnel Evaluation in Education* 17 (1): 101 – 128.

[142] Eric A. Hanushek. 2012. "The Economic Value of Higher Teacher Quality." *Economics of Education Review* 30 (3): 466 – 479.

[143] Erickson, Andrea Bianca. Fostering Teacher Learning through Relationships and Dialogue: Principals' Perceptions of Implementing a Teacher Evaluation Plan. http: //www. proquest. com/en – US/products/dissertations/individuals. shtml.

[144] Fama, Eugene F. 1980. "Agency Problems and the Theory of the Firm." *Journal of Political Economy* 88 (2): 288 – 307.

[145] Farrell, C., and Morris, J. 2009. "Still Searching for the Evidence? Evidence-based Policy, Performance Pay and Teachers." *Journal of Industrial Relations* 51 (1): 75 – 94.

[146] Fitz – Gibbon, C. T. 1985. "A-level results in comprehensive

schools: The Combse Project, Year 1. " Oxford Review of Education11 (1): 43 – 58.

[147] Fitz – Gibbon, C., Tymms, P. B. and Hazelwood, R. D. *Performance indicators and information systems*, in D. Reynolds, B. P. M. Creemers & T. Peters (Eds), School Effectiveness and Improvement. Groningen: RION. 1989.

[148] Gage, N. L., and Needels, M. C. 1989. " Process – Product Research on Teaching: A Review of Criticisms. " *The Elementary School Journal* 89 (3): 253 – 300.

[149] Galport, Nicole, and Azzam, Tarek. 2017. " Evaluator Training Needs and Competencies: A Gap Analysis. " *American Journal of Evaluation* 38 (1): 80 – 100.

[150] Gerhart, B., Rynes, S. L., and Fulmer, I. S. 2009. " Pay and performance: Individuals, groups, and executives. " *The Academy of Management Annals* 3: 251 – 315.

[151] Gerhart, B., and Rynes, S. *Compensation: Theory, Evidence, and Strategic Implications.* Thousand Oaks, CA: Sage Publications, Inc. 2003.

[152] Goldhaber, Dan and Michael Hansen 2010. " Assessing the Potential of Using Value – Added Estimates of Teacher Job Performance for Making Tenure Decisions," National Center for Analysis of Longitudinal Data in Education Research, Working Paper 31.

[153] Gomez – Mejia, L., and Balkin, D. *Compensation, Organizational Strategy and Firm Performance.* Cincinnati, OH: South Western Publishing. 1992.

[154] Gibbons, Robert. 2005. " Incentives Between Firms (and Within). " *Management Science* 51 (1): 2 – 17.

[155] Glazerman, Steven, Susanna Loeb, Dan Goldhaber, Douglas

Staiger, Stephen Raudenbush, and Grover Whitehurst. *Evaluating Teachers: The Important Role of Value – Added*. Brown Center on Education Policy. Washington, DC.: Brookings Institution. 2010.

[156] Goldhaber, Dan; DeArmond, Michael; DeBurgomaster, Scott. 2011. "Teacher Attitudes about Compensation Reform: Implications for Reform Implementation." *Industrial & Labor Relations Review* 64 (3): 441 – 463.

[157] Goldhaber, Dan, Bignell, Wes, Farley, Amy, Walch, Joe, and Cowan, James. 2016. "Who Chooses Incentivized Pay Structures? Exploring the Link between Performance and Preferences for Compensation Reform in the Teacher Labor Market." *Educational Evaluation and Policy Analysis* 38 (2): 245 –271.

[158] Goldstein, H., Rasbash, J., Yang, M., Woodhouse, G., Pan, H., Nuttall, D. and Thomas, S. 1993. "A multilevel analysis of school examination results." *Oxford Review of Education* 19: 425 –433.

[159] Goldstein, H. *Multilevel Models in Educational & Social Research: A Revised Edition*. London: Edward Arnold. 1995.

[160] Gomez – Mejia, L. R., and Balkin, D. B. 1989. "Effectiveness of individual and aggregate compensation strategies." *Industrial Relations* 28 (3): 431 –445.

[161] Gray, J., Jesson, D. and Sime, N. 1990. "Estimating differences in the examination performance of secondary schools in six local education authorities-a multilevel approach to school effectiveness." *Oxford Review of Education* 16: 137 –158.

[162] Ha, Bong – Woon, and Sung, Youl – Kwan. 2011. "Teacher Reactions to the Performance – Based Bonus Program: How the Expectancy Theory Works in the South Korean School Culture." *Asia Pacific Education Review* 12 (1): 129 –141.

［163］Hanushek, E. A. 1996. "A More Complete Picture of School Resource Policies." *Review of Educational Research* 66 (3): 397 – 409.

［164］Heneman, H. G., and Judge, T. A. *Compensation Attitudes*, in *Compensation in Organizations*, eds. S. L. Rynes and B. Gehart, San Francisco, CA: Jossey – Bass. 2000.

［165］Heneman, H. G. III, and Milanowski, A. T. 1999. "Teacher Attitudes about Teacher Bonuses under School – Based Performance Award Programs." *Journal of Personnel Evaluation in Education* 14 (4): 327 – 341.

［166］Hofmann, D., and Gavin, M. 1998. "Centering Decisions in Hierarchical Linear Models: Implications for Research in Organizations." *Journal of Management* 24: 623 – 641.

［167］Hofmann, D., Griffin, M., and Gavin, M. *The Application of Hierarchical Linear Modeling to Organizational Research*, in *Multilevel Theory, Research, and Methods in Organizations*; *Foundations, Extensions, and New Directions*, eds. K. Klein and S. Kozlowski, San Francisco, CA: Jossey – Bass, Inc. 2000.

［168］Holmstrom, Bengt. 1979. "Moral Hazard and Observability." *Bell Journal of Economics* 10 (1): 74 – 91.

［169］Holmstrom, Bengt. 1999. "Managerial Incentive Problems: A Dynamic Perspective." *Review of Economic Studies* 66 (1): 169 – 182.

［170］Holmstrom, Bengt. and Paul Milgrom. 1991. "Multitask Principal – Agent Analyses: Incentive Contracts, Asset Ownership, and Job Design." *Journal of Law, Economics, and Organization* 7 (Sp): 24 – 52.

［171］Holtzapple, Elizabeth. 2003. "Criterion – Related Validity Evidence for a Standards – Based Teacher Evaluation System." *Journal of Personnel Evaluation in Education* 17 (3): 207 – 219.

［172］House, R. J., Leadership, G., Hanges, P. J., Javidan, M., Dorfman, P. W., and Gupta, V. *Culture, leadership, and organizations*:

The GLOBE study of 62 societies. Sage Publications. 2004.

[173] House, R. , Rousseau, D. , and Thomas - Hunt, M. "*The Meso Paradigm: A Framework for the Integration of Micro and Macro Organizational Behavior,*" in Research in Organizational Behavior (Vol. 17), eds. L. Cummings and B. Staw, pp. 71 - 114. 1995.

[174] Huselid, M. 1995. "The Impact of Human Resource Management Practices on Turnover, Productivity, and Corporate Financial Performance." *Academy of Management Journal* 38: 635 - 672.

[175] Ingram, P. , and Simons, T. 1995. "Institutional and Resource Dependence Determinants of Responsiveness to Work - Family Issues." *Academy of Management Journal* 38: 1466 - 1482.

[176] Jacob, Brian, and Springer, Matthew G. *Teacher Attitudes toward Pay for Performance: Evidence from Hillsborough County, Florida.* Working Paper 2008 - 08.

[177] Jasso, G. and Rossi, P. H. 1977. "Distributive justice and earned income." *American Sociological Review* 42: 639 - 651.

[178] Jenkins, G. Jr, Mitra, A. , Gupta, N. , and Shaw, J. D. 1998. "Are Financial Incentives Related to Performance? A Meta - Analytic Review of Empirical Research." *Journal of Applied Psychology* 83: 777 - 787.

[179] Jerry M. Lowe. 2006. "Rural Education: Attracting and Retaining Teachers in Small Schools." *The Rural Educator* 27 (2): 28 - 32.

[180] Jesson, D. and Gray, J. 1991. "Slants on slopes: Using multilevel models to investigate differential school effectiveness and its impact on pupils' examination results." *School Effectiveness and School Improvement* 2: 230 - 251.

[181] Johnson, Susan Moore, Fiarman, and Sarah E. 2012. "The potential of peer review." *Educational Leadership* 70 (3): 20 - 25.

[182] Jonah E. and Rockoff, Cecilia Speroni. 2011. "Subjective and

objective evaluations of teacher effectiveness: Evidence from New York City. " *Labour Economics* 18: 687 – 696.

[183] Julie Dickinson. 2006. "Employees' preferences for the bases of pay differentials." *Employee Relations* 28 (2): 164 – 183.

[184] Karau, S. J. , and Williams, K. D. 1993. "Social loafing: A meta-analytic review and theoretical integration. " *Journal of Personality and Social Psychology* 65: 681 – 706.

[185] Karau, S. J. , and Williams, K. D. 1997. "The effects of group cohesiveness on social loafing and social compensation." *Group Dynamics: Theory, Research, and Practice* 1: 156 – 168.

[186] Kellor, E. M. 2005. "Catching up with the Vaughn express: Six years of standards-based teacher evaluation and performance pay. " Education Policy Analysis Archive 13 (7). Retrieved [date] from http: //epaa. asu. edu/epaa/v13n7. /. January 23.

[187] Kimball, S. M. 2002. "Analysis of Feedback, Enabling Conditions and Fairness Perceptions of Teachers in Three School Districts with New Standards – Based Evaluation Systems. " *Journal of Personnel Evaluation in Education* 16 (4): 241 – 268.

[188] Langdon, Carol, and Nick Vesper. 2000. "The Sixth Phi Delta Kappa Poll of Teachers' Attitudes Toward the Public Schools. " *Phi Delta Kappan* 81 (8): 607 – 611.

[189] Larson, R. 1984. "Teacher Performace Evaluation: What are the Key Elements?" *NASSP Bulletin* 68 (466): 13 – 18.

[190] Latané, B. , Williams, K. , & Harkins, S. 1979. " Many hands make light the work: The causes of consequences of social loafing. " *Journal of Personality and Social Psychology* 37: 822 – 832.

[191] Lavy, Victor. 2002. "Evaluating The Effect of Teachers' Group Performance Incentives on Pupil Achievement. " Journal of Political Economy

110（6）：1286 - 1316.

[192] Lawler, E. E., III. *Pay and organization development*. Reading, MA：Addison - Wesley. 1983.

[193] Lazear EP. 1986. "Salaries and Piece Rates." *The Journal of Business* 59（3）：405 - 431.

[194] Lazear EP. *Output-based pay：incentives, retention or sorting*. In：Polachek SW（ed）Research in labor economics. JAI Press, Stanford, 1 - 25. 2004.

[195] Lazear, E. P. 2000. "Performance pay and productivity." *American Economic Review* 90（5）：1346 - 1361.

[196] Lazear, E. P. 2003. "Teacher incentives." *Swedish Economic Policy Review* 10：179 - 214.

[197] Lee, H. - J. 2004. "The Role of Competence-based Trust and Organizational Identification in Continuous Improvement." *Journal of Managerial Psychology* 19：623 - 639.

[198] Lee, K., Carswell, J. J., and Allen, N. J. 2000. "A Meta - Analytic Review of Occupational Commitment：Relations with Person-and Work-related Variables." *Journal of Applied Psychology* 85：799 - 811.

[199] Lezotte, and Bancroft, B. 1985. "Growing Use of Effective Schools Model for School Improvement." *Educational Leadship* 42（3）：23 - 27.

[200] L Goe, L Holdheide, and T Miller. 2011. "A Practical Guide to Designing Comprehensive Teacher Evaluation Systems：A Tool to Assist in the Development of Teacher Evaluation Systems." *IEEE* 2：775 - 778.

[201] Liao, H., and Chuang, A. 2004. "A Multilevel Investigation of Factors Influencing Employee Service Performance and Customer Outcomes." *Academy of Management Journal* 47：41 - 58.

[202] Lowery, C. M., Petty, M. M. and Thompson, J. W. 1996.

"Assessing the merit of merit pay: Employee reactions to performance-based pay." *Human Resource Planning* 19 (1): 26 – 37.

[203] Luo, Heng. 2010. "The Role for an Evaluator: A Fundamental Issue for Evaluation of Education and Social Programs." *International Education Studies* 3 (2): 42 – 50.

[204] MA Brickner, SG Harkins, and TM Ostrom. 1986. "Effects of personal involvement: Thought-provoking implications for social loafing." *Journal of Personality & Social Psychology* 51 (4): 763 – 770.

[205] Matsui, T., and Terai, T. 1975. "A Cross – Cultural Study of the Validity of the Expectancy Theory of Motivation." *Journal of Applied Psychology* 60: 263 – 265.

[206] Mayer R C, and Davis JH. 1999. "The effect of the performance appraisal system on trust for management: A field quasi-experiment." *Journal of Applied psychology* 84: 123 – 136.

[207] Mayer R C, Davis J H, and Schooman F D. 1995. "An integrative model of organizational trust." *Academy of management review* 20 (3): 709 – 734.

[208] May, T. Y., Korczynski, M., and Frenkel, S. J. 2002. "Organizational and Occupational Commitment: Knowledge Workers in Large Corporations." *Journal of Management Studies* 39: 775 – 802.

[209] McCauley, D. P. and K. W. Kuhnert. 1992. "A Theoretical Review and Empirical Investigation of Employee Trust." *Public Administration Quarterly* (Summer): 265 – 285.

[210] McAllister, D. J. 1995. "Affect-and Cognition-based Trust as Foundations for Interpersonal Cooperation in Organizations." *Academy of Management Journal* 38: 24 – 59.

[211] Medley, D. M., Coker, H., and Soar, R. S. *Measurement – Based Evaluation of Teacher Performance: An Empirical Approach*. New York:

Longman. 1984.

[212] Meyer, J., Irving, P., and Allen, N. 1998. "Examination of the Combined Effects of Work Values and Early Work Experiences on Organizational Commitment." *Journal of Organizational Behavior* 19: 29 – 52.

[213] Michael J. Podgursky, and Matthew G. Springer. 2007. "Teacher performance pay: A review". *Journal of Policy Analysis & Management* 26 (26): 909 – 950.

[214] Milkovich, G. & Milkovich, C. 1992. "Strengthening the pay-performance relationship: The research." *Compensation & Benefits Review* 24 (6): 53 – 62.

[215] Millward, N., Stevens, M., Smart, D. and Hawes, W. R. *Workplace Industrial Relations in Transition.* Dartmouth, London. 1992.

[216] Moe, Terry. *The Politics of the Status Quo.*" In *Our Schools and Our Future...Are We Still at Risk?* edited by Paul E. Peterson (177 – 210). Stanford, CA: Hoover Institution Press. 2003.

[217] Mo, K. W., Conners, R., and MCormicks, J. 1998. "Teacher Appraisal in Hong Kong Self – Managing Secondary Schools: Factors for Effective Practices." *Journal of Personnel Evaluation in Education* 12: 19 – 42.

[218] Mortimore, P., Sammons, P., Stoll, L., Lewis, D. and Ecob, R. *School Matters: The Junior Years.* Salisbury: Open Books (Reprinted in 1995 by Paul Chapman: London). 1988.

[219] Mowday, R. T., Steers, R. M., and Porter, L. *Employee – Organization Linkages: The Psychology of Commitment, Absenteeism and Turnover.* New York: Academic Press. 1982.

[220] Muijs, R. D. and Reynolds, D. *Effective Teaching: Research and Practice.* London: Paul Chapman. 2001.

[221] Muijs, R. D. and Reynolds, D. 2000. "School Effectiveness and Teacher Effectiveness in Mathematics: Some preliminary findings from the

evaluation of the Mathematics Enhancement Programme (Primary)." *School Effectiveness and School Improvement* 11 (3), 273 – 303.

[222] Murnane, R. J. *The Impact of School Resources on the Learning of Inner City Children.* Cambridge, MA: Ballinger Publishing Co. 1975.

[223] Murnane, R. J., and Cohen, D. K. 1986. "Merit pay and the evaluation problem: Why most merit pay plans fail and a few survive." Harvard Educational Review56 (1), 1 – 17.

[224] Neal, Derek. *The Design of Performance Pay in Education.* National Bureau of Economic Research Working Paper 16710. 2011

[225] Newman, J. M. and Milkovich, G. T. 2001. "Procedural justice challenges in compensation: eliminating the fairness gap." *Labour Law Journal* 41 (8): 575 – 580.

[226] Nuttall, D. L., Goldstein, H., Prosser, R. and rasbash, J. 1989. "Differential school effectiveness, in B. P. M. Creemers & J. Scheerens (Eds), Developments in School Effectiveness Research." *Special Issue of International Journal of Educational Research* 13: 7, 769 – 776.

[227] Oldroyd, D. Elsner, D., and Poster, C. *Educational Management Today: A Concise Dictionary and Guide.* London: Paul Chapman. 1996.

[228] Organ, D. W. *Organizational Citizenship Behavior: The Good Soldier Syndrome.* Lexington, MA: Lexington Books. 1988.

[229] Overlaet, B. and Schokkaert, E. "*Criteria for distributive justice in a productive context*", in Steensma, H. and Vermunt, R. (Eds), Social Justice in Human Relations, Vol. 2. Plenum Press, New York, NY. 1991.

[230] Ozogul, Gamze; Olina, Zane; and Sullivan, Howard. 2008. "Teacher, Self and Peer Evaluation of Lesson Plans Written by Preservice Teachers." *Educational Technology Research and Development* 56 (2): 181 – 201.

[231] Paarsch HJ, Shearer B. 2000. "Piece rates, fixed wages, and

incentive effects: statistical evidence from payroll records." *Int Econ Rev* 41 (1): 59 – 92.

[232] Parker, J. C. *Career Ladder /Master Teacher Programs: Implications for Principals.* Reston, VA: The National Association of School Principals. 1985.

[233] Peterson, K. *Teacher Evaluation: A Comprehensive Guide to New Directions and Practices*, 2nd edition. Thousand Oaks, CA: Corwin Press. 2000.

[234] Pfeffer, J. *The Human Equation: Building Profits by Putting People First.* Boston, MA: Harvard Business School Press. 1998.

[235] Phelps Brown, E. H. *The Inequality of Pay.* Oxford University Press, Oxford. 1977.

[236] Pil, F., and Macduffie, P. 1996. "The Adoption of High – Involvement Work Practices." *Industrial Relations* 35: 423 – 455.

[237] Podsakoff, P., and Organ, D. 1986. "Self – Reports in Organizational Research: Problems and Prospects." *Journal of Management* 12: 531 – 544.

[238] Porter, L., Steers, R., Mowday, R., and Boulian, P. 1974. "Organizational Commitment, Job Satisfaction, and Turnover among Psychiatric Technicians." *Journal of Applied Psychology* 59: 603 – 609.

[239] Power, M. J., Benn, R. T. and Morris, J. N. 1972. "Neighbourhood, school and juveniles before the courts." *British Journal of Criminology* 12: 111 – 132.

[240] Prendergast, Canice. 1999. "The Provision of Incentives in Firms." *Journal of Economic Literature* 37 (1): 7 – 63.

[241] Reynolds, D., Creemers, B. P. M., Stringfield, S., Teddlie, C. and Schaffer, E. World Class Schools: International Perspectives in School Effectiveness. London: Routledge Falmer. 2002.

［242］Reynolds, D. and Farrell, S. *World Apart? A Review of International Surveys of Achievement Involving England*. London: HMSO for OFSTED. 1996.

［243］Riordan, Julie; Lacireno‐Paquet, Natalie; Shakman, Karen; and Bocala, Candice. *Redesigning Teacher Evaluations: Lessons from a Pilot Implementation. Stated Briefly. REL* 2016 – 101. Regional Educational Laboratory Northeast & Islands, 2015.

［244］Rist, Marilee C. 1983. "Our Nationwide Poll: Most Teachers Endorse the Merit Pay Concept." *American School Board Journal* 170（9）: 23 – 27.

［245］Rosenshine, B., and Furst, N. *The Use of Direct Observation to Study Teaching. In r. m. w. Travers (ed.), Second Handbook of Research on Teaching*. Skokie, Illinois: Rand McNally. 1973.

［246］Roth, W. M., and Tobin, K. 2001. "The Implications of Coteaching/Cogenerative Dialogue for Teacher Evaluation: Learning from Multiple Perspectives of Everyday Practice." *Journal of Personnel Evaluation in Education* 15（1）: 1 – 29.

［247］Rutter, M., Maugham, B., Mortimore, P., Oston, J. and Smith, A. *Fifteen Thousand Hours: Secondary Schools and Their Effects on Children*. London: Open Books. 1979.

［248］Rynes S. L. 1987. "Compensation strategies for recruiting." *Topics in Total Compensation* 2: 185 – 196.

［249］Rynes, S., Gerhart, B., and Minette, K. 2004. "The Importance of Pay in Employee Motivation: Discrepancies Between What People Say and What They Do." *Human Resource Management* 43: 381 – 394.

［250］Sackney, L. E., and Dibski, D. J. *School‐Based Management: Will it Fly? In K. M. Cheng &K. C. Wong (Ed.), Educational Leadership and Change: An International Perspective* (29 – 42). Hong Kong: Hong

Kong University Press. 1995.

[251] Sammons, P., Nuttall, D. and Cuttance, P. 1993. "Differential school effectiveness: Results from a re-analysis of the Inner London Education Authority's Junior School Project Data." *British Educational Research Journal* 19: 381 – 405.

[252] Sammons, P., Hillman, J. and Mortimore, P. *Key Characteristics of Effective Schools*: *A Review of School Effectiveness Research*. London: OFSTED. 1995.

[253] Sanders, W. L. and Horn, S. P. 1998. "Research Findings From the Tennessee Value – Added Assessment System (TVAAS) Database: Implications for Educational Evaluation and Research." *Journal of Personnel Evaluation in Education* 12 (3): 247 – 257.

[254] Schaffer, E, Nesselrodt, P. S. and Stringfield, S. *The contributions of classroom observation to school effectiveness research. In D. Reynolds, B. P. M. Creemers, P. Nesselrodt, E. Schaffer, S. Stringfield & C. Teddlie Advances in School Effectiveness Research and Practice*. Oxford: Pergamon. 1994.

[255] Schalock, H. D. and Schalock, K. D. 1993. "Student Learning in Teacher Evaluation and School Improvement: An Introduction." *Journal of Personnel Evaluation in Education* 7 (2): 103 – 104.

[256] Seay, T. H. 1995. "A comparison of district school superintendents and school board chair's attitudes towards merit pay programs." *Public Personnel Management* 24 (1): 89 – 98.

[257] Segalla, M., Rouzies, D., Besson, M., and Weitz, B. A. 2006. "A cross-national investigation of incentive sales compensation." *International Journal of Research in Marketing* 23: 419 – 433.

[258] Shaw, J. D. and Gupta, N. 2001. "Pair fairness and employee outcomes: exacerbation and attenuation effects of financial need." *Journal of Occupational and Organizational Psychology* 74 (3): 299 – 320.

[259] Shulman, L. S. *Knowledge and Teaching Fundations of the New Reform*. Harvard Educational Review, 57, 1 – 22. 1987.

[260] Siegall, Marc, Chuck Worth. 2001. "The impacts of trust and control on faculty reactions to merit pay". *Personnel Review* 30 (6): 646 – 56.

[261] Smith, D. J. and Tomlinson, S. *The School Effect. A Study of Multi – Racial Comprehensives*. London: Policy Studies Institute. 1989.

[262] Stronge, J. H. 1991. "The Dynamics of Effective Performance Evaluation Systems in Education: Conceptual, Human Relations, and Technical Domains." *Journal of Personnel Evaluation in Education* 5 (1): 77 – 83.

[263] Summers, A. A., and Wolfe, B. L. 1977. "Do Schools Make a Difference?" *American Economic Review* 67: 639 – 652.

[264] Sylvie St – Onge. 2000. "Variables influencing the perceived relationship between performance and pay in a merit pay environment". *Journal of Business and Psychology* 14 (3): 459 – 479.

[265] Sylvie St – Onge. 2000. "Variables influencing the perceived relationship between performance and pay in a merit pay environment." *Journal of Business and Psychology* 14 (3): 459 – 479.

[266] Taylor, . O. (ed). *Case Studies in Effective Schools Research*. Madison, WI: National Center for Effective Schools Research and Development. 1990.

[267] Taylor, Eric S., and John H. Tyler. 2012. "The Effect of Evaluation on Teacher Performance." *American Economic Review* 102 (7): 3628 – 3651.

[268] Teddlie, C. and Reynolds, D. *The International Handbook of School Effectiveness Research*. Lewes: Falmer Press. 2000.

[269] Teddlie, C.. *Integrating Classroom and School Data in School Effectiveness Research. In D. Reynolds, et al., Advances in School Effectiveness*

Research and Practice (pp. 111 – 132). Oxford: Pergamon. 1994.

［270］Terpstra V, David K. *The cultural environment of inter-national business* (3rd ed.). Ohio: South – Western Pub. 1985.

［271］Tor Eriksson, Marie Claire Villeval. 2008. "Performance – Pay, Sorting and Social Motivation." *Journal of Economic Behavior & Organization* 68 (2): 412 –421.

［272］Trevor, Charlie O. *What Teachers Want: Teacher Preferences regarding Nontraditional Pay Approaches.* EPI Briefing Paper 266. Economic Policy Institute.

［273］Valentine, J. W. *Principles and Practices for Effective Teacher Evaluation.* Needham Heights, MA: Allyn & Bacon. 1992.

［274］Vroom, V. *Work and Motivation.* New York: Wiley. 1964.

［275］Watson, D., Clark, L. A., and Tellegen, A. 1988. "Development and Validation of Brief Measures of Positive and Negative Affect: The PANAS Scales." *Journal of Personality and Social Psychology* 78: 372 – 381.

［276］Weisberg, Daniel, Susan Sexton, Jennifer Mulhern, and David Keeling. *The Widget Effect: Our National Failure to Acknowledge and Act on Teacher Effectiveness.* New York City, N. Y.: The New Teacher Project. 2009.

［277］Wells, P. *Policy Developments in the United States of America.* In J. Lokan & P. Mckenzie (Eds), *Teacher Appraisal: Issues and Practies.* Radford House, Victoria: ACER. 1989.

［278］Willms, J. D. 1987. "Differences between Scottish Educational Authorities in their educational attainment." *Oxford Review of Education* 13 (2): 211 –232.

［279］Woodhouse, G. and Goldstein, H. 1988. "Educational Performance Indicators and LEA League Tables." *Oxford Review of Education* 14

(3): 301 -320.

[280] Wright, S. P., Horn, S. P., and Sanders, W. L. 1997. "Teacher and Classroom Context Effects on Student Achievement: Implications from Teacher Evaluation." *Elementary School Journal* 11 (1): 57 -67.

后 记

　　自从2005年开始跟踪国内外绩效薪酬分选效应理论前沿至今，作者持续聚焦于应用心理学领域研究范式的绩效薪酬偏好模式理论研究，始终关注着我国高技术企业员工、义务教育教师绩效薪酬偏好构成、成因及影响理论研究，逐渐对组织绩效薪酬制度设计、员工绩效薪酬态度及其对组织绩效影响等热点问题进行了实证研究。这些研究过程充满了挑战，强化了作者对本领域的研究信心。

　　随着国家对义务教育领域改革的高度重视，我国中小学教师队伍质量正在不断得到提升。社会各界也已经深刻理解基础教育教师队伍建设的成就和困难。作者能够在这个伟大的新时代，着力于教师队伍建设和人才评价、绩效薪酬制度改革难点的理论研究，把个人的理论研究对象和国家教育改革实践密切衔接起来，感觉很有意义。

　　十多年对基础教育教师绩效薪酬效果的研究，得益于教育部、浙江省提供的科研基金项目资助和支持；得益于作者爱人薛银霞持续给予充实的、默默的支撑和关爱。尤其是，作者所教班级的同学们为资料收集、数据库建设提供了帮助；作者所在学校领导和同事也给予作者很大的帮助与支持；参加项目调研的中小学老师更是提供了无私的奉献。在此，作者诚恳感谢所有提供过帮助的朋友们，是你们给予作者无穷的力量，鼓励作者克服困难。

　　作者同样衷心希望与国内外同行多多交流，不断提升自己对教师绩效薪酬效果的研究水平。

再次感谢经济科学出版社和编辑李雪老师的大力支持。

畅铁民

2018 年 4 月于绍兴